Wechseljahre natürlich erleben

Man darf niemals aufhören, immer wieder anzufangen, und niemals anfangen, jemals aufzuhören.

Für meine Tochter Audrey

Eva Stucki Gürsoy

Wechseljahre natürlich erleben

Urania Verlags AG

Danksagung
Herzlich danken möchte ich meinen Kindern Audrey, Patrick und Jeremy und meinem Mann Yusuf, die mir Mut zusprachen, mich anfeuerten und an mich glauben. Sie haben mir, während ich schrieb, viel abgenommen und mich entlastet.

Vielen Dank auch meinen Freunden Uschi und Roland Wegmann, die meine Manuskripte ins Reine geschrieben haben.

Bedanken möchte ich mich auch bei all den Frauen, die mit mir offen und ehrlich über ihre Wechseljahre sprachen.

Ohne alle diese lieben Freunde wäre dieses Buch nicht entstanden.

Hinweis
Für die in diesem Buch gemachten Vorschläge können weder der Verlag noch die Autorin Verantwortung übernehmen. Im Zweifelsfall ist es ratsam, einen erfahrenen Arzt, Heilpraktiker oder Spezialisten für Naturheilkunde zu konsultieren.

Fotos

© Bildagentur Baumann, Würenlingen, Seiten 14, 22, 32, 34, 39, 40, 94, 104, 107, 153, 156, 162, 167, 197, 199
© Gruner + Jahr, Hamburg, Seiten 1, 29, 43, 44, 82, 90, 101, 201, Umschlagphotos
© Image Bank, Zürich, Seiten 35, 36, 42, 59, 86, 116, 170, 174
© Incolor, Zürich, Seiten 50, 61, 79, 80, 189
© Keystone Press Zürich, Seiten 19
© Karten: Seite 130, «Original Heilblüten-Farbkarten», AGMüller, Neuhausen
Seite 176, «Aromatherapie-Karten», AGMüller, Neuhausen

1. Auflage 1998

ISBN 3-908645-77-8

Umschlaggestaltung und Illustrationen: Gerd Aumann, Kreativ Design, D-65207 Wiesbaden
Lithos: Hissek Satz & Litho, D-78467 Konstanz
Satz: GBS, CH-3250 Lyss
Druck: FGB, D-79108 Freiburg i.Br.
Printed in Germany

Inhaltsverzeichnis

Ein Wort zuvor

Manche Frauen bestehen sie mit Bravour. Manche haben Schwierigkeiten damit, oder sie versuchen, sie zu verdrängen. Aber ganz gleich, was sie damit anstellen, die meisten Frauen sind zu wenig oder gar nicht informiert.

Sie fragen sich, worüber ich da eigentlich rede? Über die Wechseljahre natürlich.

Selten trat ich einem Thema gegenüber, das so eisern verschwiegen wurde. Lieber über das neue Stück im Theater, den attraktiven Tennislehrer, die neue Mode, den letzten Urlaub oder die Kinder, die natürlich undankbar sind, egal was man für sie auch macht, sprechen.

Was hat das Thema Wechseljahre so Anrüchiges an sich?

Warum scheuen sich die meisten Leute (Frauen wie Männer, Laien wie Fachleute), darüber zu sprechen? Über alles andere wird lieber diskutiert als über das Thema, das alle Frauen angeht. Nicht einmal die beste Freundin erfährt die Gedanken, die uns oft plagen, die aber unausgesprochen bleiben. Warum?

Ist das die Angst vor dem Älterwerden? Haben wir das Gefühl, nicht mehr so begehrenswert zu sein? Lassen wir uns so von der Werbung beeindrucken, die uns ewige Jugendlichkeit präsentiert? Ist das die Angst vor dem Alleinsein oder das Resultat der mangelnden Aufklärung?

Ich habe mit vielen Frauen gesprochen und war erschrocken, wie wenig die Frauen über ihren eigenen Körper wissen, welche Folgen die fehlenden Informationen über Psyche, Reaktionen und ihre Seele haben können.

Diese Gründe gaben den Anstoß für dieses Buch. Es ist für alle Frauen gedacht, für ältere, die sich aktiv mit ihrem Leben auseinandersetzen möchten, für junge, die ihre Mütter besser verstehen möchten, sowie für Partner, die mit ihren Frauen in den Wechseljahren leben oder sich darauf vorbereiten wollen.

Dieses Buch soll Ihnen helfen, mehr Sicherheit in Ihre Gedanken zu bringen, es soll Ihnen die Furcht vor den Wechseljahren nehmen und ein positives Erleben eines wunderschönen Lebensabschnitts ermöglichen.

Wechseljahre sind Wachstumsjahre

Die Wechseljahre sind eine natürliche Phase unseres Lebens, die jede Frau durchläuft. Je mehr gute Informationen wir erhalten und auswählen, desto positiver können wir diesen Lebensabschnitt durchschreiten, ihn verstehen und genießen. Ja, Sie haben richtig gelesen. Genießen!

Mit der heutigen Lebenserwartung von 81 Jahren bei Frauen haben diese noch ein langes Stück Lebensweg vor sich. Mit der Menopause fängt ein neuer Abschnitt unseres Lebens an, der durch gute Lebensbedingungen zu einer Chance für viele weitere «geschenkte Jahre» werden kann. Es hängt nur von uns ab, ob es ein positives Erleben sein wird.

Jetzt kommt die Zeit, sich von der Rolle der Fortpflanzung und der Erziehung zu lösen, unser Leben neu zu überdenken, sich zu informieren und positiv einzustellen. Denn wenn wir denken, Fünfzigsein bedeutet Altsein, werden wir uns auch so fühlen.

Erleben wir aber unsere Wechseljahre bewußter, können wir eine ungeahnte Vitalität, die in uns allen noch steckt, erfahren.

Statt uns hinter Resignation und Unlust zu verstecken, entdecken wir die Chance für einen Neubeginn, für eine positive Veränderung. Es ist eine Zeit der Besinnung, eine Spätsommerphase des Lebens, der natürlichen Ausstrahlung und gefestigten Persönlichkeit.

Unsere Kultur, die der ewigen Jugend hoffnungslos nachjagt, dramatisiert die Lebensphase der Wechseljahre und der Alterung entscheidend. Viele Frauen werden unsicher, bekommen Ängste und kulturbedingte Beschwerden, körperliche wie seelische.

Probleme mit den Wechseljahren müssen nicht sein

Wenn wir andere Länder und Kulturkreise betrachten, kommen wir zu verblüffenden Erkenntnissen: In Indonesien werden die älteren Frauen geschätzt und geachtet, sie haben selten Probleme mit den Wechseljahren. In China gelten die Wechseljahre als etwas völlig Natürliches, und es wird selten ärztliche Hilfe gebraucht. Hormontherapien werden nur bei ungewöhnlich schweren Störungen angewandt.

In Japan oder bei den Indianerinnen in Zentralamerika sind Hitzewallungen, Nachtschweiß oder Depressionen viel seltener zu beobachten als bei uns in Europa.

In Indien werden die älteren Frauen zum Familienoberhaupt, und in Afrika empfinden die Frauen die Wechseljahre als sexuelle Befreiung, denn sie erlangen damit einen höheren Status.

In Mexiko erleben die Frauen diese Zeit als sehr positive Lebensphase, da man ihnen von ihren Familien und der Gemeinschaft viel mehr Respekt entgegenbringt.

Unsere Gesellschaft sollte das Bild der Wechseljahre endlich einmal ins rechte Licht rücken, die Situation entdramatisieren, positiven Umgang damit entwickeln und neue Projekte angehen.

Es ist an der Zeit, die weitverbreitete Meinung, daß man für nichts mehr zu gebrauchen oder keine richtige Frau mehr sei, zu entkräften. Wir können die reifen Jahre aufwerten, so wie es in anderen Kulturen Brauch ist. Durch positives Denken können wir den sanften Übergang schaffen.

In den folgenden Kapiteln finden Sie Tips, die Ihnen helfen, mit Schwung und Optimismus die Wechseljahre zu genießen. Und vergessen Sie dabei nicht: Sie haben auf der ganzen Welt viele Freundinnen, Schwestern, Verbündete, die dieselbe Phase durchleben wie Sie selbst.

Genießen Sie Ihre besten Jahre, werden Sie sich darüber klar, was Sie sich in Zukunft wünschen, und setzen Sie Ihre Träume in die Tat um. Denken Sie nach, stellen Sie sich vor, wie viele herrliche Jahre noch vor Ihnen liegen, und beginnen Sie, Fähigkeiten zu entwickeln, Veränderungen hinzunehmen und sie zu genießen. Nutzen Sie Ihre bisherige Lebenserfahrung, und haben Sie keine Scheu, neue, positive Erlebnisse zu machen.

Was sind Wechseljahre?

Unsere individuelle innere Uhr steuert den Hormonhaushalt und bestimmt, wann die erste bzw. die letzte Periode eintritt. Natürlich können unsere Psyche, unser Gewicht, die Ernährung, das Rauchen, Operationen oder Krankheiten diesen Prozeß beschleunigen oder verlangsamen.

Die Symptome der Wechseljahre variieren von Frau zu Frau. Es kann zu Hitzewallungen, Schwitzen, Juckreiz, trockener Vagina, Reizbarkeit, Stimmungsschwankungen, Ängsten, Schlafstörungen, Gedächtnisschwäche, Kopfschmerzen sowie zu Harninkontinenz oder Schmerzen beim Sex kommen.

Manche Frauen spüren überhaupt keine Beschwerden, andere leiden darunter. Das Erleben der Wechseljahre hängt stark von unserer Vererbung, unserem Lebensstil, unserer psychischen Verfassung, der Ernährung, aber auch von der Erziehung ab. Zudem beeinflussen uns auch die Arbeitssituation, die finanzielle Lage, die sexuelle Orientierung, ob wir gesund oder krank sind, ob wir in einer Gemeinschaft / Partnerschaft oder alleine leben, ob wir uns diskriminiert oder frei fühlen.

Es ist wichtig, in dieser Zeit eine positive Einstellung zu entwickeln. Kraft und Sicherheit können wir aus unseren Erfahrungen schöpfen. Schauen Sie zurück, was Sie schon geleistet haben, was schon erreicht worden ist. Das gibt Ihnen Antrieb für die Zukunft.

Jetzt können wir uns Zeit für uns nehmen und es genießen. Lassen Sie weg, was Sie nicht interessiert, konzentrieren Sie sich auf Neues, das Ihnen Spaß macht. Respektieren Sie Ihre Wünsche, und vertrauen Sie sich selbst. Suchen Sie sich Vorbilder. Werden Sie sich im klaren darüber, wo Ihre Fähigkeiten liegen. Was möchten Sie gerne tun? Kommunizieren Sie mit dem Partner, der Familie und mit Freunden.

Wechseljahre sind keine Krankheit, sondern ein natürlicher Vorgang. Verstecken Sie Ihr wahres Alter nicht, stehen Sie dazu. Durch Ihre innere Ausstrahlung bleiben Sie jung.

Was passiert in den Wechseljahren mit uns?

Mit der ersten Menstruation wird eine Frau fortpflanzungsfähig, sie kann dank den Hormonen Östrogen und Progesteron, die in den Eierstöcken produziert werden, Kinder bekommen.

Die regelmäßigen Ausschüttungen der Hormone bedeuten die Fruchtbarkeitsjahre der Frau. Die Geschlechtshormone beeinflussen außerdem unser seelisches wie körperliches Wohlbefinden.

In den Wechseljahren läßt die Funktion der Eierstöcke langsam nach, die Östrogenproduktion sinkt und unser Körper paßt sich dem neuen Hormongleichgewicht an. Dadurch hören die Monatsblutungen auf, und die Frau kann keine Kinder mehr bekommen.

Die Wechseljahre beginnen bei jeder Frau individuell, d.h. zwischen dem vierzigsten und fünfundfünfzigsten Lebensjahr, und dauern Jahre. In dieser Zeit kommt es zu unregelmäßigen Blutungen, die mal stark, mal schwach sein können. Auch der Periodenzyklus ist sehr unterschiedlich, mal alle 21 Tage oder dann wieder ein paar Wochen Pause. Die Unregelmäßigkeiten können ein paar Monate oder zwei, drei Jahre dauern. Wenn die Periode länger als 12 Monate ausbleibt, kann man annehmen, daß sie nicht mehr einsetzt.

Dann sprechen wir von der Menopause (griechisch: meno = Monat; pausis = Stillstand, Halt). Im allgemeinen produzieren die Eierstöcke jedoch noch weitere Jahre geringe Mengen von Östrogen.

Durch den absinkenden Hormonspiegel tritt eine Veränderung im Zyklus und auch im Körper ein. Der Eisprung bleibt aus, die Eierstockhüllen schrumpfen. Sie produzieren aber weiter Testosteron.

Das Absinken der körpereigenen Östrogenproduktion ist ein natürlicher Alterungsprozeß, der sich oft mit natürlicher Hilfe beheben läßt. Eine Hilfe zur Selbsthilfe, wie auch alternative Behandlungsmethoden bewältigen die Menopause gut. Der erste Schritt ist, die positive Einstellung zu sich selbst und zu seinem Körper zu finden, wie auch die Tatsache zu akzeptieren, daß wir reifer werden.

Die Wechseljahre werden von jeder Frau unterschiedlich erlebt, und auch

Prämenopause	Zeit der sichtbaren und unsichtbaren körperlichen Veränderungen, bis die letzte Mens eintritt.
Menopause	Zeitpunkt der letzten Menstruation, dem mindestens ein Jahr keine weitere Mens folgt.
Postmenopause	Zeitraum seit dem 1jährigen Aussetzen der Mens bis ca. 10 Jahre danach.
Klimakterisches Syndrom	Alle möglichen Anzeichen und Veränderungen, die in den Wechseljahren auftreten, die aber nicht alle unmittelbar auf den Wechsel zurückzuführen sind.
Wechseljahre	Zeitraum der hormonellen Umstellung, in dem sich der Periodenzyklus verändert, bis er schließlich aufhört. Als Folge erleben wir auch andere körperliche wie seelische Veränderungen, die verarbeitet werden müssen.
Klimakterium	(Griech.: Klimax = Höhepunkt) Medizinisch: Übergang von der Geschlechtsreife zum Alter.

jedes Land, jede Kultur geht mit der Menopause anders um. Es ist aber immer die Zeit, in welcher persönliche, familiäre und gesellschaftliche Standorte neu überdacht werden sollen und müssen.

Durch positives Denken erfahren die Frauen heute immer öfter einen neuen, faszinierenden Lebensabschnitt mit neuen Aufgaben. Eine persönliche, positive Einstellung dazu ist wichtig für die Lebensfreude und das Wohlbefinden während und nach den Wechseljahren.

Typische Beschwerden der Wechseljahre

Das Hormon Östrogen steuert nicht nur die Menstruation, sondern wirkt auch auf bestimmte Zentren im Hirn, das vegetative Nervensystem, die Psyche, die Genitalorgane, die Harnblase und Harnröhre, die Haut und Schleimhäute, die Leber, die Knochen und den Fettstoffwechsel. Durch die abnehmende Östrogenproduktion kann es, muß es aber nicht, zu Beschwerden kommen. Hier eine Zusammenstellung der häufigsten Störungen:

Vegetative Beschwerden

- Hitzewallungen
- Kopfschmerzen
- Kribbeln in Händen und Füßen
- Herzklopfen
- Schwindel

Psychische Beschwerden

- Müdigkeit
- Schlaflosigkeit
- Vergeßlichkeit
- Gereiztheit
- Nervosität
- Angstzustände
- Depression

Organische Beschwerden

- Häufiges Wasserlassen
- Harnträufeln
- Harnröhren- und Harnblasenentzündung
- Reduzierte Scheidenfeuchtigkeit
- Scheidenjuckreiz
- Scheidenentzündung
- Schmerzen beim Geschlechtsverkehr
- Gelenkschmerzen
- Osteoporose (Entkalkung der Knochen führt zur Anfälligkeit von Knochenbrüchen)
- Trockene Haut
- Stumpfes Haar
- Haarausfall
- Gewichtsprobleme

Vegetative Beschwerden

Hitzewallungen

Sie sind nicht gefährlich, können aber sehr störend sein. Von einem Moment zum anderen wird man von einem Hitzegefühl in der oberen Körperhälfte erfaßt, mit Schweißausbrüchen, Hautrötungen und darauf folgendem Frösteln.

Die Hitzewallungen können in kurzer Zeit öfters auftreten und nach ein paar Wochen gänzlich verschwinden oder aber fast ununterbrochen da sein – und das während mehrerer Monate.

Ausgelöst werden sie durch starke emotionelle Erregungen wie Freude oder Ärger, jedoch auch durch Alkoholgenuß. Sie können Tag und Nacht auftreten, was natürlich den Schlaf erheblich stören kann. Das wiederum führt zu Müdigkeit am Tag, Nervosität und Ungeduld.

Wie kommt es zu Hitzewallungen? Ein System zwischen Eierstöcken und Hypothalamus im Gehirn, das jahrelang gut ausbalanciert gearbeitet hat, wird durch die geringere Östrogenproduktion aus dem Gleichgewicht geworfen. Der östrogenhungrige Hypothalamus reagiert. Die Temperatursteuerung wird durchgewirbelt, die Wärmeregulation ist durcheinandergeraten.

Wie können Sie sich helfen?

- Hohen Kaffee- und Alkoholkonsum vermeiden
- Vermehrt Wert auf Ihr äußeres Erscheinungsbild legen
- Lauwarm duschen mit hautfreundlicher, reizarmer Waschlotion
- Rückfettende Substanzen eincremen (Bodymilk)
- Jede extreme Hitze meiden
- Wäsche aus Naturfasern (Baumwolle, Wolle, Leinen) tragen
- Pflanzentherapie (z.B. Traubenkerzeextrakt, Salbeiöl)
- Homöopathie (Pulsatilla, Glonoimum)

Kopfschmerzen

Es gibt verschiedene Arten von Kopfschmerzen, sie können unterschiedlich stark sein und psychische oder körperliche Ursachen haben. Eins haben sie nämlich alle gemeinsam: eine Beeinträchtigung der Lebensqualität.

Auswirkungen wie Pläne, die sich nicht ausführen lassen, abgesagte oder verschobene Termine, Konflikte am Arbeitsplatz der Absenzen wegen oder reduzierte Belastbarkeit behindern den normalen Alltag.

Man unterscheidet zwischen gewöhnlichen Kopfschmerzen, auch als

Spannungskopfschmerz bekannt, oder psychischen Kopfschmerzen und der Migräne.

Erstere sind die Erscheinung von Muskelverspannungen des Kopfes und Nackens, die durch Bewegungsarmut, falsche Haltung, stundenlange Fixierung in einseitiger Stellung und fehlende Bewegungsabwechslung ausgelöst werden. Belastungen wie Leistungsdruck, kritische Situationen im Berufs- oder Privatleben, Überforderung sowie Schuldgefühle sind Auslöser der psychisch bedingten Kopfschmerzen.

Eine weitere Ursache kann die Übersäuerung des Stoffwechsels durch fehlende oder mangelhafte Ausscheidung sein.

Eine große Rolle spielen auch klimatische Faktoren. Niedriger Blutdruck in Kombination mit mangelndem körperlichem Training löst relativ oft morgendliche Beschwerden aus. Zusätzlich werden bei Frauen die Kopfschmerzen durch den schwankenden Hormonhaushalt beeinflußt. Häufigkeit und Dauer der Anfälle und begleitende Störungen sind jeweils von Patient zu Patient sehr verschieden.

Migräne

Wie können Sie Migräne von gewöhnlichen Kopfschmerzen unterscheiden? Die Migräne bewirkt einen typischen Schmerz, der halbseitig lokalisiert ist. Er fühlt sich pulsierend an, ist von mittlerer bis schwerer Intensität und wird durch körperliche Aktivität verstärkt. Begleiterscheinungen sind Übelkeit, Erbrechen, Licht- und Lärmempfindlichkeit.

Auslösend wirken Änderungen des Schlaf-Wach-Rhythmus, Wetterwechsel, Klimaveränderung, Diätfehler, Konsum verschiedener Genußmittel, Lärmeinflüsse oder Lichtreize. Doch auch intensive Anstrengung, das unbedingte Erledigen oder Erreichen eines gesteckten Zieles und verdrängte oder aufgestaute Wut rufen Migräneanfälle hervor. Erfolgsprobleme, ein strenger und unflexibler Charakter, unnatürlicher Perfektionismus, ungesundes Pflichtbewußtsein sich selbst und anderen gegenüber sowie Intoleranz bringen unerträgliche Situationen, die eine Anfälligkeit für Migräne unterstützen. Eine familiäre Vorbelastung spielt sicher auch eine Rolle, vor allem ist sie jedoch eine Zivilisationskrankheit. Die Migräne ist Ausdruck von Überforderung, egal welcher Art.

In der Vorphase ist man oft leichter reizbar, verspürt Heißhunger, muß häufig gähnen, oder es treten Schwierigkeiten beim Sprechen auf. Auch Kribbeln, Prickeln oder Taubheit in den Händen und Beinen sind als Vorzeichen zu werten. Der eigentliche Anfall kann 4-72 Stunden dauern und wird von Übelkeit, Erbrechen, Licht- und Lärmempfindlichkeit begleitet. Im nachhinein fühlt man sich erschöpft und ausgelaugt. Muskelschmerzen, Appetitlosigkeit, Stimmungsschwankungen und Harndrang erinnern an die Tortur.

In Gesprächstherapien versucht man, die inneren und äußeren Gründe herauszufinden. Der Patient soll motiviert werden, die Widersprüche in seiner Lebensführung zu begreifen und zu akzeptieren. Man lernt, Konfliktsituationen, die nicht wahrgenommen oder verleugnet werden, ans Licht zu bringen, berufliche oder familiäre Spannungen zu erkennen und zu lösen. Neben der Gesprächstherapie haben sich konzentrative Bewegungstherapie oder Entspannungstechniken wie Autogenes Training, Tai-Chi und Meditation bewährt.

Neben den Nacken-Rückenmassagen, die intensiv entspannend und schmerzdistanzierend wirken, dürfen wir die Akupunktur, Akupressur sowie Homöopathie und Pflanzenheilkunde nicht vergessen. Sehr hilfreich sind ebenfalls die Neuraltherapie und die Ozon-Sauerstoff-Behandlung.

Die folgende Übersicht erleichtert die Selbsthilfe bei Kopfschmerzen:

Spannungskopfschmerz	
Symptome	Dumpfer Schmerz, rundherum Enge im Nacken und in der Kopfhaut
Ursachen	Stress, Depression, Muskelverspannung
Therapie	Viel Ruhe, Eispackung, Akupressur im Schläfenbereich, Johanniskraut- oder Melissentee

Kopfschmerz durch Fehlstellung der Halswirbelsäule	
Symptome	Hinterkopfschmerz, Verschlimmerung durch Bewegung
Ursache	Versteifung der Muskeln, hervorgerufen durch seelische, geistige und emotionale Vorgänge, berufliche Belastungen (z.B. Zeichner, Feinmechaniker, Uhrmacher usw.)
Therapie	Rückenschwimmen in warmem Wasser, auflockernde Badezusätze, Fango-Packungen

Stress- oder Erschöpfungskopfschmerz	
Symptome	Pochender Schmerz, der sich langsam steigert
Ursache	Körperliche Anstrengung wie Arbeit, Sport, Sex oder seelischer Stress
Therapie	Viel Ruhe, Entspannungsübungen

Kopfschmerz durch Wetterwechsel	
Symptome	Dumpfer Schmerz
Ursachen	Wetterfront-Wechsel, bei Tiefdruck häufiger auftretend
Therapie	Ruhe, Baldrian-Tropfen

Migräne-Kopfschmerz	
Symptome	Mittlerer bis starker, einseitiger Schmerz mit Übelkeit, Erbrechen, kalten Händen, Zittern, Schwindel, Geräusch- und Lichtempfindlichkeit
Ursache	Vererbung, belastete oder falsche Nahrung, die Pille, Stress, Wetterwechsel, zu wenig Essen, zu langes Schlafen
Therapie	Bewegung an der frischen Luft, regelmäßiger Schlaf-Wach-Rhythmus, regelmäßiges Essen. In akuter Situation keine optischen und akustischen Reize (im abgedunkelten Zimmer liegen), Eis auflegen

Kopfschmerz durch Sehschwäche	
Symptome	Stirnschmerz rund um die Augen
Ursache	Augenmuskel-Schwäche, Sehschwäche
Therapie	Augenarzt konsultieren

Folgende Therapien gelten für alle Arten von Kopfschmerzen

Ursachen-Behandlung

- Weniger Alkohol und Zigaretten konsumieren
- Auf eine gesunde Ernährung achten
- Regelmäßig Entspannungsübungen anwenden
- Stressfaktoren reduzieren
- Erholungsphasen einplanen
- Bestehende Konflikte lösen
- Mehr schlafen

Symptom-Behandlung

- Kompressen oder Massagen
- Aufmerksamkeit verlagern (sich nicht auf den Schmerz konzentrieren)
- Phytotherapie: Alpenrose, Bitterklee, Gesemium, schwarze Johannesbeere, Küchenschelle, Rainfarn, Pfefferminzöl, Lavendel, Thymian
- Homöopathie: Atropa belladonna, Breitwegerich, Pestwurz, Rettich, Spitzwegerich, Steinklee, Bryonia, Gesemium, Ignatia, Nux vomica, Silicea, Cimicifuga
- Aromatherapie: Cajeput, Eukalyptus, Pfefferminze, Rosenholz, Salbei, Lavendel, Majoran, Melisse

Bei langanhaltenden Schmerzen unbedingt einen Arzt aufsuchen und mögliche Ursachen abklären lassen. Es empfiehlt sich, ein Kopfschmerz-Tagebuch zu führen, um die Ursachen schneller herausfinden zu können und zu vermeiden.

Herz- und Kreislaufbeschwerden

Auch dem Risiko einer Herz-Kreislauferkrankung können Sie vorbeugen. Die Bemühungen um Verhütung von Krankheiten sind bis in die Antike zurückzuverfolgen. Der Philosoph Plato stellte die Förderung und Pflege der Gesundheit weit vor die Heilung der Krankheit.

Östrogenmangel erhöht das Herzinfarktrisiko, wobei auch das Rauchen, hoher Blutdruck oder hohe Cholesterinwerte nicht außer acht gelassen werden dürfen. Auch Übergewicht, Stress und Bewegungsmangel können stark zu den Herzproblemen beitragen.

Deshalb ist es wichtig, daß Sie frühzeitig die richtigen Schritte unternehmen, um eventuellen Beschwerden vorzubeugen. Wer langfristig an die Gesundheit denkt, fängt rechtzeitig an, d.h. bevor sich Symptome zeigen, auf seinen Körper zu hören.

Wie kann man vorbeugen?

Das Wohlbefinden für das Herz bedeutet, auf schädliche Gewohnheiten zu verzichten. Das Rauchen beeinträchtigt einen gesunden Kreislauf und die Herzfunktion; für ein Normalgewicht und viel Bewegung wird Ihnen Ihr Herz danken.

Ein Trainingsprogramm in Form von Bädertherapien – wie Thermalbewegungs- oder Luftsprudelbäder – kann die Kreislaufregulation und den Blutdruck beeinflussen.

Auch eine Bewegungstherapie außerhalb des Wassers, bei der besonders Koordination und Ausdauer geübt werden, verbessert das Mißverhältnis zwischen Sauerstoffangebot und Bedarf des Herzens.

Wie können Sie sich helfen?

- Rauchen einschränken oder aufgeben
- Ernähren Sie sich naturbelassen, meiden Sie Industrie-Nahrungsmittel mit künstlichen Zusatzstoffen
- Übergewicht reduzieren
- Salzkonsum beschränken
- Frischen Knoblauch oder auch in Form von Tabletten einnehmen
- Viel Bewegung an der frischen Luft
- Sich Ruhe gönnen
- Entspannungstherapien (Autogenes Training, Meditation, Tai-Chi)
- Pflanzentherapie (Weißdorn, Herzgespann, Arnika, Baldrian, Löwenzahn)
- Aromatherapie (Lavendel, Rosmarin, Melisse, Muskat, Ylang-Ylang)
- Homöopathie (Arnika, Gelsemium, Phosphorus, Carbo vegetabilis, Veratrum album, Crataegus, Lachesis)

Die effektivsten Bewegungsarten sind Radfahren, Dauerlauf, Bergwandern, Langlauf oder Schwimmen. Auch eine Nahrungsumstellung zeigt ihre Wirksamkeit.

Psychische Ausgeglichenheit und ein erfülltes sexuelles Leben beugen den Herzproblemen vor. Wer unbewältigten Ärger in sich trägt, in einem Dauerstress lebt und negative Gedanken herumschwirren läßt, belastet unnötig sein Herz.

Denken Sie daran, daß eine positive psychische und geistige Einstellung manche Beschwerden von uns fernhält. Ausgewogenheit, nach der eigenen Persönlichkeit leben, den Glauben an eigene Heilkräfte finden, auf unser Herz hören – das alles führt zu einer Harmonie zwischen Denken und Fühlen.

Psychische Beschwerden

Reizbarkeit, Nervosität, Angstzustände und Depressionen

Mit der hormonellen Umstellung ist ein allgemeiner körperlicher und psychischer Stress verbunden. Hitzewallungen, nicht ausschlafen können, Kopfschmerzen oder Übelkeit tragen sicher zu Nervosität und Reizbarkeit bei. Aber auch Aufgaben, die das soziale Umfeld von uns verlangt, können Stimmungsschwankungen und Depressionen auslösen.

Auf der einen Seite werden die Kinder groß und selbständig, sie ziehen aus. Dadurch entfällt uns eine wichtige Aufgabe, deren Fehlen zu einer tiefen Depression und einer seelischen Gleichgewichtsstörung führen kann, da wir uns plötzlich nutzlos und unwichtig fühlen.

Andererseits werden die eigenen Eltern alt und krank, sie sterben. Die Beziehung ohne Kinder muß neu konzipiert werden, die Suche nach einer eigenen sinnvollen Beschäftigung gewinnt plötzlich an Wichtigkeit. Man hat viel Zeit, die gut ausgefüllt werden soll, damit man nicht in ein «schwarzes Loch» fällt, die Kinder nicht mit einengender Bemutterung und lästigen Telefonaten nervt. Uninteressante Monologe und Klagen über die undankbaren Nachfolger, lästigen Nachbarn und alles Leid dieser Welt können den Partner langweilen oder von zu Hause fernhalten. Das Gefühl der Anerkennung durch die Familie muß mit neuen Aufgaben wieder kompensiert werden.

Für alle Frauen beginnt nun ein neuer Lebensabschnitt. Statt über die Gefühle der Nutzlosigkeit zu grübeln, sollte man sich überlegen, welche Tätigkeit einem Spaß machen würde. Jetzt ist die Zeit gekommen, in der Sie Wünsche und Träume realisieren können. Ob es eine berufliche, eine wohltätige Beschäftigung oder die Möglichkeit einer Weiterbildung ist, spielt an sich keine große Rolle. Wichtig ist, daß Sie eine neue Aufgabe in Angriff nehmen, die Sie innerlich befriedigt. Versuchen Sie, in Gesprächen dem Partner und den Kindern Ihren momentanen Zustand zu erklären. Sprechen Sie über die Lücken, die Sie wieder sinnvoll ausfüllen möchten. Machen Sie Ihrer Familie klar, daß eine erfüllte, zufriedene Frau der Partnerschaft mehr dient als eine unglückliche, depressive. Natürlich lassen sich nicht immer alle Stimmungsschwankungen dadurch lösen und beseitigen, aber durch Beschäftigung und offene Diskussionen erreichen Sie schon sehr viel. Denn vergessen Sie nicht, Ihr Partner steht den Wechseljahren mindestens so ratlos gegenüber, wie Sie selbst zu Beginn dieser Zeit. Durch Gespräche werden manche Mißverständnisse aus dem Weg geräumt.

Wie können Sie sich helfen?

- Richtige Ernährung
- Viel Bewegung im Freien
- Autogenes Training
- Atemtherapie
- Lichttherapie
- Aromatherapie (Basilikum, Bergamotte, Geranie, Jasmin, Mandarine, Orange, Thymian)
- Bachblüten-Therapie
- Farbtherapie
- Massagen
- Pflanzentherapie (Geranium, Salbei, Zypresse, Kava-Kava, Johanniskraut, Beifuß, Jambulbaum, Hopfen, Baldrian)
- Homöopathie (Arsenicum album, Belladonna, Chamomilla, Nux vomica, Cimierfuga, Phosphor, Silicea)

Schlafstörungen und Schlaflosigkeit

Beschwerden in den Wechseljahren, wie Hitzewallungen, Schweißausbrüche, Kopfschmerzen und Nervosität, lassen manche Frauen nicht gut ruhen.

Am Morgen fühlt man sich unausgeschlafen, was wiederum zu Reizbarkeit, Kopfschmerzen, Unruhezuständen und Verstimmungen führen kann. All diese Faktoren halten uns in einem unendlichen Kreis gefangen, den wir unterbrechen müssen.

Schlaf spielte für die Menschen schon immer eine zentrale Rolle. Bereits Plato, Aristoteles und Cicero haben festgestellt, daß Angst und Spannung des Wachzustandes im Schlaf wiederkehren. Sie wußten auch, daß der Körper im Schlaf auf physikalische Reize reagiert. Wachen und Schlafen sind gleichwertig, eines löst das andere ab.

Paracelsus kam zu der Erkenntnis, daß der Schlaf mit der stärksten Heilkraft ausgerüstet sei. Schopenhauer war der Ansicht, Schlaf sei für den Menschen dasselbe wie das Aufziehen für die Uhr.

Wie mit dem Schlafen beschäftigen sich alle Völker auch mit dem Träumen. Schon im Altertum entstanden zahlreiche Traumbücher. Der englische Dichter Addison verglich den Traum mit dem Mond, indem er sagte, der Traum sei der Mondschein der Seele, die Sonne das Lebenselement. Wenn die Sonne nicht da ist, dann schlafen und träumen wir.

Im Mondlicht sehen die Bilder, ähnlich wie im Traum, blaß, unklar, wie hinter einem Schleier aus.

Die Traumbilder sind undeutlich, schnell verschwunden oder vergessen und erscheinen wie riesige Projektionsleinwände. Um träumen zu können, braucht der Mensch Erfahrungen und Erlebnisse.

Was geschieht jedoch im Schlaf? Die Erregbarkeit des Zentralnervensystems nimmt ab, das Bewußtsein wird vermindert, die Muskulatur entspannt, der Puls verlangsamt, Atmung und Blutdruck gehen zurück. Eine Verlagerung der Gehirnfunktionen auf andere Aktivitätsmuster tritt ein. Das Gehirn arbeitet wohl weiterhin, nur in anderen Bereichen als im Wachzustand, und auch das Zentralnervensystem ist nicht untätig. Während des Schlafes verlangsamt sich die Herzfrequenz, Blutgefäße erweitern sich und dadurch nimmt der Blutdruck ab. Sowohl die Drüsentätigkeiten als auch die Magen-Darmaktivität werden vermindert.

Wie ist es aber, wenn man an einer Schlafstörung leidet, in der Nacht wach liegt und den folgenden Tag übermüdet und gereizt beginnt? Mögliche Ursachen gibt es viele, sie können von außen wie auch von innen kommen. Neben organischen Beschwerden sind es vor allem Auswirkungen unserer Lebensweise oder damit verbundene Probleme. Oft läßt uns der Unterschied zwischen den Bedürfnissen unseres Körpers, wie sein Schlaf-Wach-Rhythmus, und den sozialen Anforderungen der Umgebung nachts nicht schlafen.

Bei Schlafstörungen sollten Sie die Wurzel des Übels suchen, und wenn sie gefunden ist, gründlich durchleuchten. Handelt es sich um Einschlaf-

oder Durchschlafschwierigkeiten? Seien Sie sich im klaren darüber, je älter Sie werden, desto weniger Schlaf benötigen Sie. Gehen Sie dazu noch relativ früh zu Bett, kann es vorkommen, daß Sie bereits in den frühen Morgenstunden wach im Bett liegen.

Gelingt es uns nicht, abzuschalten oder den Tag hinter uns zu lassen, werden wir keine Erholung im Schlaf finden. Psychische Störfaktoren, Stress, unerledigte Arbeiten, Kopfweh, Migräne oder Schmerzen, aber auch ein unbefriedigendes Sexualleben oder Ehesorgen können das Ein- und Durchschlafen massiv stören. Vermeiden Sie ebenso Hungergefühle, Übersättigung, späte und schwer verdauliche Mahlzeiten.

Berufsärger, fehlende Geborgenheit und Entspannung lösen die Schlafstörungen aus. Kaffee, Tee, Nikotin und Alkohol, aufregende Fernsehfilme, das Lesen von Sensationsberichten in Zeitungen sowie geistige Arbeit sind spät abends nicht zu empfehlen. Schlafhemmend wirken sich ebenfalls übermäßige körperliche Anstrengung vor dem Zubettgehen, Ängste und Sorgen oder zu wenig Bewegung aus.

Wie können Sie Schlafproblemen vorbeugen?

Lernen Sie, sich selbst zu akzeptieren und auf den eigenen Körper zu hören. Schalten Sie zuerst alle möglichen äußeren Störfaktoren wie Lärm, ungeeignete Raumtemperatur, verbrauchte oder zu trockene Luft aus. Denken Sie beim Einschlafen an ein schönes zurückliegendes Erlebnis, das sich von der Gegenwart bewußt abhebt. Dabei kann die Autosuggestion helfen. Stellen Sie sich einen lieben Menschen, eine ruhige See oder einen paradiesischen Garten vor.

Erinnern Sie sich an eine abgeschlossene, erfolgreiche Tat. Ein Abendgebet, ein Gedicht, eine Novelle, ein Kreuzworträtsel oder ein Musikstück, das Sie gerne hören, können beruhigende Gedanken bringen. Wohltuend wirken auch ein lauwarmes Bad oder eine kühle Abreibung der Beine und Arme. Entspannende Atemübungen vor dem Zubettgehen oder ein geöffnetes Fenster während der Nacht fördern den Schlaf.

Durch genügende Bewegungsfreiheit im Schlaf sowie ein gutes Bettklima finden Körper, Seele und Geist den erholsamen Schlaf.

Ein regelmäßiges Einschlafritual oder die eventuelle Einnahme einer frischen Baldriantinktur, ein altbewährtes Hausmittel, wirkt gegen die Schlafstörungen und vermindert eine Medikamentenabhängigkeit, die gerade bei Schlafmitteln sehr groß ist.

Bei längerer und mißbräuchlicher Einnahme dieser Medikamente kommt es neben der Sucht auch zu unerwünschten Nebenerscheinungen wie Gedächtnislücken, Schläfrigkeit, Zerschlagenheit, Stimmungsschwankungen, Koordinationsstörungen oder Verwirrung. Diese Mittel bremsen alle das Zentralnervensystem. Die Abhängigkeit von den Tabletten aufzugeben ist sehr schwierig, in Fachkreisen wird der Entzug als so tückisch wie ein Heroinentzug beschrieben. Darum empfiehlt es sich, unbedingt auf gute, natürliche Alternativen zurückzugreifen, denn gut schlafen läßt sich lernen!

Wie können Sie sich helfen?

- Fördern Sie die Müdigkeit durch Aktivität und Bewegung während des Tages, kurze abendliche Spaziergänge fördern ein Abschalten
- Lassen Sie den Tag ruhig und bedächtig ausklingen, auf Aufregung und zuviel Aktivität am Abend verzichten
- Gehen Sie jeden Abend ungefähr zur gleichen Zeit zu Bett, ein persönliches Einschlafritual (Lesen, Schlummertrunk, Musik, Atemübungen) oder ein warmes Fußbad fördern das Entspannen
- Nicht direkt nach beendetem Fernsehprogramm zu Bett gehen
- Am Abend leicht und nicht zu spät essen
- Gutes Lüften des Schlafzimmers, zu trockene Luft vermeiden
- Lärmfreiheit fördert ein ruhiges Ein- und Durchschlafen
- Vermeiden Sie Elektrosmog im Schlafzimmer, insbesondere durch eingeschaltete Elektrogeräte
- Auf eine gute Bettqualität achten (ein gutes Bett sollte z.B. möglichst keine Metallteile enthalten, keine zu weiche oder zu harte Matratze)
- Beruhigenden Tee (Baldrian, Hopfen, Melisse, Johanniskraut) oder ein Glas warme Honigmilch vor dem Schlafengehen trinken
- Pflanzentherapie (Baldrianwurzel, Pfefferminzblätter, Melissenblätter, Hopfenzapfen, Kamille, Passionsblume, Johanniskraut)
- Aromatherapie (Lavendel, Basilikum, Majoran, Kamille, Neroli, Ylang-Ylang)
- Lichttherapie
- Autogenes Training
- Meditation
- Homöopathie (Pulsatilla, Passiflora, Coffea, Sulfur, Valeriana)

Organische Beschwerden

Harninkontinenz

Der unwillkürliche Harnabgang ist für jede Frau etwas sehr Lästiges. Es kann zu Brennen und häufigem Harndrang kommen und durch die kurze Harnröhre der Frau auch oft zu Blasenentzündungen. Eine Reizblase reagiert auf alle Kältereize.

Harninkontinenz tritt beim Niesen, Husten, Lachen oder Springen auf. Urin fließt aus der Blase, ohne daß es kontrollierbar oder verhinderbar wäre. Durch den sinkenden Hormonspiegel, geschwächte Beckenorgane und nachlassende Elastizität oder deren Senkung kommt es zu dieser unangenehmen Erscheinung.

Wie können Sie sich helfen?

- Beckenbodenübungen. Diese Übungen sind überall ausführbar, auch wenn Sie unterwegs sind. Spannen Sie die Muskulatur des Beckens mehrmals schnell an, als ob Sie Harn zurückhalten möchten. Diese Übung regelmäßig jeden Tag ausführen.
- Viel trinken (Infektionen werden durch eine optimale Durchspülung verhindert)
- Vaginale Gleitmittel
- Regelmäßiger Sex
- Bewegung, Sport (Schwimmen ist hervorragend)
- Pflanzentherapie (Kanadische Gelbwurzel = entzündungshemmend, Bärentraubenblätter = harntreibend, Brombeerwurzel und Wintergrün = krampflösend)

Sexualität

Ein erfülltes Sexualleben ist auch während und nach den Wechseljahren durchaus möglich. Gedanken, daß Sie nicht mehr begehrenswert seien, sollten Sie erst gar nicht aufkommen lassen. Da das Risiko einer Schwangerschaft wegfällt (Achtung: Erst ab ca. 12 Monaten nach der letzten Periode), kann der Spaß und Genuß beim Geschlechtsverkehr sogar größer sein als zuvor.

Außerdem sind die Kinder aus dem Haus, denn was mußte man sich nicht alles einfallen lassen, um wirklich einigermaßen ungestörten Sex haben zu können.

Nun beginnt eine Zeit, während der Sie eine traute Zweisamkeit ohne Stress und unliebsame Störungen genießen können, denn Sexualität und Orgasmus haben bei einer Frau nichts mit dem Alter zu tun. Die Beziehung zum Partner kann sich noch durch gemeinsame Interessen, die man zusammen ungestört teilen kann, vertiefen.

In bezug auf die körperlichen Funktionen verändern sich Sexualtrieb und Libido nicht, psychische Belastungen spielen jedoch eine sehr wichtige Rolle beim Geschlechtsverkehr.

Es wäre falsch, zu denken, daß eine aktive Sexualität und das Erleben des Orgasmus nur den jungen Leuten vorbehalten seien.

Ganz im Gegenteil, die sexuelle Attraktivität kann und soll erhalten bleiben. Nützen Sie Ihre Zeit für vermehrte Pflege. Auch Fitness, Zufriedenheit im Alltagsleben und das Teilen mit dem Partner sind wichtige Voraussetzungen für ausgefüllte, wunderbare sexuelle Erlebnisse. Eine positive Einstellung zum Leben, zum Altern, eine stabile, zufriedene Partnerschaft und eine bejahende Einstellung zu sich selbst lassen uns die Zweisamkeit als etwas Wunderbares erleben. Regelmäßiger Sex erhält den Körper und die Psyche gesund.

Doch wie kann man den sexuellen Genuß beibehalten, wenn Probleme durch Hormonmangel entstehen?

In den Wechseljahren verändern sich die Vagina und die Klitoris. Die Haut wird dünner, trockener und weniger elastisch, die Vagina wird kürzer und enger. Auch die Klitoris wird kleiner und empfindlicher. Doch das alles läßt sich mit Hilfe von Gleitmitteln einfach beheben. Das Anfeuchten dauert jetzt länger, also gönnen wir uns deshalb ein längeres Vorspiel.

Nach dem Sex ist oft ein Harndrang zu verspüren. Der Gang zur Toilette bringt da schnelle Abhilfe. Gegen das Brennen beim Wasserlassen hilft viel trinken.

Wichtig ist auch die richtige Hygiene (kein Waschen oder Putzen von hinten nach vorne), keine Verwendung von parfümierten Duschgels, Seifen oder Papier (Allergie-Gefahr) sowie nicht zu langes Benützen von Tampons oder das Einengen durch Kleidung. Da die Frauen eine viel kürzere Harnröhre als die Männer besitzen, ist die Gefahr von Reizungen oder Infektionen erhöht. Darum ist viel trinken eine der wichtigsten Selbsthilfen bei Beschwerden, es wirkt aber natürlich auch vorbeugend.

Trockenheit der Vagina kommt bei erfülltem und regelmäßigem Sex fast nie vor. Vaginale Beschwerden kann man auf natürlichem Weg, z.B. mittels Naturjoghurt, das man in die Vagina einführt und mit einem Tampon fixiert (1-2 Stunden), sehr gut behandeln. Dadurch wird die Vaginalflora wiederhergestellt.

Hormonelle Veränderungen in den Wechseljahren bringen Testosteron und Östrogen in ein Ungleichgewicht, d.h., die Östrogenproduktion sinkt, das

Testosteron bleibt gleich oder nimmt sogar zu. Das führt, im Gegensatz zur weitverbreiteten Meinung, bei Frauen in den Wechseljahren zu einem Libido-Anstieg. Ein sogenanntes sexuelles Desinteresse entspricht also nicht der Wahrheit. Oft fühlen Frauen nach der Menopause mehr sexuelles Verlangen als früher.

Auch Männer erleben bestimmte körperliche und sexuelle Veränderungen. Die Erektionen nehmen ab, sie kommen erst nach längerer Stimulierung zustande und halten oft nicht so lange wie früher. Darum ist es jetzt sehr wichtig, daß die sexuellen Bedürfnisse und Wünsche aufeinander abgestimmt werden. Das bedeutet, miteinander behutsam umzugehen und offen zu reden.

Psychische Belastungen, Ängste, aber auch gewisse Medikamente (Betablocker, Antihistamine u.a.) oder z.B. Zuckerkrankheit, aber auch Alkohol können die Potenz beeinträchtigen. Hier braucht es sehr viel Fingerspitzengefühl, immer wieder offene Gespräche und Verständnis.

Wie können Sie sich helfen?

- Gleitcreme verwenden (vor dem Beischlaf auftragen)
- Aktive Sexualität führt zur Beibehaltung der Flexibilität der Geschlechtsorgane
- Keine Scham- oder Schuldgefühle aufkommen lassen, Wünsche und Bedürfnisse dem Partner mitteilen

Lassen Sie sich genug Zeit beim Sex, sorgen Sie für eine angenehme Atmosphäre. Eine gegenseitige Massage, gegenseitige Masturbation, erotische Berührungen oder oraler Sex bringen Abwechslung ins Spiel. Übrigens ist Speichel ein gutes Gleitmittel!

Eine neue Position, ein ungewohnter Zeitpunkt, eine andere Umgebung bringen Leben in eine festgefahrene Praktik. Lassen Sie es nicht zur Routine werden. Berührungen bringen nicht nur Erregung, sondern auch seelisches Wohlbefinden. Körperliche Nähe und Intimität fördern die Entspannung und Stimulierung. Streicheln, Massieren oder Küssen sind ebenso wichtig wie ein gemeinsames Bad oder eine gemeinsame Dusche. Sexuelle Phantasien steigern die sexuelle Erregungsfähigkeit.

Masturbation ist eine gute Möglichkeit, seinen eigenen Körper zu entdecken und sexuelle Hemmungen abzubauen. Für Menschen ohne Partner ist sie eine ideale Möglichkeit zur sexuellen Aktivität. Mit Partner wirkt die gegenseitige Masturbation verlängernd auf das Vorspiel.

Partnerschaftsprobleme, Stress oder Ärger beeinflussen unser Sexualleben negativ. Die Liebes- und Lustfreudigkeit der Kinohelden sind nicht die Realität, man soll sich auch mit Vergleichen nicht plagen, sonst werden die eigenen Fähigkeiten in den Schatten gestellt, die Unzulänglichkeit als Belastung empfunden. Wir müssen uns darüber im klaren sein, daß Kino und Fernsehen eine Märchenwelt sind, die

Realität und der Alltag jedoch anders aussehen. Routine und Gewohnheiten lassen nichts Aufregendes aufkommen. Es braucht Phantasie, Mut zum Neuen, vor allem aber mehr Zeit, sich selbst zu akzeptieren und sich selbst gern zu haben, denn nur so kann man auch den Partner verwöhnen. Miteinander reden, sich entspannen, keinen Druck ausüben gehören zu den wichtigsten Regeln für ein langes, glückliches sexuelles Erleben.

Osteoporose

Osteoporose ist ein Knochendichte-Verlust, da die Fähigkeit, Kalzium aus der Nahrung zu verwerten, herabgesetzt ist, was zur Beschleunigung der Knochenentkalkung führt. Dieser Knochendichteverlust ist aber keine Krankheit, sondern ein normaler Alterungsprozeß bei Frauen wie Männer.

Neben erblicher Vorbelastung gelten vor allem eine unausgewogene Ernährung und mangelnde Bewegung als Risikofaktoren. Industrieländer sind viel stärker von Osteoporose betroffen.

Oft werden als einziges Gegenmittel bei Osteoporose Hormone genannt, die in Form von Pillen, Pflastern, Spritzen oder Vaginalzäpfchen angeboten werden. Die Östrogenmangel-Theorie hinkt aber. Die Osteoporose wird durch das Verabreichen von Östrogen nicht aufgehalten, sondern noch verschlimmert. Höchstens die begleitenden Beschwerden werden gemildert. Laut «Ärztliche Praxis» vom 22.2.1994 bietet die Östrogen-Therapie keinen Schutz vor Osteoporose.

Als entscheidend für die Vorbeugung und Verhütung von Osteoporose hat sich eine vollwertige, frischkostbetonte Ernährung, die tägliche Aufnahme von Kalzium in pflanzlicher Form, regelmäßiger Sport sowie eine weitgehende Abstinenz von Genußmitteln herausgestellt.

Nicht der Verzehr von Tierprodukten, sondern frischer, naturbelassener Pflanzen aus kontrolliertem ökologischen Anbau, wie Getreide, Samen, Nüssen, grünem Gemüse und Salaten oder Wurzelgemüsen sind die wahren Kalziumlieferanten. Wer täglich mehr als 50% an roher, frischer, pflanzlicher Nahrung zu sich nimmt, der trägt entscheidend zu seiner Gesundheit oder Heilung bei.

Neben einer knochenfreundlichen Ernährung müssen aber auch andere Faktoren berücksichtigt werden, denn das Thema Osteoporose darf nicht nur auf die Frage einer ausreichenden oder mangelhaften Kalziumzufuhr reduziert werden. Eine hohe Kalziumaufnahme nützt wenig, wenn dem Körper das Vitamin D fehlt. Dieses fettlösliche Vitamin schleust das Kalzium aus dem Darm in die Blutbahn und sorgt damit für die Einlagerung in den Knochen. Vitamin D wird auf zwei Wegen im Körper wirksam. Zum einen kann es mit Hilfe des Sonnenlichts gebildet werden, zum anderen aus Nahrungsmitteln mit reichlichem Vitamin-D-Gehalt wie z.B. Pilzen oder Avocados aufgenommen werden.

Auch Magnesium hat neben seinen vielfältigen Wirkungen auf Herz und Kreislauf einen günstigen Effekt auf die Knochenmineralisierung. Magnesiumreiche Nahrungsmittel sind Gemüse, Hülsenfrüchte (z.B. Sojabohnen), Vollkornprodukte, Nüsse, Samen und Obst (Bananen, Beerenobst).

Im Gegensatz zum Magnesium entzieht zuviel Phosphor dem Skelett Kalzium. Deshalb sind Nahrungsmittel mit Phosphatzusätzen wie Fleisch- und Wurstwaren, Schmelzkäse, Schokolade, Glacé, Coca-Cola und Limonaden unbedingt zu meiden. Auch ein zu hoher Eiweißkonsum kann zu einer erhöhten Kalziumausscheidung führen.

Genußmittel wie Alkohol und Kaffee sind für die Knochensubstanz nicht förderlich. Alkohol kann die Aktivierung von Vitamin D hemmen und die Kalziumverwertung behindern. Größere Mengen von Kaffee oder Schwarztee führen zu einer vermehrten Kalziumausscheidung über die Nieren.

Nach wissenschaftlichen Untersuchungen haben auch Raucher ein viel höheres Risiko, an Osteoporose zu erkranken, da der Nikotinmißbrauch zu einer Verkürzung der Hormoneinwirkung führt. Zucker und Zuckerprodukte sind Kalziumräuber, sie vermindern die Resorption. Als Getränke eignen sich also reines Quellwasser oder verschiedene Kräutertees bestens.

Knochen brauchen nebst einer gesunden Ernährung auch Bewegung, denn diese hat einen direkten Einfluß auf den Knochenstoffwechsel. Bewegungsmangel wirkt sich negativ auf die Knochenstruktur aus. Ein Teufelskreis bahnt sich an: Osteoporose erzeugt Schmerzen, bei Schmerzen vermeidet man Bewegung, dies wiederum verschlimmert die Osteoporose. Eine ausreichende aktive, körperliche Betätigung – wie Bewegung an frischer Luft, Schwimmen, Radfahren, Wandern oder schnelles Gehen – regt den Kalziumeinbau in den Knochen an.

Natürliche Methoden zur Vorbeugung gegen Osteoporose

- Vollwertige, naturbelassene, frische und möglichst kalziumreiche Ernährung
- Achten auf gesunden Stoffwechsel (gute Funktion von Magen-Darm, Nieren, Schilddrüsen)
- Vermeidung von stark phosphathaltigen Nahrungsmitteln wie Cola, Fleisch, Wurstwaren, Konserven, Schokolade
- Vermeidung von Alkohol, Kaffee, Schwarztee und Zigaretten
- Keine radikalen Abmagerungskuren
- Keine Abführmittel, da dadurch Kalzium ausgeschwemmt wird
- Ausreichende, aktive, körperliche Betätigung an frischer Luft, Gehen, Tanzen, Gymnastik, Radfahren, Langlauf
- Durchblutung fördern (vernünftige Sonnenbäder, Sauna, heiße Packungen mit Fango oder Paraffin, Heublumensäcke, Moorbäder)
- Massagen, Atemtherapie, Entspannungsübungen
- Aromatherapie mit Johanniskraut, Rosmarin, Thymian, Gewürznelken, Lorbeer
- Kneipen: warme und kalte Wasseranwendungen sowie Wasser- und Tautreten

Das gestörte Gleichgewicht der knochenaufbauenden und -abbauenden Zellen führt zu einer verminderten Belastbarkeit und zu erhöhter Anfälligkeit für Knochenbrüche.

Das Knochengerüst befindet sich in einem ständigen Auf- und Abbau, das in den Knochen eingelagerte Kalzium wird ausgeschwemmt und neues Kalzium wieder eingelagert. Dies ist ein komplizierter Prozeß, bei dem viele Faktoren eine große Rolle spielen. Eine davon ist die bereits erwähnte Ausgewogenheit von Kalzium, Magnesium und Phosphor in der Ernährung.

Aber auch Sonnenlicht, ausreichende Bewegung, eine gesunde Darmflora und bestimmte Hormone sind unersetzlich für diesen Knochenstoffwechsel.

In jungen Jahren werden die Zellen mehr auf- als abgebaut, d.h., die Knochenmasse nimmt zu, ca. ab dem 35. Lebensjahr ist dies genau umgekehrt. Es kommt zu einem langsamen Knochenmasse-Rückgang. Dies bedeutet aber kein Knochenschwund, sondern die Knochen verlieren an Dichte und werden poröser.

Der Knochendichteverlust ist keine Krankheit, sondern ein normaler Alterungsprozeß. Wird diese Entkalkung jedoch beschleunigt, sprechen wir von Osteoporose.

Die Risiken dafür sind

- Späte Menstruation
- Langjähriges Ausbleiben der Menstruation
- Magen-, Nieren- oder Darmstörungen
- Überfunktion der Schilddrüse
- Einnahme von Kortison oder Heparin (Blutgerinnungshemmender Stoff)
- Eierstock-Entfernung vor dem 40. Lebensjahr
- Gebärmutterentfernung vor den Wechseljahren
- Zu hohe Belastung durch Umweltgifte wie Blei, Quecksilber oder Cadmium
- Magersucht, Untergewicht oder schlanker Körperbau
- Bewegungsmangel
- Leistungssport
- Familiäre Knochen- oder Skeletterkrankungen (Mutter, Großmutter, Tante)
- Keine Schwangerschaft
- Rauchen, Alkohol, viel Kaffee
- Ernährungsmangel (zu wenig Kalzium, zu viel Eiweiß und Phosphor)

Diese Risikofaktoren vermeiden heißt, der Osteoporose wirksam vorbeugen. Osteoporose steht in einem engen Zusammenhang mit dem Wandel der Eßgewohnheiten, die sich in unserer Wohlstandsgesellschaft eingenistet haben.

Die hormonelle Umstellung und der absinkende Östrogen-Spiegel beeinflussen auch den Knochenabbau.

Frauen sind deshalb davon mehr betroffen als Männer, die über eine viel größere Knochenmasse verfügen. Osteoporose krümmt die Wirbelsäule zu einem Buckel und nimmt Einfluß auf unsere Körpergröße.

Es treten Rückenschmerzen auf, und die Gefahr von Wirbel-, Unterarm- oder Oberschenkelhalsbrüchen (die häufigsten) nimmt zu. Dies bedeutet natürlich eine Einbuße der Lebensqualität.

Wie können wir der Osteoporose jedoch optimal vorbeugen?

Eine gesunde Ernährung, regelmäßige und ausgeglichene körperliche Bewegung, eine möglichst suchtfreie Lebensweise sind als gute Prävention anzusehen. Therapien wie chinesische Akupunktur, klassische Homöopathie, Pflanzentherapeutika, Mineralstoffeinnahme bei Mangel können Osteoporose verhüten oder frühzeitig behandeln.

Eine gesunde Lebensweise, viel Optimismus und Stressfreiheit bringen Gleichgewicht und Beschwerdefreiheit für Ihren Rücken.

Wie können Sie sich helfen?

- Kalziumreiche Ernährung (grünes Blattgemüse, Blattsalate, Wurzelgemüse, Sesam, Nüsse)
- Vermeidung von stark phosphorhaltigen Nahrungsmitteln (Konserven, Fleisch, Wurst, Cola)
- Keine radikalen Schlankheitskuren
- Keine Abführmittel (= Kalzium-Ausschwemmung)
- Vitamin D (Bildung durch Sonnenlicht)
- Beschränkung von Zucker und Fett
- Alkohol und Rauchen vermeiden
- Gesunder Stoffwechsel
- Tägliche Bewegung (regelmäßiges Radfahren, Schwimmen, Gymnastik, Tennis, Wassertherapie)
- Akupunktur
- Atemtherapie
- Homöopathie
- Wärme-Kälte-Behandlungen
- Regelmäßige Augenkontrolle (Sturz- und Unfallgefahr)
- Gutes Bett und Stühle
- Beachtung der Unfallgefahren im Haushalt (Treppen, Bad, lose Teppiche)
- Moorbäder

Schulmedizinische Vorbeugung der Osteoporose

Allen Frauen wird die Einnahme von Hormonpräparaten empfohlen. Man soll jedoch beachten, daß Hormone nur der Prämeno-Form der Osteoporose vorbeugen, aber bereits entkalkte Knochendichte nicht mehr aufbauen können.

Andererseits muß man die Hormone über einen längeren Zeitraum einnehmen (mindestens 10 Jahre bis lebenslang), um ein Ergebnis zu erzielen.

Das Absetzen der Hormone kann einen stärkeren Knochensubstanzabbau in Gang setzen.

Alternative Behandlungsmethoden

Bei	
Harninkontinenz und Unterleibsstörungen	Badekuren Beckenboden-Gymnastik (Kegel-Übungen) Homöopathie Pflanzentherapie Sport (Schwimmen, Radfahren) Viel Trinken
Herz- und Kreislaufbeschwerden	Aromatherapie Bewegungstherapien Entspannungstherapien Homöopathie Pflanzentherapie
Hitzewallungen	Bewegungstherapien Entspannungstherapien Homöopathie Pflanzentherapie Klassische oder Elektro-Akupunktur
Kopfschmerzen	Aromatherapie Entspannungstherapien Fußreflexzonen-Massage Homöopathie Massagen Neuraltherapie Pflanzentherapie
Müdigkeit und Erschöpfung	Aromatherapie Bioresonanz Homöopathie Massage Ozontherapie Pflanzentherapie Lichttherapie Reiki Yoga
Osteoporose	Akupunktur Atemtherapie Homöopathie Physiotherapie
Reizbarkeit, Nervosität, Angstzustände und Depressionen	Aromatherapie Atemtherapie Autogenes Training Bachblüten-Therapie Farbtherapie Homöopathie Lichttherapie Massagen Pflanzentherapie Yoga

Bei
Schlafstörungen und Schlaflosigkeit
Aromatherapie Autogenes Training Fußreflexzonen-Massage Homöopathie Lichttherapie Meditation Pflanzentherapie Shiatsu Yoga
Sexualprobleme
Gesprächstherapie Homöopathie Massage (Partner-Massagen) Meditation
Übergewicht
Atemtherapie Autogenes Training Heilfasten Homöopathie Massagen Pflanzentherapie Reiki Sport Yoga Mentales Training

Selbstverständlich unterstützen eine gesunde, abwechslungsreiche und naturbelassene Ernährung, viel Bewegung an der frischen Luft und eine positive Lebenseinstellung all diese alternativen Heilmethoden oder verhindern sogar ein Auftreten dieser typischen Beschwerden in den Wechseljahren.

Rundherum gesund und vital

Gesundheit müssen wir uns jeden Tag neu schaffen. Doch was bedeutet Gesundheit?

Wenn ein Mensch ausgeruht, leistungsfähig, unternehmungslustig, mit gesundem Appetit, ausgeglichen und mit sich selbst zufrieden ist. Auch frei von Schmerzen sein heißt Gesundheit. Freude am Leben, wie auch gute Freunde zählen zu den wichtigen Aspekten, die die Gesundheit ausmachen.

Wie können Sie die Gesundheit bewußt beeinflussen?

Für den Körper

- ausreichend schlafen
- sich vernünftig ernähren
- sich viel bewegen
- viel frische Luft tanken
- Schadstoffe vermeiden

Für Geist und Seele

- positiv Denken
- bei Problemen mit jemandem sprechen
- sich selbst verwöhnen
- Abwechslung in den Alltag bringen
- für geistige Anregung sorgen

Für soziales Wohlbefinden

- Freundschaften pflegen
- Konflikte regeln
- mit anderen gemeinsame Hobbys pflegen
- Aktivitäten in Vereinen oder Klubs
- gemütliches Beisammensein
- sich selbst ein guter Freund sein

Weniger Stress – mehr vom Leben

Wenn Sie überfordert sind, berufliche oder private Probleme haben und unter Zeitdruck stehen, dann fühlen Sie sich eher nervös und gereizt, manchmal sogar krank.

Oft hilft schon, von den Problemen Distanz zugewinnen, sie einfach loszulassen. Stress kann man in den positiven, vitalisierenden sogenannten «Eustress» und den negativen, zerstörenden «Disstress» einteilen. Gute Entspannung bringt die Balance zwischen diesen beiden.

Eine richtige Einstellung gegenüber Leistungssituationen, die Fähigkeit, sich zu behaupten, und die Befriedigung eigener körperlicher und seelischer Bedürfnisse nicht hintenan zu stellen sind wichtige Voraussetzungen für ein stressfreies Leben.

Wie ist Stress vermeidbar?

1. Verändern Sie Ihre Einstellung

- Versuchen Sie nicht immer, alles perfekt zu machen
- Vergleichen Sie sich nicht mit anderen
- Grübeln Sie nicht ständig über vergangene Fehler nach
- Setzen Sie sich nicht unter Druck
- Schrauben Sie Ihre Ansprüche manchmal herunter

2. Lernen Sie «nein» zu sagen

- Versuchen Sie nicht, allen alles recht zu machen
- Setzen Sie Grenzen
- Lernen Sie, sich zu behaupten
- Schlucken Sie Probleme und Wut nicht herunter, gehen Sie Konflikte mutig an

3. Beginnen Sie den Tag mit einem Plan

- Legen Sie sich ein vernünftiges Tagespensum fest
- Setzen Sie sich realistische Ziele und Prioritäten
- Erledigen Sie immer nur eine Sache aufs Mal
- Lassen Sie sich nicht unter Druck setzen (Termine gut einplanen)
- Machen Sie nicht alles selbst, lernen Sie, manche Aufgaben zu delegieren

4. Gehen Sie liebevoll mit Ihrem Körper um

- Bewegung ist ein gutes Antistressmittel
- Entspannungstraining in Form von Meditation, Yoga, autogenem Training
- Nehmen Sie Tai Chi in Ihr Tagesprogramm auf
- Sorgen Sie für eine ausgewogene Ernährung
- Planen Sie täglich mehrere Erholungsphasen ein (Lesen, Musik hören, sich hinlegen, Rendezvous mit einer Freundin, Besuch im Massage- oder Kosmetikstudio)
- Genießen sie Ihren Feierabend, und lernen Sie, richtig abzuschalten
- Nehmen Sie Probleme nicht mit ins Bett
- Schlafen Sie ausreichend

Halten Sie sich in Form

Unser Wohlbefinden hängt in einem nicht zu unterschätzenden Ausmaß von genügender Bewegung ab. Überlegen Sie sich daher, wie gut Sie folgende Übungen machen können:

Beweglichkeit	Versuchen Sie, mit gestreckten Knien den Boden mit den Händen zu berühren. Wieviele Male schaffen Sie es in 30 Sekunden? Üben Sie und kontrollieren Sie in 4 Wochen nach.
Ausdauer	Wieviele Kniebeugen schaffen Sie in 30 Sekunden? Mindestens 15 sollten es sein. Steigern Sie langsam. Wie ist der erreichte Wert nach 4 Wochen?
Kraft	Messen Sie Ihre Kraft mit Liegestützen. Es empfiehlt sich, verkürzte Liegestützen zu versuchen. Anstelle der Fußpitzen, die Knie aufsetzen. 13-15 sollten Sie in 30 Sekunden erreichen, nach 4 Wochen kontrollieren. Diese Übung gibt Auskunft über die Kraft der Schultergürtel, des Oberkörpers und der Armmuskulatur.
Koordination	Prüfen Sie das Zusammenspiel verschiedener Muskelgruppen. Stellen Sie sich mit dem linken oder rechten Fuß auf eine gerade Fläche. Stützen Sie beide Hände in die Hüften, und winkeln Sie das andere Bein an, so daß der Fuß gegen das Knie des Standbeines gestellt ist. Diese Position sollten Sie mindestens 30 Sekunden lang aushalten können.

Wenn Sie Ihre Ergebnisse anschauen, sehen Sie sofort, in welchen Bereichen ein Training nötig wäre.

Gehen Sie oft schwimmen, und unternehmen Sie viel zu Fuß, statt mit dem Auto zu fahren.

Denken Sie daran: Bewegung hält jung, der ganze Organismus profitiert davon. Kräftige Durchblutung der Organe und Muskeln sorgt für verstärkte Sauerstoffzufuhr und beugt dem Alterungsprozeß vor.

Trainieren Sie Ihre geistigen Fähigkeiten

Sind Ihre kleinen, grauen Zellen munter? Ursache für eine zunehmende Gedächtnisschwäche ist erfahrungsgemäß in den meisten Fällen geistige Unterforderung.

Es fängt unmerklich an, allmählich wird es aber auffälliger und offensichtlicher. Plötzlich hat man das Gefühl, das Gedächtnis sei wie ein Sieb. Lassen Sie es nicht soweit kommen.

Beugen Sie rechtzeitig vor, indem Sie Ihre Konzentration, Merkfähigkeit und Denkschnelligkeit schrittweise und regelmäßig verbessern.

Gönnen Sie sich eine erholsame Nacht	
Einschlafen	Einschlafen kann man üben. Wie beim autogenen Training strecken Sie sich entspannt aus und stellen sich schrittweise vor, daß alle Ihre Körperteile ruhig und schwer werden.
Abendessen	Die letzte Mahlzeit soll nicht zu schwer sein und spätestens zwei Stunden vor dem Schlafengehen eingenommen werden. Beachten Sie jedoch, daß auch Hunger den Schlaf vertreibt. Warme Milch mit Honig ersetzt einen kleinen Imbiß und ist schlaffördernd.
Alkohol	Alkohol vertreibt den Schlaf. Ebenso wie die meisten Medikamente verändert er das natürliche Schlafmuster und hält uns bis spät in die Nacht wach.
Erwachen	Regelmäßiges Aufwachen in der Nacht oder in den frühen Morgenstunden kann an einer gestörten Leberfunktion liegen. Deshalb sollten Sie nicht zu fett essen und keinen Alkohol, sondern einen schlaffördernden Tee trinken.

Überprüfen Sie Ihren Speiseplan

Ernähren Sie sich gesund? Überlegen Sie: Essen Sie mindestens einmal in der Woche Fisch? Enthält Ihr Speiseplan genug Vollkornprodukte? Wie ist es mit einem regelmäßigen Salat-, Obst- und Gemüseverzehr? Wie sieht es mit Kuchen und Süßigkeiten aus?

Trinken Sie genug (täglich mindestens 2 Liter Flüssigkeit)?

Essen Sie täglich Fleisch und Wurstwaren, oder trinken Sie häufig Alkohol? Überdenken Sie Ihre Ernährung gründlich.

Eine ausgewogene Nahrung beinhaltet genügend Eiweiß, Kohlenhydrate, Vitamine, Mineral- und Ballaststoffe. Abwechslung ist wichtig.

Seien Sie zurückhaltend mit fetten Käsesorten, Fleisch- und Wurstwaren sowie mit Süßigkeiten. Verwenden Sie pflanzliche Fette, die einen hohen Gehalt an ungesättigten Fettsäuren aufweisen. Kaltgepresste Öle sind gesünder als andere.

Wenn Sie naschen, überlegen Sie, warum. Haben Sie Hunger, oder ist es nur Ersatz für unerfüllte Wünsche? Wollen Sie sich belohnen, naschen Sie aus Langeweile und Frustration? Vergessen Sie nie, die Folgen davon sind Gewichtsprobleme und Übergewicht. Versuchen Sie, sich abzulenken, sich anderweitig zu beschäftigen. Falls Sie Ihren Gelüsten trotzdem nachgeben, bevorzugen Sie einen Apfel oder rohes Gemüse, das ist nicht so kalorienreich und enthält viele Vitamine und Mineralstoffe. Obst und Gemüse sollten in jedem Fall täglich auf Ihrem Speiseplan stehen und mindestens 50% der Nahrung ausmachen. Dadurch steigern Sie Ihr Wohlbefinden, Ihre Haut, Haare und Nägel bleiben kräftig und gesund. Der Stoffwechsel und alle Körperfunktionen werden Ihnen für die weitgehend naturbelassene Ernährung danken.

Beachten Sie auch, daß Vollkornprodukte gesünder sind als Weißmehlprodukte. Ballaststoffreiche Lebensmittel sind wichtig für die Darmtätigkeit. Sie beugen Magen- und Darmkrebs vor und senken den Cholesterinspiegel. Kleie, Vollkorn, Obst und Gemüse enthalten diese Ballaststoffe.

Vergessen Sie nicht, genügend zu trinken. Vor allem Frauen sind damit etwas nachlässig. Mit Mineralwasser, Kräuter- und Früchtetees, Obst und Gemüse können Sie Ihrem Organismus die notwendige Flüssigkeit von mindestens zwei Litern täglich zuführen.

Die richtige Auswahl und Zusammenstellung der Nahrungsmittel haben einen großen Einfluß auf unser Wohlbefinden und unsere Leistungsfähigkeit.

Gleichzeitig hilft es, ernährungsbedingten Krankheiten auszuweichen und diesen vorzubeugen. Eine vielseitige, ausgewogene und vollwertige Ernährung ist Garantie für Ihr gesundes und zufriedenes Leben.

Wenn Sie sich aus folgender Tabelle jeden Tag einige Lebensmittel (von jeder Gruppe) aussuchen, haben Sie den ersten Schritt zu einer optimalen Ernährung getan.

Die Lebensmittelgruppen
1. Getreide, Getreideprodukte, Kartoffeln 2. Gemüse und Hülsenfrüchte 3. Obst 4. Getränke (keinen Alkohol) 5. Milch und Milchprodukte 6. Fisch, Fleisch, Eier 7. Fette

Mehrere kleine Mahlzeiten sind gesünder als wenige große.

Ziehen Sie Kräuter und Gewürze dem Kochsalz vor.

Erfreuen Sie sich am Essen.

Vermeiden Sie Übergewicht, jedoch ohne Crash-Diäten.

Ernähren Sie sich gesund, treiben Sie regelmäßig Sport und bewegen Sie sich viel in der freien Natur.

Wieviel Sie wovon essen sollten

Der unten stehende Wegweiser macht Hungerkuren und Wunderdiäten überflüssig. Er zeigt Ihnen, wie Sie sich gesund er-nähren und Ihr Gewicht stabil halten können.

Sparsam verwenden	Fette, Öle und Süßigkeiten
Zum Genießen	Eier, Käse (Kalzium, Magnesium), Fisch (Jod), Geflügel und Fleisch (achten Sie auf gute Qualität und mittelgroße Portionen)
So oft Sie möchten	Gemüse und Kräuter (Vitamine), frische Früchte
Zum Sattessen	Brot, Kartoffeln, Nudeln

Übergewicht

Essen und Trinken gehören zu den Genüssen des Lebens. Übergewicht hängt oft mit falscher Ernährung und ungesunden Gewohnheiten zusammen. Wer Gewichtsprobleme hat, sollte aber nicht mit einer Crash-Diät anfangen. Diese bewirkt nur das Gegenteil. Die Kilos, die Sie mühsam abgehungert haben, kommen meist schnell zurück und noch einige mehr dazu.

Viel wichtiger ist es, den Stoffwechsel anzuregen und die Verbrennung anzukurbeln. Die Umstellung auf eine vitamin-, mineralien- und ballaststoffreiche Ernährung ist der richtige Weg. Durch eine ausgewogene, gesunde Ernährung und viel Bewegung werden Sie sich in Zukunft nicht nur schlank fühlen, sondern auch fit und rundherum gesund.

Das Normalgewicht beibehalten und erzielen ist aber nicht so einfach. Eine Hormonveränderung kann eine Gewichtszunahme mit sich bringen. Wenn der Stoffwechsel träge wird, führt dies zu Müdigkeit, mangelndem Tatendrang, Verstopfung, Akne oder Mundgeruch. Problemzonen wegzaubern geht nicht, aber durch gezielte Übungen werden die Pölsterchen wegschmelzen wie der Schnee im Frühling.

Viel Bewegung an der frischen Luft erhält Ihren Körper geschmeidig, verbessert die Durchblutung und Sauerstoffversorgung und bereitet Ihnen eine seelische Harmonie und wunderbare Entspannung. Regelmäßiges Training ist eine genüßliche Nahrung für Ihren Körper und Ihre Seele. Beweglichkeit, Koordination, Ausdauer und Belastbarkeit werden gefördert.

Nehmen Sie sich Zeit, um Rad zu fahren, schwimmen Sie ein paar Runden, legen Sie die Langlaufskis an, spielen Sie Tennis oder besuchen Sie einen Tanzkurs. Wichtig dabei ist, daß Sie keine Rekorde brechen, sondern daß es Ihnen Vergnügen bereitet.

Spaß sollen Sie haben, denn Sie müssen niemandem eine Superleistung präsentieren. Gestalten Sie jedoch Ihre Aktivitäten mit Regelmäßigkeit und Freude. Viel leichter ist es, mit Gleichgesinnten etwas zu unternehmen, als sich allein im stillen Kämmerlein mit einem Fitnessvideo abzurackern. Eifern Sie aber nicht verkrampft den Zwanzigjährigen im Airobic-Kurs nach, sondern versuchen Sie eine körperliche Fitness zu erreichen, die Ihren Kräften angemessen ist.

Was die Ernährung betrifft, hat sich die Trennkost sehr gut bewährt. Das

Kalorienzählen oder Abwiegen der Nahrungsmittel ist hier überflüssig. Das Prinzip der Trennkost besteht in der Aufnahme von Kohlenhydraten sowie Eiweißen, die aber getrennt, also nicht mit derselben Mahlzeit eingenommen werden dürfen.

Im Buch von H. & M. Diamond «Fit for Life» erläutern die Verfasser, worum es ihnen geht. Nicht was man ißt, sondern wann und in welcher Zusammensetzung Sie die Nahrung zu sich nehmen ist von größter Bedeutung.

Das heißt, die Eßgewohnheiten ändern, mit dem Körper sorgsam umgehen und Einklang mit der Natur finden. Durch die Trennkost ist es dem Körper möglich, sich genügend zu entschlacken, was sich auch positiv auf das Übergewicht auswirkt. Die Nahrung nach einem bestimmten Prinzip zu trennen, erlaubt es Ihnen, ohne Schaden eine natürliche Gewichtskontrolle zu betreiben.

Frische Früchte am Morgen spenden Energie und wirken durch den hohen Wassergehalt entschlackend. Außer frischem Obst, dies jedoch reichhaltig, wird den ganzen Vormittag nichts mehr gegessen. Salate und Gemüse eignen sich vorzüglich als Hauptgerichte, Eiweiße und Kohlenhydrate müssen aber mittags und abends getrennt werden. Der Milchprodukteverbrauch erfährt eine Einschränkung, ersetzen Sie ihn durch den Genuß roher Nüsse (kalziumreich). Frische Produkte sind den tiefgefrorenen vorzuziehen.

Dies alles bewirkt eine vitalstoffreiche Gestaltung Ihrer Ernährung, das Übergewicht verschwindet, Verdauung und Stoffwechsel werden angeregt und funktionieren bestens. Durch das körperliche Wohlbefinden erlangen Sie gute Laune und eine Vitalität, die Ihnen in manchen Situationen weiterhilft.

Falls Sie sich mit einer Trennkost nicht anfreunden können, führt Sie eine ausgewogene Mischkost mit mineralstoff- und ballastreichen Lebensmitteln, viel Vitaminen und kleinem Fett- und Zuckergehalt in eine Zukunft ohne Linienprobleme. Zusätzliche Safttage entlasten den Organismus und helfen, den Körper zu reinigen.

Eine Vollwertküche besteht aus möglichst viel Rohkost, Müsli, Sprossen, Keimlingen, eingeschränktem Fleisch- und Fischkonsum (1-2 mal pro Woche), Salzreduktion, Verzicht auf Zucker (Honig, Ahornsirup oder Birnendicksaft sind gesünder), Verbannung von Weißmehl und poliertem Reis (Vollkorn- oder Naturreis sind vorzuziehen), Öle kaltgepreßt und naturrein, Butter anstelle von Margarine.

Die Einschränkung von Alkohol, Kaffee und Schwarztee, Cola und Limonaden ist angebracht.

Salate, Obst und Gemüse als Vitaminspender sind ein Muß. Wenn naschen, dann Nüsse, Datteln, Feigen, Rosinen, Kürbis- oder Sonnenblumenkerne, Trockenobst. Selbst kochen anstelle von Fertiggerichten, Konserven oder Tiefgefrorenem.

Sehr wichtig ist das Trinken. Die meisten Frauen nehmen viel zuwenig Flüssigkeit zu sich. Der Körper braucht aber eine genügende Wasseraufnahme. Wenn Sie fit und schlank bleiben wollen, vergessen Sie nicht, täglich mindestens 2 Liter Flüssigkeit zu sich zu nehmen, jedoch möglichst Kaffee und Alkohol meiden.

Sport und Bewegung, richtige und überlegte Ernährung geben Ihnen rundherum ein gutes Lebensgefühl. Auch psychische Belastungen wie Ärger, Wut, Frustration, Traurigkeit, Hunger nach Liebe und Anerkennung, Minderwertigkeits- und Einsamkeitsgefühle können Übergewichtigkeit auslösen. Hier ist eine fachmännische Hilfe nötig. Wichtig ist es, sich so zu akzeptieren, wie man ist.

Hungern um jeden Preis sollten Sie vermeiden. Eine naturbelassene Vollwertkost, Entschlackungstage (regelmäßig alle 14 Tage) oder ein Rohsafttag führen zu einem guten Wohlfühlgewicht, guter Gesundheit und zu einer ganzheitlichen Harmonie von Körper und Seele.

Wie können Sie sich helfen?

- Plazieren Sie keine Nahrungsmittel in Sichtweite, um die Versuchung zu mildern
- Stellen Sie ein Glas oder eine Flasche mit Wasser in Sicht- oder Griffnähe
- Trinken Sie *zwischen* den Mahlzeiten, wenn Sie Appetit verspüren
- Kleine Teller benützen
- Sich genug Zeit zum Essen nehmen
- Abends nur eine leichte Mahlzeit einnehmen
- Verzichten Sie auf Fett, Zucker und andere Schadstoffe
- Ein Rohsafttag oder Entschlackungstag
- Eine durchdachte Gestaltung Ihres Menuplanes
- Positives Denken (Negativität blockiert den Erfolg)
- Viel Bewegung (Ausdauersport, Wandern, Treppensteigen, Jogging, Radfahren, Rudern, Schwimmen, Langlauf, Tennis, Gymnastik, Tanzen)
- Training 1 Stunde vor dem Essen
- Massagen
- Stressabbau durch Entspannungstherapien (Autogenes Training, Yoga, Atemtherapie, Reiki)
- Mentale Therapie

Überblick über verschiedene Ernährungslehren

Warum sich Gedanken über Ernährung machen?

Da heutige Zivilisationskrankheiten auf grundfalsche Ernährungsgewohnheiten, die mit unserem Wohlstand verbunden sind, auf eine bewegungsarme Lebensweise, auf die enorme Belastung durch Umweltschädigung zurückzuführen sind, müssen wir uns damit auseinandersetzen, wenn wir der Hölle der chronischen Krankheiten und dem Dahinsiechen entrinnen wollen.

Die Angebote der Ernährungsindustrie führen uns auf den Weg des Verderbens, des Übermaßes und Überflusses und bescheren uns die damit verbundenen Zivilisationskrankheiten, wie Arthrose, Gicht, Rheuma, Diabetes melitus u.a., Übergewicht, Übersäuerung des Organismus.

Es ist nachgewiesen, daß alle diese Krankheiten in erster Linie ernährungsbedingt sind. Bei einer Ernährungsumstellung und durch mehr Bewegung werden die Beschwerden gelindert oder verschwinden sogar ganz.

Dadurch können wir logischerweise ableiten, daß wir selbst durch falsche Lebensgewohnheiten solche Störungen und Krankheiten auslösen.

Trennkost

Der Gründer dieser Lehre ist der amerikanische Arzt Howard Hay. Die Trennkost zeichnet sich durch einfache Überlegungen, ein klares Konzept und genußreiches Essen aus. Sie ist vielseitig, naturbelassen und frisch zuzubereiten. Dank der Trennkost erhält man in kürzester Zeit neue Energie und Lebensfreude, und als positiver und sehr angenehmer Nebeneffekt tritt eine Gewichtsreduktion ein, die wiederum eine Besserung der Beschwerden bedeutet.

Die Trennkost basiert auf der Annahme, daß Kohlenhydrate und Eiweiße nicht gleichzeitig verdaubar sind und eine Mischung der beiden zur Übersäuerung des Organismus beiträgt.

Bei dieser Ernährungsform handelt es sich nicht um eine Diät, sondern um eine neue, gesunde Eßgewohnheit, die die Lebensqualität erheblich steigern kann. Es geht um ein System des Essens, das sich leicht in die Praxis umsetzen läßt.

Kann der Körper die Abfallstoffe nicht beseitigen, kommt es zur Verschlackung und zu Krankheiten. Aber wie können wir das verhindern?

Sicher müssen wir regelmäßig alle Gifte aus dem Körper entfernen, was einerseits durch eine optimale Darmtätigkeit, andererseits durch ausreichende Bewegung möglich ist. Der eigentliche Anfang ist aber die Erkenntnis, unseren Organismus von vornherein nicht unnötig zu überlasten. Das bedeutet, den Originalzustand der Nahrung so wenig wie möglich zu verändern, Nahrungsmittel mit hohem Wassergehalt essen (Früchte, Salate, Gemüse). Durch lebendige Nahrung wird man lebendig!

Bei einer richtigen Kombination der Eßwaren wird der Organismus entlastet, Magen und Darm müssen die sich zersetzende Nahrung nicht zu lange behalten.

Der Morgen wird mit Obstsäften begrüßt. Alle frischen Früchte können Sie in beliebigen Mengen über den ganzen Vormittag verteilt genießen. Bei der Trennkost sollten Sie auch nicht zwei total unterschiedliche Eiweiße, wie z.B. von Fisch, Milch, Ei, Nüssen oder Fleisch, zusammen essen. Eiweiße und Kohlenhydrate werden nicht gemischt, sondern getrennt und mit der Beigabe von Salat oder Gemüse ergänzt.

Zur Eiweißgruppe gehören Fisch, Fleisch, Eier, Käse, Milch, Soja, Obst (außer Bananen, Datteln, Feigen), Wein, Sekt, Säfte. In der Eiweißgruppe sitzen die Hauptverursacher von Gicht, Arthrose, Arthritis, Rheuma, Herz-Kreislauferkrankungen und vielen anderen Zivilisationskrankheiten.

Zur Kohlenhydrategruppe gehören Zucker, Stärke, Getreide, Kartoffeln, Grünkohl, Schwarzwurzeln, Bananen, Datteln, Feigen. Sie sind Dickmacher und Müdemacher.

Zur neutralen Gruppe gehören Salate, Gemüse, rohe Tomaten, Sprossen, Keime, Honigmelone, Papaya, Rosinen, Honig, Fette, Gewürze, Eigelb, Pilze, alle Ölfrüchte, Tofu, Frischmilchprodukte, Käse über 60%, roher Fisch, rohes Fleisch, Kaffee, Tee.

Vor allem Gemüse und Salate werden als Heilnahrung genützt.

Durch die Trennung wird der Organismus entlastet und die Verdauung gefördert, Fäulnisse im Magen und Darm vermindert, so daß eine optimale Verdauung möglich ist.

Je besser die Zusammenstellung des Speisezettels ist, desto kürzer ist der Verdauungsprozeß und desto besser die Schlackenausscheidung.

Obst ist bei der Trennkost das wichtigste Nahrungsmittel. Sie sollten es immer nur auf leeren Magen essen, das bedeutet nicht unmittelbar mit oder nach einer Mahlzeit. Es neutralisiert auch die Säuren in unserem Körper, die sich ansammeln und für manche Krankheiten verantwortlich sind. Durch diese Ernährungsform gönnt man dem Körper und vor allem dem Darm Ruhepausen, die der Organismus zur Reinigung und Stabilisierung benutzt.

Viel Bewegung ist ein wichtiger Begleiter der Trennkost, denn dadurch werden die Atmung und der Kreislauf angeregt.

Entgiftungsprozesse dank richtiger Nahrung sind ein wichtiger Faktor im Tagesablauf der Trennkost-Ernährung.

Dieser Prozeß wird beschleunigt, wenn man Getreideprodukte einschränkt und auf Milchprodukte weitgehend verzichtet.

Durch frische Früchte und Säfte am Morgen, frischen Gemüsesaft und Salate, gedämpftes Gemüse, Nüsse und Samen, Körnerbrot, Kartoffeln und Hülsenfrüchte, Fleisch, Geflügel, Fisch und Milchprodukte steigt man auf der Energieleiter empor. Damit steigern Sie die Leistung und erreichen gleichzeitig eine optimale Ausscheidung der Abfallstoffe.

Die Produkte müssen möglichst naturbelassen sein, da Chemie in der Nahrung Gift für den Körper ist. Früchte sollten nie gekocht werden, da sonst ihre alkalischen Eigenschaften gegen die säurebildenden ausgetauscht werden, Nüsse oder Samen nur roh, das heißt nicht geröstet konsumiert werden. Auch Milch soll roh sein, Joghurt soll keine Zusätze enthalten und weiße Käsesorten sind den gelben vorzuziehen, da sie ohne Farbstoffe sind. Geräuchertes oder gesalzenes Fleisch wird nicht empfohlen, kaltgepreßte Öle haben vor allen anderen Vorrang.

Die regelmäßige Anwendung von Kräutern unterstützt diese Ernährungsform, vor allem als Getränke haben sich Kräutertees bestens bewährt. Salate sind als Hauptgericht gedacht, da sie einen hohen Wassergehalt aufweisen. Das reichhaltige Angebot an frischer, lebendiger Nahrung verstärkt das Wohlbefinden und unterstützt die Gesundheit.

Schnelle Gesundheitsfortschritte äußern sich unter anderem in einem gesunden Harnsäurespiegel, was vor allem Gichtleidende positiv erleben, da sie rasch auf ihre Medikamente verzichten können. Die Gewichtsreduktion wird dem Rheumatiker als Entlastung seiner Gelenke willkommen sein, Zuckerwerte werden gesenkt und oft total normalisiert. Für Gesunde stellt die Trennkost eine gute Präventivmaßnahme dar. Verstärkte Vitalität und mehr Lebensfreude sind das Geschenk für das Umdenken und ein besseres Verständnis für Ernährung.

Vegetarismus

Begründer des Vegetarismus war der griechische Philosoph Pythagoras. Hier wird auf Fleisch und Fisch sowie auf andere Produkte tierischer Herkunft verzichtet.

Der Vegetarier zeichnet sich nicht nur durch seine Ernährungsweise aus, sondern auch durch die ethische Geisteshaltung, mit der er allem Lebenden, die Natur eingeschlossen, begegnet.

Vegetarier-Studien haben ergeben, daß sie insgesamt gesundheitsbewußter leben und dadurch auch gesünder sind.

Die Heidelberger-Studie hat bewiesen, daß bei Vegetariern zu hohes Körpergewicht, ungesunder Blutdruck, zu hoher Cholesterinspiegel oder daraus resultierende Zivilisationskrankheiten wie Herz-Kreislaufstörungen, Diabetes oder Gicht seltener auftreten.

Das Besondere an der Ernährungsweise der Vegetarier ist der tägliche oder mehrmals wöchentliche Genuß von rohem Gemüse. Ansonsten wird das Gemüse nur kurz gedünstet, was sehr vitaminschonend ist.

Der Speiseplan enthält auch viel Müsli, das jedoch nicht mit Zutaten von Fertigprodukten hergestellt wird, denn diese sind industriell stark geschädigt und dadurch unwirksam (siehe Gießener Vegetarier-Studie). Roggen steht an erster Stelle, dann Weizen-Vollkornbrot. Hülsenfrüchte werden selten gegessen.

Bei über 90% der Vegetarier stehen auch Milch und Milchprodukte auf dem Speiseplan, nicht aber toterhitzte Milch. Offenbar ist noch zuwenig bekannt, daß das Kasein in der Milch Kalzium bindet, dieses über den Urin aus dem Körper ausgeschwemmt wird und dadurch zu Osteoporose führen kann.

Genuß von Alkohol und Nikotin kommen in Vegetarier-Kreisen selten vor. Auch Kaffee und Schwarztee (die Eisen binden und dadurch Eisenmangel verursachen) sind nicht gefragt. Kräuter- und Früchtetees dagegen erfreuen sich großer Beliebtheit.

Anstelle von Zucker wird Honig verwendet, Eiweiß wird dem Körper durch eine abwechslungsreiche Ernährung in genügendem Maße zugeführt. Auch die Kalzium- und Eisenversorgung ist optimal (Berliner-Studie).

Die Motive, die den Menschen zum Vegetarismus führen, sind in der Ethik und in der positiven Einstellung gegenüber einer gesunden Lebensweise zu suchen. Auch ökologische Gründe sind hier vertreten. Die Vegetarier denken und handeln nach dem Prinzip der Harmonie von Umwelt und Kosmos.

Formen des Vegetarismus	
Ovo-lakto-vegetabile	= Verzicht auf Fleisch und Fisch, nicht aber auf Milch und Milchprodukte sowie Eier
Lakto-vegetabile	= Zusätzlicher Verzicht auf Eier
Vegetane	= Verzicht auf alle tierischen Lebensmittel inklusive Honig, Ernährung ausschließlich von Pflanzen

Vollwerternährung

Diese Art der Ernährung beinhaltet hauptsächlich Nahrung aus naturbelassenen Lebensmitteln mit hohem biologischem Wert, also unbehandelt und nicht industriell verarbeitet. Dabei werden Früchte und Gemüse etwa zur Hälfte roh konsumiert, Fleisch, Fisch, Eier, Zucker, Süßigkeiten und Alkohol stark eingeschränkt. Es ist eine ganzheitliche Ernährungslehre, mit der man eine ausgewogene Ernährung erreicht.

Je abwechslungsreicher und vielseitiger die Mahlzeiten sind, desto ausgewogener sind lebenswichtige Stoffe für den Körper gewährleistet. Jeder dieser Stoffe hat seine eigene Wirkung, in Ergänzung mit anderen entfaltet er seine breite Palette der

Wirksamkeit. Deshalb ist eine Zufuhr von einzelnen, isolierten Stoffen wie z.B. Vitamin-Präparaten normalerweise nicht notwendig, manchmal sogar schädlich.

Sehr wichtig ist eine schonende Zubereitung der Nahrung, da durch Erhitzen, Licht- oder Lufteinwirkung die wertvollen Bestandteile zugrunde gehen. Bevorzugt werden frisches, rohes Gemüse und Obst aus kontrolliertem biologischem Anbau. 1/3 – 1/2 der Ernährung soll aus Rohkost bestehen.

Getreide- und Vollkornprodukte enthalten lebenswichtige Stoffe, die im Weißmehl fehlen. Keime und Sprossen beinhalten Vitamine und Mineralstoffe in konzentrierter Form und sollen in keiner Mahlzeit fehlen.

Soja und Sojaprodukte verfügen über ähnliche Bestandteile wie Milch, diese sind aber hochdosiert und leichter für den Körper verwertbar als die der Milch. Daneben enthalten Sojaprodukte pflanzliche Östrogene, die während der Wechseljahre nützlich sind und uns diese Phase erleichtern.

Kaltgepreßte Öle sind anderen vorzuziehen, da sie ungesättigte Fettsäuren beinhalten, die die Aufnahme bestimmter Vitamine ermöglichen.

Frische Kräuter haben viele Vitalstoffe und helfen in der Küche, sparsam mit Salz umzugehen. Apfelessig enthält viel Kalium, dies ist wichtig für gesunde Blutgefäße.

Geröstete Nüsse und Sesam sind reich an Vitamin-B (ebenfalls in Haferflocken reichlich vorhanden) – wie auch an Kalzium.

Knoblauch ist ein natürliches Antibiotikum und beugt den gefürchteten Gefäßverkalkungen vor.

Kohlenhydrate Wenig Zucker und weißes Mehl	Naturbelassen, Vollkorn, ungeschälter Reis, Kartoffeln, Hülsenfrüchte, Obst
Eiweiß Viel pflanzliches, kombiniert mit tierischem	Viel Gemüse, Milchprodukte, Fisch, wenig Fleisch, Hülsenfrüchte
Fette Mehrfach ungesättigte Fettsäuren	Hochwertige Öle, pflanzliche Fette. Sparsam anwenden
Vitamine und Mineralstoffe	Obst, Gemüse roh (täglich), naturbelassen und schonend zubereitet
Ballaststoffe	Viel Rohkost, Kleie, Leinsamen, Hülsenfrüchte
Wasser	Mind. 2 – 2,5 Liter pro Tag

Makrobiotik

Das ist die Lehre vom langen Leben. Diese Ernährungsform geht auf den Zen-Buddhismus zurück. Hauptbestandteile des Essens sollten danach Vollkorngetreide und pflanzliche Lebensmittel sein, geringe Mengen Fisch sind erlaubt.

Milchprodukte, Fleisch, Zucker, Kaffee, Tee und Konserven sind zu meiden.

Die Nährstoffe auf einen Blick

Fette sind die energiereichsten Nährstoffe. Sie sind Träger der fettlöslichen Vitamine A, D, E und K, essentiellen Fettsäuren, Aroma, Duft- und Geschmacksstoffen. Alle natürlichen Fette sind eine Mischung von verschiedenen Fettarten. Es gibt gesättigte und ungesättigte Fettsäuren, die unterschiedlich wirken.

Pflanzliche	Ölfrüchte (Kokos,Oliven), Getreidekeime, Öle, Margarine, Hülsenfrüchte, Nüsse
Tierische	Fisch, Fleisch, Geflügel, Wurstwaren, Milch und Milchprodukte, Butter, Eier

Kohlenhydrate beinhalten alle Zuckerarten und Stärken. Sie bilden die wichtigste Energiequelle für die Körperzellen. Die Reserven im Körper sind gering. Ist eine ständige Aufnahme von Kohlenhydraten nicht möglich, bildet sie der Körper selbst durch den Abbau von Körpereiweißen und deren Umwandlung in Traubenzucker.

Stärken	Getreide, Brot, Kartoffeln, Teigwaren, Mais, Reis, Gemüse, Salat, Obst
Zucker	Zucker aller Art, Eiscreme, Bonbons, Schokolade, Konfitüre, Kuchen, Torten

Mineralstoffe nehmen wir aus der festen sowie auch aus der flüssigen Nahrung auf. Sie werden in die Organe und Zellen eingebaut, wo sie für alle biochemischen Reaktionen, Stoffwechselreaktionen wie auch für die Wasserhaushaltsregulation benötigt werden.

Kalium	Wichtig für Muskelarbeit, Enzym- und Hormonfunktion *Enthalten in:* Gemüse, Obst, Kartoffeln

Kalzium	Lebenswichtiger Vitalstoff, der mit der Nahrung zugeführt wird und für den Knochenaufbau, die Erregbarkeit der Nerven und Muskeln, die Blutgerinnung, den Stoffwechsel des Herzmuskels und Enzymreaktionen verantwortlich ist. Hilft bei allergischen Fehlreaktionen des Immunsystems, bei Schlaflosigkeit und Gereiztheit. Bei Kalziummangel im Blut holt sich der Organismus Kalzium aus den Knochen. Kalziumräuber sind zuviel Phosphor (gepökeltes Fleisch, Konserven, Nikotin, Alkohol, Koffein, säureüberschüssige Nahrung, Bewegungsmangel und Stress). *Enthalten in:* naturbelassener Milch, Käse (nicht Schmelzkäse), Joghurt mit rechtsdrehender Milchsäure (Biojoghurt), Quark, Alfalfasprossen, Soja, Nüssen, Hafer, Sonnenblumenkernen, Hülsenfrüchten, Grünkohl, Bohnen, Spinat, Kohl, Petersilie, Schnittlauch, Löwenzahn
Magnesium	Ist mitverantwortlich für Knochen- und Zahnschmelzfestigkeit, Nerven- und Muskelerregbarkeit, Enzymprozesse, Blutfett- und Blutgerinnungsregulation, Schutz des Herzens vor Infarkten. Hilft bei Bauch- und Muskelkrämpfen, Angstzuständen, Schlafstörungen und Kopfschmerzen. Ist wichtig für die Kalziumaufnahme und -Verarbeitung. *Enthalten in:* Alfalfasprossen, Sojasprossen, naturbelassener Milch, Meersalz, Zitrusfrüchten, Vollkornprodukten, Fisch, Fleisch, grünem Blattgemüse
Natrium und Chlorid	Wichtig vor allem für den Wasserhaushalt im Körper, außerdem für Nerven und Herz. Chlorid ist für das Säure-Basen-Gleichgewicht und extrazelluläre Flüssigkeiten, Magensaft wichtig. *Enthalten in:* Kochsalz, Würzmischungen, Meersalz, Fertigprodukte, Bouillon, Wurst, Käse, Brot, Salznüsse, Backpulver
Phosphor	Für die Knochenbildung, ist ein Zellbaustein und Energieüberträger. *Enthalten in:* Milch und Milchprodukten, Fleisch, Fisch, Eier, Brot, Getreideerzeugnissen, Gemüse, Kartoffeln

Schwefel	Teil von Vitaminen, auch im Gewebe vorhanden. *Enthalten in:* Milch, Milchprodukten, Nüssen, Hülsenfrüchten, Eigelb

Proteine gehören zu den wichtigsten Baustoffen für unseren Körper. Er kann sich aber nur indirekt (Muskelgewebebildung durch Training) und in beschränktem Rahmen Vorräte anlegen und ist deshalb auf eine ständige Zufuhr von außen angewiesen.
Proteine (Eiweiße) sind organische Verbindungen, die aus Aminosäuren aufgebaut sind. Etwa tausend verschiedene Eiweiße sind bekannt, sie kommen in allen pflanzlichen sowie tierischen Zellen vor. Eiweiße sind Grundnährstoffe.

Pflanzliche	Hülsenfrüchte (Erbsen, Linsen, Bohnen), Getreide
Tierische	Milch, Milchprodukte (Joghurt, Käse, Quark) Fisch, Fleisch, Geflügel, Eier

Spurenelemente sind chemische Elemente, die im Organismus nur in ganz kleinen Mengen vorkommen, dennoch aber lebenswichtig sind. Sie werden im Organismus vor allem für die Enzymbildung und Stoffwechselprozesse verwendet, Mangel führt zu Krankheiten.

Chrom	Dient zur Kohlenhydrat-Stoffwechselregelung *Enthalten in:* Vollkornprodukten, Hefe, Milch, Fleisch
Eisen	Bestandteil vom Blutfarbstoff und Enzymen, wichtig für den Sauerstofftransport im Blut. Mangel führt zu Blutarmut, Müdigkeit, Schwäche. Vitamin-C fördert die Eisenaufnahme. *Enthalten in:* Weizenkeimen, Vollkornprodukten, Brunnenkresse, Schnittlauch, Spinat, Fleisch, Leber, Eigelb
Fluorid	Beugt Karies vor, erhöht die Knochenfestigkeit. *Enthalten in:* Schwarztee, fluoridiertem Kochsalz, Meerfischen
Jod	Bestandteil der Schilddrüsenhormone. *Enthalten in:* Jodiertem Kochsalz, Milch, Meerfischen, Krustentieren

Kobalt	Bestandteil von Vitamin B12 *Enthalten in:* Fleisch, Milch, Innereien
Kupfer	Unterstützt die Regulation des Eisenstoffwechsels und die Bildung von Bindegewebe. *Enthalten in:* Kakao, Fisch, Krustentieren, Innereien
Mangan	Bestandteil von Enzymen *Enthalten in:* Tee, Keimen, Nüssen
Molybdän	Bestandteil von Enzymen. *Enthalten in:* Getreideprodukten, Hülsenfrüchten, Innereien
Selen	Schutz gegen zellschädigende Stoffe. *Enthalten in:* Getreideprodukten, Fleisch, Milch, Eiern, Meerfrüchten
Zink	Bestandteil von Enzymen und Insulin, unterstützt die Infektionsabwehr. *Enthalten in:* Vollkorn, Fleisch, Fisch, Innereien, Milch, Krustentieren

Vitamine sind kleine organische Substanzen, die der Körper nicht allein herstellen kann, die zum Leben aber notwendig sind. Der Körper benötigt sie als Schutzstoffe und als Regler für den Stoffwechsel. Vitamine müssen mit der Nahrung aufgenommen werden, jedes Vitamin ist gleich wichtig, denn ein Mangel bringt schwere Störungen der Gesundheit mit sich. Basis für eine optimale Vitaminversorgung ist eine abwechslungsreiche und vielseitige Ernährung mit hohem Rohkostanteil.

Fettlösliche

Vitamin A	Gut für die Regeneration der Augen, Haut und Schleimhäute, Infektionsabwehr, Wundheilung. Durch Mangel entstehen schwere Menstruationsblutungen und Hautaustrocknung. *Enthalten in:* Karotten, grünem Gemüse (Broccoli, Spinat), Grünkohl, Tomaten, Aprikosen, Fisch, Lebertran, Leber, naturbelassener Milch, Butter, Käse, Eigelb, Aal, Hering

Vitamin D	Gut für den Einbau von Kalzium und Phosphor in die Knochen und Zähne, verhindert Osteoporose. Bei Sonnenlicht bildet der menschliche Körper dieses Vitamin selbst. *Vorstufe enthalten in:* Alfalfasprossen, Spinat, Löwenzahn, Hefe, Getreide, Fisch (Aal, Lachs, Thunfisch), Eigelb, naturbelassener Milch, Butter, Vollfettkäse, Lebertran
Vitamin E	Unterstützt die Blutbildung, allgemeine Schutzfunktionen, fördert die Durchblutung und lindert Schmerzen (Entzündungen). Dies ist das Vitamin der Wechseljahre, denn seine Wirkung ähnelt dem des Hormon Östrogen, die Zellen werden gesund erhalten. *Enthalten in:* Pflanzlichen Ölen, Erdnüssen, Getreidekeimen, Grünem Blattgemüse, Brot
Vitamin K	Gut für die Blutgerinnung, den Knochenaufbau. *Enthalten in:* Keimen, grünem Gemüse, Kohl, Soja, Leber, Fleisch, Fisch

Wasserlösliche

Vitamin-B-Komplex = ca. 20 Vitamine
Sie haben eine zentrale Bedeutung für das Wachstum, die Nerven, die Haut und Schleimhäute, die Augen. Ein Mangel an B-Vitaminen führt zu Anspannung, Reizbarkeit und Müdigkeit!

Vitamin B1	Gut für Herz, Kreislauf und Nerven sowie den Stoffwechsel von Kohlenhydraten. *Enthalten in:* Kartoffeln, Hefe, Leber, Fisch (Hecht, Lachs, Scholle)
Vitamin B2	Unterstützt die Freisetzung von Energie, den Eiweiß- und Fettstoffwechsel, hilft bei Vagina-Juckreiz. *Enthalten in:* Vollkornprodukten, Mandeln, Milch, Milchprodukten, Fleisch, Leber, Meerfischen, Eiern, Camembert
Vitamin B6	Gut für die Blutbildung, Nerven, unterstützt den Eiweißstoffwechsel und die Konzentrationsfähigkeit *Enthalten in:* Vollkornprodukten, Kartoffeln, grünem Gemüse, Hefe, Hafer, Hirse, Bananen, Fleisch, Leber, Fischen, Milch

Vitamin B 9	Hilft bei der Östrogen-Bildung
Vitamin B 12	Gut für die Blutbildung und den Eiweißstoffwechsel. Mangel führt zu Depression, Angst, Müdigkeit. Der gesunde Mensch bildet dieses Vitamin im Darm. *Enthalten in:* Leber, Fisch, Eiern, Milch, Käse, Austern, Rindfleisch
Vitamin C	Unterstützt die allgemeinen Schutzfunktionen, aktiviert zahlreiche biochemische Reaktionen, hilft bei der Wundheilung. Abwehr und Bekämpfung von Infektionen und Allergien, Anti-Falten-Vitamin. Hilft während der Wechseljahre gegen starke Menstruationsblutungen. *Enthalten in:* Zitrusfrüchten, Obst, grünem Gemüse, Kohl, Tomaten, Paprika, Hagebutten, Sanddorn
Biotin	Unterstützt die Bildung von körpereigenen Kohlenhydraten, Fettsäuren, ist gut für Haare und Nägel. *Enthalten in:* Soja, Haferflocken, Weizenkeimen, Erdnüssen, Karotten, Hefe, Innereien
Folsäure	Wird für die Zellteilung sowie deren Neubildung benötigt, unterstützt den Stoffwechsel. Mangel unterstützt die Osteoporose. *Enthalten in:* Gemüse (Spinat), Weizenkeimen, Soja, Kartoffeln, Nüssen, Bohnen, Fleisch, Milch, Käse, Geflügelleber
Niacin	Gut für den Gesamtstoffwechsel und die Nerven. *Enthalten in:* Nüssen, Hefe, Pilzen, Fisch, Fleisch, Innereien
Pantothen-säure	Spielt eine zentrale Rolle für den gesamten Stoffwechsel. *Enthalten in:* Allen pflanzlichen und tierischen Lebensmitteln

Tips zur Nahrungsumstellung

- Sorgen Sie für abwechslungsreiche, naturbelassene Nahrungsmittel
- Viel frische, rohe und ballastreiche Kost einnehmen
- Ersetzen Sie belastende Nahrungsmittel durch unbelastende (Weißmehl durch Vollkornmehl, Vollmilch durch naturbelassene Rohmilch, Zucker durch Honig, Salz durch Kräuter, Süßigkeiten durch Obst)
- Essen Sie leichte, gut verdauliche Gerichte, die nur kurze Vorbereitung brauchen
- Mehrere kleine Mahlzeiten am Tag sind besser als drei große
- Trinken Sie viel (mindestens 2 Liter pro Tag)
- Sorgen Sie für eine regelmäßige Ausscheidung
- Verzichten Sie auf Nikotin, Alkohol und Kaffee

Weshalb das Rauchen vermeiden?

Zigaretten und andere Tabakprodukte belasten die Lungen, die Bronchien und das Herz ganz massiv. Sie beschleunigen den Alterungsprozeß, die Haut wird schlaff.

Nikotin vernichtet Vitamine und Kalzium, die unser Körper aber dringend braucht. Sauerstoff und Nährstoffe werden eliminiert.

In den Wechseljahren vermehren sich die negativen Einflüsse des Rauchens. Die Osteoporose wird durch das Rauchen begünstigt, Hitzewallungen werden verschlimmert, das Herzinfarkt-Risiko erhöht sich mit jeder Zigarette. Haut und Wunden können sich nur schlecht regenerieren, die Haut wird fahl und faltig.

All diese Faktoren sollten Sie nachdenklich stimmen. Geben Sie das Rauchen lieber heute als morgen auf!

Alkoholkonsum – muß das sein?

Alkohol wirkt sich bei Frauen besonders negativ auf die Leber aus. In den Wechseljahren begünstigt Alkohol die Hitzewallungen enorm. Er ist auch ein starker Nährstoffvernichter, schwächt die körpereigene Abwehr und begünstigt damit eine Infektionsanfälligkeit. Alkohol verursacht außerdem Depressionen, Schlafstörungen und Schlaflosigkeit.

Doch weshalb greifen Frauen in den Wechseljahren oft zum Alkohol?

Meistens ist es die bedrückende Situation des leeren Nestes. Die Kinder sind ausgezogen, man hat das Gefühl, nicht mehr gebraucht zu werden. Auch andere, oftmals familiäre Probleme oder Ehesorgen lassen eine Frau vereinsamen und dadurch unglücklich werden.

Trost, Flucht oder Erleichterung versprechen sich manche Frauen vom Alkohol. Doch auch Langeweile, die durch Unterbeschäftigung und gesellschaftliche Abkapselung entsteht, läßt zum Alkohol greifen.

Körperliche oder psychische Ungleichheiten lassen sich durch Alkohol jedoch nicht beseitigen. Kontrollieren Sie deshalb Ihren Alkoholkonsum, und verzichten Sie am besten ganz darauf.

Koffein – nur Muntermacher?

Größere Kaffeemengen sind nicht der Muntermacher, sondern machen nervös, besonders in den Wechseljahren. Die Hitzewallungen werden begünstigt oder sogar ausgelöst, der Blutdruck wird erhöht.

Da Kaffee außerdem entwässernd wirkt, werden wichtige Spurenelemente und Kalzium aus dem Körper ausgeschwemmt.

Deshalb ist es besonders ratsam, anstelle von Kaffee Kräutertees zu trinken und dadurch den Körper zu entlasten.

Gesichts- und Körperpflege

In den Wechseljahren soll man der Haut vermehrt Aufmerksamkeit schenken. Freuen Sie sich über eine Falte, nehmen Sie die grauen Haare mit Gelassenheit, aber werden Sie nicht nachlässig. Mit gezielter Pflege und Konsequenz erreichen Sie die besten Resultate für Ihr Haar, Ihr Gesicht und Ihren Körper.

Die Elastizität und Feuchtigkeit der Haut läßt zwar nach, dadurch wird sie schlaffer, trockener, und die ersten Fältchen sind nicht mehr zu verbergen. Doch wer Sport treibt, hat eine bessere Durchblutung und dadurch automatisch einen schöneren Teint. Wer innerlich ausgeglichen ist, strahlt Schönheit und Besonnenheit aus. Jetzt ist es wichtig, der Haut Feuchtigkeit zuzuführen, sie zu nähren und zu schützen. Dies beginnt mit der morgendlichen und abendlichen Reinigung der Haut. Befreien Sie die Haut mit einer milden, hautverträglichen Pflege von Schmutz und Talg.

Achten Sie darauf, daß die Haut nicht mit alkoholhaltigen Präparaten unnötig strapaziert wird, denn diese bewirken eine zusätzliche Austrocknung und begünstigen die Faltenbildung. Ein sanftes Peeling rundet die Reinigung ab (1-2 Mal in der Woche). Dadurch werden die abgestorbenen Hautzellen abtransportiert und die Haut kann frei atmen. Zum Schluß tragen Sie eine gute Feuchtigkeitscreme auf. Überlassen Sie billige Kosmetika den Jungen. Ihre Haut benötigt jetzt gute Präparate, die pflegende Substanzen wie Vitamine, spezielle Öle (z.B. Jojoba, Aloe vera, Macadamia), Collagen und anderes beinhalten.

Für Hals und Dekolleté ist eine spezielle Creme angebracht, die die verminderte Spannkraft ausgleichen kann.

Die Hände nicht vergessen, sie verraten das Alter der Frau. Also immer großzügig eincremen und vor der Sonne schützen.

Ein guter Sonnenschutz gilt natürlich auch für das Gesicht und den ganzen Körper. Zuviel Sonne ist Gift für eine schöne, gesunde Haut. Gegerbte Haut sieht nicht nur alt aus, sondern die natürlichen Collagenfasern werden zerstört. Deshalb ist es wichtig, im Bedarfsfall Sonnenschutzcreme mit ensprechendem Schutzfaktor zu benützen.

Beim Sport ist die Haut vielen Strapazen ausgesetzt. Wer viel schwitzt, muß auch öfters duschen. Reinigen Sie Ihren Körper mit einem milden, pH-neutralen Duschmittel, und cremen Sie ihn danach gründlich ein. Denken Sie daran: Hautpflege hört nicht beim Gesicht auf. Auch Arme, Beine, Bauch und Gesäß brauchen eine regelmäßige Pflege. Eine gute Massage verwöhnt Ihren Körper, belebt und fördert die Durchblutung, ist aber gleichzeitig

auch eine Streicheleinheit für Ihre Seele. Gegen schwere Beine helfen Arnika, Ginkgo oder Mäusedorn.

Der regelmäßige Besuch bei einer guten Kosmetikerin und die Massagen sollten Sie in den Monatsplan einbeziehen. Sie sind die angenehmen und entspannenden Dinge, die Sie sich unbedingt gönnen sollten.

Auch ein neuer Schwung für die Haare bringt ein gutes Gefühl. Wunderschönes und gesundes Haar ist das Weiblichkeitssymbol schlechthin. Wie Sie das erreichen können?

Erhalten Sie die Kopfhaut gesund. Benützen Sie kein aggressives Shampoo, denn es laugt die Haare aus, die dann schnell nachfetten. Pflegende Balsams, Spülungen oder Haarkuren runden die Haarpflege ab.

Werden die Haare feiner und dünner, sind spezielle Ampullenkuren angebracht. Massieren Sie die Kopfhaut sanft, und spülen Sie die Haare mit lauwarmem Wasser sehr gut aus. Trocknen Sie die Haare so lang als möglich an der Luft, falls Föhnen unbedingt nötig ist, dann nur auf einer niedrigen Stufe und mit genügendem Abstand.

Graue Haare können mit einer Tönung ohne Oxydant abgedeckt werden. Wählen Sie einen guten Schnitt, denn eine gepflegte Frisur wirkt jugendlich und schmeichelt Ihrem Gesicht. Ist Ihr Haar starker Sonnenbestrahlung ausgesetzt, machen Sie öfters eine Packung.

Eine weitgehende natürliche, abwechslungsreiche Ernährung wirkt sich auch auf Ihr Haar aus. Ein gepflegtes Aussehen bringt Ihre Schönheit zur Geltung. Aber vergessen Sie nicht: Wahre Schönheit kommt von innen. Gehen Sie deshalb jeden Tag positiv an.

Wie können Sie sich helfen?

- Ausreichende Vitaminzufuhr durch frisches Obst und Gemüse
- Regelmäßige Besuche im Kosmetikstudio, Massagen
- Feuchtigkeitsspendende Produkte verwenden
- Regelmäßige Maniküre und Pediküre
- Jährliche Zahnarztkontrollen
- Sonnenschutz mit genügendem Schutzfaktor

Die eigenen Kräfte aktivieren

Geistige Körperpflege

Bevor Sie zum Arzt rennen oder etliche Therapien ausprobieren, beantworten Sie sich ehrlich folgende Fragen:

Führen Sie sich vor Augen, wo Sie heute stehen und wohin Sie sich in Zukunft bewegen wollen. Ziehen Sie eine Bilanz über Ihr bisheriges Leben. Schreiten Sie positiv in die nächste Etappe. Es liegt ganz in Ihrer Hand.

- Bin ich überlastet?
- Benütze ich meine Beschwerden, um aktuellen Problemen auszuweichen?
- Was geht mir auf die Nerven?
- Gönne ich mir genug Entspannung?
- Bin ich selbstsicher?
- Bin ich bereit, einen Wechsel anzunehmen?
- Gibt es Sachen, die ich gerne machen möchte, aber getraue ich mich nicht?
- Welchen Ballast muß ich abwerfen, um neue Aufgaben angehen zu können?
- Wo stehe ich jetzt im Leben?
- Welche Lebensabschnitte habe ich noch nicht verarbeitet oder akzeptiert?
- Gegen was leiste ich Widerstand?
- Wie bewältige ich Spannungen und Probleme in meinem Leben?
- Welche Ziele habe ich verwirklicht, welche möchte ich noch erreichen?
- Muß ich anderen etwas beweisen?
- Überspiele ich mein Alter?
- Überfordere ich meinen Körper, um meine Seele zu schonen?
- Höre ich auf meinen Körper, akzeptiere ich seine Grenzen?
- Woran orientiere ich mich, was ist mir im Leben wichtig?
- Habe ich genügend Kontakt zu anderen Menschen, helfe ich und bin ich bereit, fremde Hilfe anzunehmen?
- Habe ich die Verantwortung für mein Leben ernst genommen?
- Lebe ich mein Leben frei, oder wird es von anderen bestimmt?
- Setze ich mich durch, oder gehe ich dauernd Kompromisse ein?
- Kann ich Aggressionen ausdrücken, oder verstecke ich mich in meinem Schneckenhaus und schlucke alles runter?
- Liebe ich das Neue, bin ich kreativ?
- Weiß ich, woher ich komme und wohin ich gehe?

Was geschieht mit uns? – Erfahrungsberichte

Doris, 58 Jahre alt, 2 Kinder

«Von einem Tag zum anderen wurde ich mürrisch, weinte ohne jeden sichtbaren Grund, brüllte alle Leute an oder zankte ununterbrochen. Lief nicht alles so, wie ich wollte, verlor ich sehr schnell meine Geduld. Mit meiner Beherrschung war es nicht mehr weit her.

Ich litt unter tausend nennbaren oder abstrakten Ängsten. Kontakte zu Freunden brachen ab, ich wollte niemanden mehr sehen.

Meine Kinder, um die ich mir ständig Sorgen machte, wiesen meine Bemutterungsversuche massiv zurück. Das tat weh, ich reagierte beleidigt, störrisch wie ein Esel.

Diese ganze Zeit war für mich wie ein böser Drogentrip. Ich hatte keine Kontrolle mehr über mich und war dauernd frustriert. Meine Probleme, die ich eigentlich erkannte, konnte ich jedoch absolut nicht mehr bewältigen.

Alles, was die Familie tat, war mir nicht recht. Mein Mann reagierte darauf verärgert, dann fast verzweifelt. Niemand konnte es noch lange mit mir aushalten.

Fuhren mein Mann und ich z.B. mit dem Auto weg, schimpfte und quatschte ich dauernd. In meinen Augen fuhr er entweder zu langsam, zu schnell oder einfach falsch. Nur richtig war es nie. Dabei ist er ein ausgezeichneter Fahrer, aber das zählte damals nicht.

Ich war einsam, unausgeglichen, hatte keine Selbstbeherrschung mehr. Meine frühere Freude am Bewegen war wie weggeblasen. Ich saß nur herum und bemitleidete mich selbst – und aß! Nichts mehr hatte ich im Griff, die Schuld an meinem Leiden gab ich allen anderen.

Es wurde schlimmer und schlimmer, die Kinder zogen sich immer mehr zurück, mein Mann blieb dem Zuhause, das mittlerweile keines mehr war, immer öfter fern. Ich fiel in eine tiefe Depression.

Eines Tages eröffnete mir mein Mann, daß er nicht mehr mit mir zusammenleben wollte, er hätte eine Freundin, die ihn nicht ständig nervte. Für mich brach die ganze Welt zusammen. Weinen, drohen und betteln brachte nicht den erwünschten Erfolg, er ließ sich nicht umstimmen. Ich stand plötzlich allein mitten in einem Scherbenhaufen.

Vielleicht war das der Punkt, der mich wachrüttelte. Ich begann darüber nachzudenken, was ich falsch gemacht hatte. Ich ging streng mit mir ins Gericht, bis es mir wie Schuppen von den Augen fiel. Plötzlich sah ich alles klar vor mir. Ich hatte mich unmöglich benommen, nur an mich selbst gedacht. Doch jetzt war alles zu spät. Oder doch nicht?

Es waren harte Jahre, die folgten. Das Benehmen meines Mannes hatte mein Selbstbewußtsein nicht gerade gestärkt. Aber ich begriff, daß er es zu Hause nicht mehr ausgehalten hatte.

Als erstes mußte ich mir einen Job suchen, was allerdings nicht sehr einfach war. Auch mein Äußeres verlangte nach einer Wandlung, denn ich war wie ein Hefekuchen aufgegangen. Also hieß es Bewegung – Bewegung – Bewegung! Es war hart, ich war bequem geworden. Aber es mußte sein.

Meine Ernährung krempelte ich vollständig um. Kein Zucker, kein Fett, keine industrielle Nahrung, soweit es mir möglich war. Ich verzichtete auf Fleisch, dafür setzte ich viel Gemüse und Obst auf meinen Speiseplan. Einmal in der Woche legte ich einen Safttag ein, den ich bis heute beibehalten habe.

Lange Spaziergänge in der Natur, regelmäßiges Yoga und Massagen haben mein Inneres wieder harmonisiert.

Mein Leben ist anders geworden. Ich lebe allein, Sexualität hat für mich die Bedeutung verloren. Heute bin ich zufrieden, so wie es ist. Neue Aufgaben in meinem Leben zeigen mir, daß das Altern ein natürlicher Prozeß ist, dem man nicht ausweichen kann oder soll

Ich habe gelernt, die Verantwortung für Körper und Geist selbst zu übernehmen, denn nur von anderen fordern, klappt auf die Dauer nicht.

Selbst aktiv werden bringt Zufriedenheit für das weitere Leben.»

Olga, 64 Jahre alt, 3 Kinder

Olga steht mitten im Geschäftsleben. Sie führt zusammen mit ihrem Mann einen Betrieb, in dem sie organisatorische Aufgaben und die Büroführung unter sich hat. Ein gepflegtes Erscheinen und eine gute Figur sind ihr wichtig.

Seit Beginn der Wechseljahre leidet sie an Hitzewallungen und Schlafstörungen, die sie mit Hilfe von homöopathischen Mitteln lindert. Aufklärung über die Wechseljahre kennt sie nur aus Frauenzeitschriften.

Um die Probleme mit ihren Beinen zu reduzieren, helfen ihr verschiedene Bäder. Seit einer Operation der Gebärmutter hat sie keine Probleme mehr mit der Blase.

Sie ernährt sich gesund, auf dem Speiseplan stehen wenig Fleisch, jedoch ein hoher Gemüseanteil.

Bis heute besucht sie Aerobic-Kurse und geht regelmäßig schwimmen. Jedes Jahr fährt sie eine Woche zur Kur, in der sie sich einer Sauerstoff-Therapie unterzieht. Für ihr Wohlbefinden gönnt sie sich regelmäßig eine Ganzkörper-Massage.

Olga wirkt sehr selbstbewußt, die Wechseljahre nimmt sie als natürlichen Vorgang auf: «Beschwerden sind eine Frage der Einstellung. Mit einer guten Partnerschaft und positivem Zugang zum Leben läßt sich alles bewältigen.»

Ihre Unternehmungslust, ob mit ihrem Mann, mit einer Freundin oder den Kindern, läßt sie munter und aktiv am Leben teilnehmen.

Maria, 60 Jahre alt, 1 Kind

Bei Maria stellten sich die Beschwerden der Wechseljahre schleichend, fast unmerklich ein. Hitzewallungen schenkte sie keine große Aufmerksamkeit, da sie in dieser Zeit mit Beruf und Haushalt zu stark beschäftigt war.

Sie schrieb das Schwitzen den Belastungen des Alltags zu, bis der Gynäkologe sie aufklärte. Andere Beschwerden stellten sich während dieser ganzen Zeit nicht deutlich genug ein.

Der Arzt empfahl ihr eine Hormontherapie in Form eines Pflasters, das ihr aber durch eine zu hohe Dosierung Schwierigkeiten bereitete. Die Brüste wurden unangenehm gespannt, die Blutungen verstärkten sich. Man setzte die Dosierung auf die niedrigste Stufe, mit der Maria heute noch behandelt wird. Die Gewichtszunahme beschränkte sich auf 2 Kilogramm.

Sie gab sich aber nicht nur mit der Hormontherapie zufrieden. Sport wie Schwimmen, Skifahren, Gymnastik, Radfahren und regelmäßiges Yoga stehen auf dem Tagesprogramm. Auch eine vollkommene Umstellung auf vegetarische Ernährung trägt zu ihrer guten Verfassung bei.

Die Aufklärung über die Wechseljahre wurde durch Lesen und ihren Arzt in einfachster Weise erledigt.

Arthrose in den Fingern macht sich langsam bemerkbar. Gymnastische Übungen, Massagen und Einreibungen schaffen Erleichterung. Wichtig bei dieser Frau scheint mir ihre Lebenseinstellung zu sein. Sie ist optimistisch, unternehmungslustig und bis heute aktiv. Ihre Partnerschaft ist intakt, sie scheint darin die treibende Kraft zu sein.

Ihre eigene Bewertung der Wechseljahre läßt sich in folgende Sätze fassen: «Es ist eine positive Erfahrung, die einen dazu bringt, sich endlich mit sich selbst auseinanderzusetzen, man kommt sich näher, betreibt eine gründliche innere Anschauung.

Es ist ein wunderbarer Reifungsprozeß, man wird selbstsicherer, sagt offener, was man will bzw. was man nicht mehr akzeptiert, und das viel deutlicher und angstfreier als früher. Man darf nicht aufgeben, sich nicht mit jedem Wehwehchen beschäftigen, sondern muß nach vorne schauen. Das positive Denken bringt einen sehr weit.»

Katja, 56 Jahre alt, kein Kind

«Meine Wechseljahre waren ein Horrortrip. Ich glaube, ich bin durch alle Beschwerden und Leiden dieser Zeit gegangen. Das Schwitzen in den unmöglichsten Momenten, mitten in Besprechungen, Gott war das peinlich!

Innerhalb von Sekunden war ich naß wie ein Pudel. Mein Schweiß rann mir in Strömen den Körper herunter.

Von meinem Gesicht perlten Tropfen, es war rot angelaufen und überhitzt.

Doch was machen? Ich fürchtete mich immer mehr vor diesen Ausbrüchen. Doch je mehr Angst ich hatte, um so öfter überfielen sie mich. Natürlich in den unmöglichsten Situationen.

Ich fühlte mich immer gereizter, nervöser, gehetzter. Abends grübelte ich darüber nach, was das Ganze sollte, und konnte dadurch nur sehr schlecht einschlafen. Fand ich dann endlich den erlösenden Schlaf, traten erneute Attacken von Hitzewallungen auf. Ich mußte aufstehen, um mich umzuziehen – und war dann hellwach bis zum Morgengrauen. Tags darauf fühlte ich mich deshalb entsprechend müde und schlapp.

Ich war in einem Teufelskreis gefangen.

Immer mehr versuchte ich, die Beschwerden zu unterdrücken und zu verstecken. Ich fühlte mich schuldig, daß ich nicht so funktionierte, wie es sich gehört. Mein Körper gehorchte mir nicht mehr. Mit der Zeit war ich nur noch ein Schatten meiner selbst.

Eines Tages hörte ich durch Zufall eine Kollegin über eine Beratungsstelle sprechen. Da ich nicht mehr weiterwußte, ging ich nach langem Zögern hin.

In einer Gesprächstherapie begann ich endlich, die Probleme beim Namen zu nennen. Ich besuchte eine Atemtherapie und lernte zu meditieren. Teilnahmen an Diskussionsrunden mit Frauen halfen mir, die Wechseljahre als natürlichen Prozeß zu betrachten. Es bedeutete keine Katastrophe, kein Ende. Nur eine Änderung. Eine positive. Ich lernte, mir Ziele zu setzen, positiv zu denken, mich nicht entmutigen zu lassen. Das Wichtigste war zu erkennen, daß man für den eigenen Körper die Verantwortung übernehmen muß.

Das fing mit der Umstellung auf eine natürliche Ernährung, mit mehr Bewegung an, beinhaltete aber auch die psychische Hygiene und die Freude am Leben. Ich begriff, daß uns nicht die materiellen Güter beglücken, sondern die mitmenschlichen Beziehungen, ohne die wir verkümmern würden.

Ich bin nun in der Lage, die Zukunft positiv zu sehen. Den gelegentlichen Beschwerden messe ich heute keine große Bedeutung mehr zu.

Mein Leben gestalte ich wieder aktiv, dadurch habe ich auch neue Freundinnen gewonnen, und ich freue mich auf jeden neuen Tag.

Ich habe im Leben noch viel vor!»

Helen, 59 Jahre alt, 3 Kinder

Helen wirkt sehr gepflegt. Die Wechseljahre haben sich bei ihr mit etwa 45 Jahren zum ersten Mal bemerkbar gemacht. Hitzewallungen und Kopfschmerzen halten sich im Rahmen.

Bei einer notfallmäßigen Operation wegen einem geplatzten Eileiter wurde gleichzeitig die Gebärmutter und auch ein Eierstock entfernt. Als Nachbehandlung wurde eine Hormontherapie verschrieben, die aber nach einem Jahr abgesetzt wurde.

Danach nahm sie keine Hormonpräparate mehr.

Helen betrachtet die Wechseljahre als etwas Natürliches, das zum Leben gehört. Sie legte sich ein eigenes Antibeschwerden-Programm zu. Bei Rückenschmerzen ging sie in die Rükkenschule, wo sie noch heute aktiv mitmacht. Bei Schlafstörungen steht sie in der Nacht auf, statt sich im Bett zu wälzen und geht ihrem Hobby, dem Malen, nach. Das erzeugt nach gewisser Zeit der Arbeit eine solche Müdigkeit, daß sie nachher herrlich weiterschlafen kann.

Bei Depressionen, die sie als lästig empfindet, greift sie auf ihr weiteres Hobby, die Musik, zurück. Sie spielt Orgel, und in Zeiten von Stimmungsschwankungen gibt ihr dies Halt. Durch das Musizieren hellt sich ihr Gemüt bald wieder auf.

Sie geht schwimmen und segelt, Ski- und Langlauf stehen im Winter auf dem Programm. Auch Gymnastik betreibt sie regelmäßig. Massage- und Kosmetiksalons besucht sie, um für sich etwas Gutes zu tun.

Kräutertee und Heilbäder kommen bei Bedarf zum Zug. Ihre Ernährung ist bewußt und beinhaltet viel Rohkost. Ihre Blasenbeschwerden sind seit der Operation verschwunden.

Helen ist sehr aktiv, steht durch den Beruf ihres Mannes mitten im Gesellschaftsleben, das mit viel Verpflichtungen verbunden ist. Außerdem besucht sie regelmäßig verschiedene Kurse und leitet auch selbst welche.

Sie reist viel und genießt das Leben, ohne sich große Gedanken über alle kleinen Beschwerden zu machen. Sie wurde von keinem Arzt über die Wechseljahre aufgeklärt, ihre Kenntnisse hat Sie sich autodidaktisch angeeignet.

Susan, 56 Jahre alt, 3 Kinder

Susan spürt die Wechseljahre seit etwa 4 Jahren. Sie machen sich vor allem durch Hitzewallungen bemerkbar. Bei einem Arztbesuch wegen anderer Beschwerden riet ihr der Arzt zu einer Hormontherapie und eventueller Gebärmutterentfernung, da sie seit Jahren unter Harnträufeln litt. Dies aber lehnte Susan kategorisch ab. Sie begründet ihre Entscheidung damit, daß sie lebenslang praktisch keine Medikamente nahm und auch jetzt nicht damit anfangen wollte.

Susan wirkt ausgeglichen und gefestigt, klagt nie. Bei nächtlichen Schweißausbrüchen wechselt sie einfach das Nachthemd, Schlafstörungen sind relativ selten.

Sie selbst fühlt sich ein bißchen empfindlicher als früher und langsamer in der Ausführung der Arbeiten.

Zu Beginn der Wechseljahre hat sie 4 Kilogramm an Gewicht zugenommen, seit aber die Kinder aus dem Hause sind und sie nicht mehr so viel kochen muß, ist ihr Gewicht wieder zurückgegangen.

Harnbeschwerden hat sie seit dem Aussetzen der Periode keine mehr, also trat hier eine echte Verbesserung ein.

Sie ernährt sich bewußt und geht oft laufen und wandern.

Informationen über die Wechseljahre hat Susan nur aus Frauenzeitschriften und TV-Sendungen. Vom Arzt wurde sie nicht aufgeklärt. Sie nimmt die Wechseljahre als etwas völlig Natürliches und die Beschwerden als dazugehörende Begleiterscheinungen, die man nicht überbewerten darf.

Ruth, 54 Jahre alt, 2 Kinder

Ruth hat seit ein paar Jahren massive Migräneanfälle. Hitzewallungen und Nervosität halten sich im Rahmen und stören sie nur zweitrangig. Es sind vor allem die Kopfschmerzen, manchmal mit Erbrechen begleitet, die ihr zu schaffen machen.

Sie unterzog sich mehreren verschiedenen Behandlungen beim Hausarzt, die ihr allerdings keine dauerhafte Erleichterung brachten. Seit zwei Jahren bekämpft sie deshalb ihre Beschwerden mit homöopathischen Mitteln, sie unterzieht sich einer Akupunkturtherapie und besucht regelmäßig eine Fußreflexzonen-Massage. Auch ihre Ernährung hat sie völlig umgekrempelt, sie ist auf gesunde Nahrung mit Schwerpunkt Rohkost umgestiegen.

Ruth ist zwar kein sportlicher Typ, aber sie versucht, sich durch Wanderungen, Rad- oder Skifahren regelmäßig Bewegung zu verschaffen.

Sie hat jahrelang gearbeitet, sich dann aber vor einem Jahr entschlossen, ihren Beruf aufzugeben, um sich ihrem Hobby, dem Töpfern, widmen zu können. Das beherrscht sie mittlerweile so gut, daß es nicht mehr nur als Vergnügen dient, sondern inzwischen auch eine Verdienstmöglichkeit darstellt.

In den letzten Jahren hat Ruth auch gelernt, sich zeitweise von den täglichen Pflichten abzugrenzen. Mit ihrer besten Freundin besucht sie verschiedene Kurse oder unternimmt kleine Reisen, was ihrer Psyche sehr zugute kommt.

Sie bezeichnet sich als eher verschlossene und unsichere Person, die aber seit ihren Wechseljahren viel mehr als früher aus sich heraus kommen kann und durch ihre Aktivitäten auch mehr Sicherheit gewonnen hat. Ihre Migräneanfälle sind seltener geworden, ihre Beschwerden schwächer oder ganz verschwunden.

Rita, 53 Jahre alt, 3 Kinder

«Ich war immer eine fröhliche, lustige Mutter und Ehefrau. Bis ich in die Wechseljahre rutschte, ohne darauf irgendwie vorbereitet zu sein.

Mein Arzt meinte, mit dem müsse man leben und ich solle doch viel Salat und Gemüse essen. Das war seine Aufklärung. Gegen meine Kopfschmerzen gab er mir Medikamente, gegen die Beschwerden der Wechseljahre Hormonpflaster.

Die Kopfschmerzen steigerten sich, ich wurde immer lustloser. Dazu gesellten sich sehr starke Blutungen. ‹Gebärmutter raus, dann haben Sie keine Probleme mehr›, riet mir mein Arzt.

Das wollte ich aber nicht so ohne weiteres akzeptieren. War das überhaupt nötig? ‹Nein, Krebs ist es nicht. Aber wofür brauchen Sie die Gebärmutter noch?› bekam ich zu hören. ‹Sie haben ja drei Kinder und in Ihrem Alter, na, ich bitte Sie!›

Mich befiel eine völlige Niedergeschlagenheit. Ich sprach mit meinem Mann und meinen Kindern darüber. Aber die Entscheidung mußte ich am Schluß selbst treffen.

Meine Zweifel brachten mich dazu, eine andere Ärztin zu konsultieren. Sie diagnostizierte, daß meine Gebärmutter völlig in Ordnung war und ich mich homöopathisch beraten lassen sollte. Was ich dann auch tat.

Mir wurde ein Präparat gegen meine Blutungen verschrieben. Dadurch konnte ich die Hormontherapie absetzen und nur noch Medikamente auf Naturbasis einnehmen. Meine Blutungen normalisierten sich, die Kopfschmerzen verschwanden. Lustlosigkeit und Müdigkeit reduzierten sich gewaltig.

Vor einem Jahr habe ich begonnen, Fußreflexzonen-Massagen zu nehmen, die mein Wohlbefinden steigern. Unser Speiseplan hat sich sehr geändert. Ich esse sehr bewußt und natürlich, und meine Familie macht begeistert mit.

Wir unternehmen viel zusammen, ohne daß ich dabei vergesse, daß ich auch Zeit für mich allein brauche. Ich habe gelernt, daß meine Seele und mein Körper auch ein Anrecht auf meine uneingeschränkte Aufmerksamkeit haben.

Meine Gefühle unterdrücke ich nicht mehr. Durch eine liebevolle und sorgfältige Pflege von Körper und Seele habe ich ein erhöhtes Wohlbefinden und eine neue Lebensfreude erhalten.

Heute empfinde ich die Wechseljahre als einen Neubeginn, der Wege eröffnet, die zu gehen für jede Frau lohnenswert sind.»

Anne, 52 Jahre alt, 2 Kinder

Seit dem 47. Lebensjahr befindet sich Anne in den Wechseljahren. Diese äußern sich durch Hitzewallungen und übermäßiges Schwitzen. Sie benutzte auf Anraten des Frauenarztes Hormonpflaster, bekam daraufhin aber starke Kopfschmerzen und setzte deshalb diese Behandlung nach etwa einem halben Jahr ab.

Seither gebraucht sie nur homöopathische Präparate. Die Kopfschmerzen sind seit der Hormonabsetzung verschwunden. Manchmal, allerdings selten, tritt Herzklopfen auf, und eine gewisse Nervosität macht sich bemerkbar. Dies empfindet Anne aber nicht als schlimm, da eine Herzuntersuchung zu keinem Befund führte.

Angstzustände oder Depressionen kennt sie nicht, ab und zu leidet sie jedoch unter Schlaflosigkeit. Bei solchen Schlafstörungen steht sie auf und beschäftigt sich. Die durchwachten Nächte sieht sie positiv, da sie Sachen erledigen kann, für die sie vorher keine Zeit hatte. Manchmal liest sie auch oder hört Musik. Dann stellt sich die Müdigkeit wieder von selbst ein.

Vergeßlichkeit hat sich eine Zeitlang bemerkbar gemacht, seit sie aber ein regelmäßiges Gedächtnistraining durchführt, ist diese Beschwerde gänzlich verschwunden. Im sexuellen Bereich bezeichnet sie sich selbst als träge. Dies hängt allerdings von der jeweiligen Situation ab. In den Ferien oder außerhalb der eigenen vier Wände wird sie aktiver, da sie und ihr Partner dann viel mehr Zeit füreinander haben. Probleme beim Geschlechtsverkehr selbst hat sie keine.

Sportliche Betätigung ist bei Anne eher dürftig. Sie geht laufen, schwimmen oder radfahren, allerdings nicht regelmäßig, was sich negativ auf ihr Gewicht auswirkt. Sie hat während der letzten 3-4 Jahre 10 Kilos zugenommen, die sie sehr gerne wieder verlieren möchte. Da sie gegenüber Crash-Diäten negativ eingestellt ist, versucht sie, ihre jetzige Ernährungsform auf Trennkost umzustellen.

Anne empfindet die Wechseljahre bis jetzt als nicht besonders lästig, nur ihr Gewicht macht ihr Sorgen. Sie bewältigt den Haushalt mit Freude und nutzt ihre Freizeit für ihre Hobbys, um Sprachen zu lernen und zu reisen.

Evelyn, 55 Jahre alt, 2 Kinder

Evelyn mußte schon mit 38 Jahren ihre Gebärmutter entfernen lassen, da eine starke Senkung vorlag. Da danach keine Periode mehr auftrat, kann sie sich nicht genau an den Beginn der Wechseljahre erinnern.

Sie unterzog sich einer Akupunkturtherapie, die sie als sehr positiv erlebte. Mit etwa 48 Jahren bekam sie eine Hormontherapie verschrieben, an die sie sehr schlechte Erinnerungen hat. «Ich habe mich die ganze Zeit wie schwanger gefühlt», erzählte sie. «Auch mein Körper und meine Gefühlswelt waren gedämpft. Ich lebte wie hinter einem Schleier.»

Nach einem halben Jahr hatte sie genug davon. Sie ließ ihren Hormonspiegel kontrollieren, und es zeigte sich dabei, daß sie überdosiert war. Sie wollte ihr Leben bewußt erleben, ihre Wechseljahre bewußt wahrnehmen. Deshalb setzte sie die Hormontherapie ab und ließ sich homöopathisch weiterbehandeln.

Außerdem erlernte sie die Meditation, die ihre langjährigen Migräneanfälle völlig zum Verschwinden brachte. Durch bestimmte Übungen hat sie selten auftretende Anzeichen von Migräne total unter Kontrolle.

Ihre Gewichtszunahme von 5 Kilos schreibt sie der momentanen psychischen Instabilität zu, die sich in ihrem Privatleben abspielt.

Evelyn setzt sich aktiv mit dem Körper und Geist auseinander und versucht, auf natürliche Weise ihre Beschwerden in den Griff zu bekommen. Sie geht regelmäßig zur Massage und in die Farbtherapie, besucht Weiterbildungskurse und geht den Weg der Selbstverwirklichung. Außer Homöopathiemittel gegen Wallungen und Depressionen nimmt sie keine Medikamente.

Sie möchte nicht künstlich «jung bleiben» und dadurch ihren Alterungsprozeß verpassen. Durch eine intensive Auseinandersetzung mit dem Sterben und dem Tod möchte sie verhindern, bis ans Ende ihres Lebens in einer Phase der Vorwechseljahre steckenzubleiben. Dazu sagt sie: «Abschied vom Leistungsdruck der Gebärfähigkeit nehmen bedeutet, sich auch aktiv auf das Alter und das Sterben vorzubereiten. Es ist ein Prozeß, den ich bewußt und intensiv durchleben will.»

Sie scheut die Auseinandersetzung mit den Tatsachen nicht und akzeptiert die Wirklichkeit. Dadurch entfaltet sie weiter ihre Persönlichkeit und bereichert ihr Leben durch die Ehrlichkeit zu sich selbst.

Heike, 53 Jahre alt, keine Kinder

Heike hatte vor etwa drei Jahren ihre Beschwerden zum ersten Mal bemerkt. Sie hatte große Probleme damit, da sie die Wechseljahre nicht akzeptieren konnte. Sie fürchtete sich vor dem Alter, und deshalb entwickelte sie rationale wie auch irrationale Ängste, die sie kaum bewältigen konnte. Sie vermittelte den Eindruck, als stünde sie neben sich selbst, ihr Körper und ihre Seele bildeten keine Einheit mehr.

Da sie kinderlos ist, stürzte sie sich seit Jahren in einer völlig übertriebenen Art und Weise in die Arbeit, in der sie Erfüllung suchte. Sie selbst gab sich das Gefühl, unersetzbar zu sein. Trotz Warnungen von allen Seiten wich sie von diesem Weg nicht ab. Ihre Beschwerden unterdrückte sie mit allen Mitteln. «Wechseljahre gibt es bei mir nicht!» behauptete sie, wenn man sie auf dieses Thema ansprach. Sie unterdrückte all ihre elementaren Bedürfnisse, die sie unter dem Mantel der Disziplin versteckte.

Vor einem Jahr rächte sich ihr Körper mit einem akuten Nervenzusammenbruch, der in einem langen Kuraufenthalt nachbehandelt wurde. Während dieses Aufenthaltes hatte sie endlich Zeit und Gelegenheit, über sich selbst nachzudenken. Sie merkte, daß es so nicht weitergehen konnte. Sie lernte zum ersten Mal, ihre Beschwerden zuzulassen. Diese traten dadurch mit einer Heftigkeit, die ihr fremd war, auf.

Sie mußte lernen, mit ihrem Körper umzugehen, auf ihn zu hören und sich mit sich selbst auseinanderzusetzen. Dieser Lernprozeß machte ihr nach und nach klar, daß sie nicht unersetzlich sei.

Nach ihrem Kuraufenthalt kündigte Heike deshalb Ihre Arbeitsstelle und nahm einen Halbtagsjob an, um für sich mehr Zeit zu haben. Als sie die Firma verließ, mußte sie noch eine schwere Enttäuschung erleben. Nach all den vielen Jahren Arbeitseinsatzes bekam sie nicht einmal einen Blumenstrauß, sie wurde sogar kalt und gleichgültig verabschiedet.

Aus dieser Situation lernte sie eine Menge. Jetzt begann sie, in sich hinein zu horchen. Sie genießt ihre Umwelt und die Natur wie selten zuvor. Mit natürlichen Methoden wie Aromatherapie, Atemtherapie und Kursen im positiven Denken gelingt es ihr, immer mehr zu sich selbst zu finden. Ihre Partnerschaft erlebt dadurch einen wahren Aufschwung. Heute steht sie zu ihrem Alter und den Wechseljahren. Durch das Alarmzeichen ihres Körpers hat sie gelernt, daß die inneren Werte mehr zählen als Äußerlichkeiten.

Veronika, 51 Jahre alt, zwei Kinder

«Ich lachte immer über meine Kolleginnen, die über Wechseljahre stöhnten. Das kann mir nicht passieren, dachte ich und genoß das Leben aus vollen Zügen. Ich hatte Energie für zwei, meine Ehe lief gut, die Kinder waren aus dem Gröbsten raus. Ich war fröhlich, geduldig und gesellig.

Dann kam alles anders. Wie ein Blitz aus heiterem Himmel, ich war wie verwandelt. Ich weinte wegen jeder Kleinigkeit, war mürrisch und unbeherrscht. Natürlich nicht ununterbrochen, aber oft genug, so daß es meiner Familie auffallen mußte.

War ich guter Laune, konnte mich ein schiefer Blick oder eine belanglose Bemerkung auf die Palme bringen. Ich brüllte meine Kinder oder meinen Mann an, ich verlor meine Beherrschung von einem Moment zum anderen. Sie starrten mich manchmal ungläubig an: ‹Ist das noch unsere Mutter?›

Dann überkamen mich wieder Schuldgefühle. Wenn ich alleine war, fiel ich in Depressionen. Ich wollte keine Leute sehen, erfand allerlei Ausreden, um Absagen zu erteilen. Ich saß alleine zu Hause, badete in meiner schlechten Laune, wühlte im Selbstmitleid.

Ich fühlte mich lustlos und frustriert. Mit der Zeit vernachlässigte ich den Haushalt und natürlich mich selbst auch. Ich fand mich unattraktiv, alt und unnütz. Wenn ich wirklich irgendwohin mußte, fragte ich mich tausendmal: ‹Muß das sein? Warum das Ganze?› Ich versank immer weiter in eine andere Welt.

Mein Mann zog sich mehr und mehr zurück, denn er hatte es leid, so oft angeschrien zu werden. Er hatte auch seine Probleme und Sorgen, aber ich war nicht mehr fähig, das zu bemerken. Gemeinsame Gespräche wurden immer seltener. Das wirkte sich auch auf unser Sexualleben aus. Ich verspürte keine Lust mehr. Für nichts konnte ich noch Interesse aufbringen.

Dann meldete sich eine liebe Freundin aus Amerika, die ich jahrelang nicht gesehen hatte. Ich freute mich, aber sah auch mit gemischten Gefühlen ihrem Besuch entgegen, denn sie würde in meine Welt eindringen, in der ich alleine sein wollte. Absagen aber konnte ich nicht.

Also bemühte ich mich, ein bißchen gepflegt auszusehen und den Haushalt auf Vordermann zu bringen. Ich war so beschäftigt mit den Vorbereitungen, daß ich keine Zeit und Energie mehr aufbringen konnte, um mit meiner Familie zu streiten. Dadurch kehrte ein wenig Frieden bei uns ein.

Und dann stand sie da. Sie ist fünf Jahre älter als ich, sah aber blendend aus. Nicht nur das Äußere, nein, auch ihr Inneres strahlte.

Ich war sprachlos. Wie ein Hammerschlag wurde mir bewußt, wie schlecht ich mich fühlte. In mir baute sich Zorn auf, Neid auf diese schöne Frau, die meine beste Freundin war. Aber ihre warme Art, die Leute zu behandeln, ließ meine Gefühle, für die ich mich später so schämte, schmelzen.

Es wurden schöne, aber anstrengende Tage. Meine Freundin spürte meine Unausgeglichenheit, meine Familie gab ihr Auskunft über meine Launen und Stimmungsschwankungen. Und dann nahm sie sich meiner an: ‹Schau, Veronika. Dein Leben ist nicht zu Ende, es sind nur die Wechseljahre. Ein wichtiger Abschnitt, aber kein negativer, außer Du machst daraus ein Drama. Versuche doch einmal, alles ins Positive umzukehren. Es liegt in Deinen Händen, was Du daraus machst.›

Wir redeten viele Tage und Nächte. Manchmal kam mein Mann und gesellte sich zu unserer Diskussionsrunde über Wechseljahre. Aus all den Gesprächen lernte ich viel. Auch mein Mann konnte mich plötzlich besser verstehen.

Das Wichtigste war: ‹Was muß ich ändern? Was will ich ändern?›

Zuerst suchte ich mir eine Halbtagsstelle. Ich verdiente nicht viel, aber das war nicht so wichtig. Dafür war ich unter Menschen, hatte Aufgaben. Durch meinen Job mußte ich wieder auf mein Äußeres achten.

Mein Übergewicht verschwand, da ich zusammen mit meinem Mann einen interessanten Kochkurs besuchte. Seither ernähren wir uns viel bewußter und natürlicher. Es macht auch riesig Spaß, wenn wir zusammen kochen.

Da wir jetzt vieles gemeinsam unternehmen, sind wir uns wieder nähergekommen. Auch unsere Sexualität hat neuen Aufschwung erhalten. An manche Wochenenden fahren wir einfach weg oder machen uns einen romantischen Abend.

Und wir reden viel. Ich glaube, zusammen sind wir stark. Mein Mann erzählt mir nun auch von seinen Problemen und Ängsten. Heute bin ich in der Lage, ihm zuzuhören, so wie er auch mir zuhört. Egal, was kommt, gemeinsam werden wir es schaffen.

Die Wechseljahre sind für mich Wachstumsjahre geworden. Für mich und meine ganze Familie.»

Lisa, 50 Jahre alt, 1 Kind

Lisa war jahrelang mit dem Kind und der Familie zu Hause beschäftigt. Es machte ihr Spaß, Hausfrau zu sein. Sie ist sehr aktiv, in verschiedenen Vereinen tätig und handwerklich sehr geschickt.

Als ihr Kind älter wurde und sie immer weniger brauchte, entschloß sie sich, eine berufliche Weiterbildung in Form eines einjährigen intensiven Studiums zu absolvieren. In dieser Zeit trennte sie sich von ihrem Mann.

Die Anfangszeit des Studiums bezeichnete sie als hart, da sie nicht mehr gewöhnt war, zu lernen. Aber schon bald merkte sie, daß mit fortschreitender Studiumsdauer das Lernen immer einfacher wurde und dadurch natürlich immer mehr Spaß machte. Obwohl sie Klassenälteste war, gelang es ihr, das Studium als Klassenbeste abzuschließen. Sofort nach ihrem Abschluß konnte sie eine gute Arbeitsstelle antreten, die sie noch heute sehr zufriedenstellt.

Da Lisa ihre Arbeit vorwiegend im Sitzen erledigt und dadurch nicht viel Bewegung hat, treten gewisse Durchblutungsstörungen und Knöchelödeme auf, zusätzlich plagen sie Gewichtsprobleme und auch häufig auftretende Rückenschmerzen. Wallungen, Kopfschmerzen und Nervosität kennt sie jedoch bis jetzt nicht.

Eine Hormontherapie lehnt sie kategorisch ab. Dagegen besucht sie regelmäßig Fußreflexzonen-Massagen, Ganzkörper-Massagen und Lymphdrainage, ab und zu geht sie schwimmen. In den Ferien unternimmt sie ausgedehnte Wanderungen. Daß dies, auf das ganze Jahr gesehen, ungenügend Bewegung ist, weiß sie ganz genau. Der Gewichtsprobleme wegen hat sie ihre Ernährung jetzt auf Trennkost umgestellt. Seit einem halben Jahr nimmt sie an einer Wassertherapie teil, die sie als sehr wohltuend bezeichnet.

Lisa ist gegenüber dem Leben positiv eingestellt und akzeptiert ihren Eintritt in die Wechseljahre als natürlichen Vorgang. Ihr starkes Interesse an kulturellen Dingen gibt ihr den nötigen psychischen Halt. Auch die Beziehung zu ihrem Kind, das sie anspornt und in ihren Aktivitäten unterstützt, aber auch fordert und kritisiert, hilft ihr, die Zeit der Wechseljahre positiv zu erleben. Sie pflegt ein sehr offenes und freundschaftliches Verhältnis zum Kind wie auch zu ihrer Umwelt.

Ursula, 49 Jahre alt, 2 Kinder

Die Wechseljahre stellen sich bei Ursula langsam ein. Manchmal sind es Hitzewallungen, vor allem nach dem Genuß von Kaffee. Depressionen treten nur dann auf, wenn sie unterbeschäftigt ist, was selten vorkommt. Eine Hormontherapie lehnt sie aber grundsätzlich ab.

Manchmal verspürt sie Herzklopfen, dem sie aber keine große Bedeutung beimißt. Ihr größtes Problem sind Angstzustände, unter denen sie leidet.

Nach langem Nachdenken ist Ursula zum Entschluß gekommen, daß einiges in ihrem Leben geändert werden muß. «Es ist wie ein neuer Anfang, doch es ist nicht leicht. Ich muß meine Ängste abbauen, indem ich sie wahrnehme und lerne, sie zu verstehen. Die Wechseljahre sind die Jahre des Loslassens. Ich habe mich entschlossen, aus meinen Schwächen Stärken zu machen.»

Es sind nicht nur die Kinder, von denen sie sich lösen muß. Auch dem Partner mehr Freiheit geben, Beziehungen, die verstaubt waren, zu neuem Leben erwecken und von gewissen Dingen Distanz gewinnen gehören dazu. Es ist ein Loslassen vom gewohnten Leben.

Ursula geht nun nach etlichen Jahren Hausfrauendasein wieder arbeiten. Sie besucht verschiedene Kurse, die für sie persönlich wichtig sind und sie gesundheitlich unterstützen. Zusätzlich fördert sie ihre Konzentrationsfähigkeit mit einem regelmäßigen Gedächtnistraining. Seit Jahren betreibt sie Gymnastik, und durch eine Umstellung ihres Ernährungsplanes hat sie ihr Gewicht um 6 Kilos reduzieren können.

Sie besucht regelmäßig Fußreflexzonen- und Rückenmassagen und gönnt sich auch Behandlungen im Kosmetikstudio.

Zu Hause hilft sie sich mit pflanzlichen Präparaten. Ihre Ängste sind durch die Direktheit, mit der sie sich ihnen stellt, und die abwechlungsreiche Beschäftigung bereits zum größten Teil verschwunden.

Sie übt sich in positivem Denken, was sich auch dementsprechend auf ihren Partner, ihre Kinder und die gesamte Umgebung auswirkt. Ihrem Weg durch die nächsten Jahre sieht sie optimistisch und voller Elan entgegen.

Brigitte, 57 Jahre alt, 3 Kinder

«Als ich in die Wechseljahre kam, dachte ich, das sei der Anfang vom Ende. Ich hatte Angst vor dem Alter, nicht mehr begehrenswert zu sein, auf ein Abstellgleis zu geraten. Ich schämte mich für alle Beschwerden, die auftauchten, und versuchte, sie dementsprechend zu verstecken. Die negative Einstellung der Gesellschaft dem Alter gegenüber und die Verherrlichung der Jugend an jeder Ecke gaben mir den Rest, ich fiel in Depressionen. Ich verdrängte, was ich konnte. Ich versuchte, mich selbst und meine Bedürfnisse zu ignorieren, ich betrieb eine Art von Selbstverleugnung. Meine permanente schlechte Laune blieb auch meinem Partner nicht verborgen.

Kopfschmerzen, starke Menstruationen und Stimmungsschwankungen wechselten sich ab. Hitzewallungen und Panikattacken steigerten sich dermaßen, daß ich mich nicht mehr unter die Leute traute. Ich kämpfte mit meinem Körper, den ich als fremden, lästigen Klotz empfand. Meine Gedächtnislücken, das Gefühl, nichts mehr im Kopf behalten zu können, versetzten mich in Panik. Meine Ernährungssünden machten sich beim Blick auf die

Waage bemerkbar. Das Übergewicht wirkte sich unter anderem auf die Gelenke aus, die mich fürchterlich schmerzten.

In meiner Depression fühlte ich mich von allen im Stich gelassen. Die Kinder lebten ihr Leben ohne Rücksicht auf mich. Das empfand ich als brutal. So hatte ich mir meine Zukunft nicht vorgestellt. Mein Partner stand dem Ganzen ziemlich ratlos gegenüber. Wir hatten keine Informationen, keine Stütze, erhielten keinen Rat.

Der Zufall führte mich in eine Entspannungs-Gruppentherapie. Erst da bemerkte ich, wie ich meinen Körper vernachlässigt hatte. Ich fühlte ihn überhaupt nicht mehr. Wie ein kleines Kind mußte ich ihn wieder neu entdecken.

Durch die Entspannungsübungen bekam ich meine Stimmungsschwankungen in den Griff. Ich lernte, Abstand zu meinen heftigen Gefühlen zu gewinnen, mich selbst und die Umwelt zu erkennen und zu akzeptieren. Mit der Zeit verschwanden auch meine Schuldgefühle. Die Kommunikation in der Familie brachten wir wieder in Fluß.

Konnte ich mich ab und zu doch mal nicht beherrschen, entschuldigte ich mich für meine Launen. Ich entdeckte, daß ich meine aufbrausenden Gefühle durch viel Bewegung an der frischen Luft kontrollieren konnte. Meine Spaziergänge erlaubten mir, fabelhaft nachzudenken und mich abzureagieren, wenn ich wütend war. Die Ursachen für diese Wutanfälle lagen meistens bei mir selbst. Denn war ich mit mir unzufrieden, nörgelte ich dauernd an den anderen herum.

Heute habe ich meine Hilflosigkeit überwunden. Ich ernähre mich bewußt, mit der Trennkost leiste ich mir eine gesunde und sehr schmackhafte Ernährung, der sich die ganze Familie angeschlossen hat. Durch Diskussionen mit meinen Kindern habe ich erfahren, daß diese bereits heute ein größeres Gesundheitsbewußtsein haben als meine Generation in jenem Alter. Ich kann von ihnen noch einiges lernen.

Wie bin ich glücklich, mein Gleichgewicht wiedergefunden zu haben! Ich wende mich wieder der Natur zu, aus ihr schöpfe ich heute meine Kräfte und meine Gesundheit. Wechseljahre sind für mich nicht mehr das Gespenst, das sie einst waren. Ich bin an meinen massiven Problemen gewachsen. Heute ist es schön, schöner denn je!»

Ihre besten Jahre aktiv erleben

Aktive Frauen leiden erheblich weniger unter Wechseljahrsymptomen, weil Beschäftigung depressive Gedanken vertreibt. Sie bleiben geistig beweglich, ihr Äußeres wird nicht vernachlässigt, sie haben mehr Abwechslung, die jung hält.

Die Selbstsicherheit und die Vitalität lassen ihnen weniger Zeit, sich zu viel mit sich selbst zu beschäftigen. Für aktive Frauen ist der Übergang vom fruchtbaren Sommer in den farbenfrohen Herbst kein Traueranlaß.

Die eigene Attraktivität und Anziehungskraft werden nicht in Frage gestellt, die Diskrepanz zu den Hochglanzprospekten nicht spürbar.

Vitale Partnerschaft

Sie sind in einer Lebensphase, in der Sie eine natürliche Ausstrahlung und Anziehungskraft besitzen. Es beginnt ein neuer Lebensabschnitt für Sie. Gestalten Sie Ihr Leben aktiv und abwechslungsreich.

Jahrelang haben Sie die vielen Aufgaben für Ihre Familie bestens erfüllt. Sie haben mit den Jahren zu sich selbst gefunden und kennen Ihre Stärken und Schwächen. Ihre Beziehung ist stabil und seit Jahren unverändert.

Der Märchenprinz hat sich als normaler Bürger mit allen menschlichen Fehlern und Lastern entpuppt. Die Hoffnungen und Träume müssen in ein realistisches Licht gerückt werden. Eine gute Beziehung muß diese Phase der Enttäuschungen überwinden, damit eine dauerhafte Beziehung wachsen kann. Das Idealbild wird zurechtgerückt, es ist Platz zum Neubeginn entstanden.

Die Wechseljahre geben Ihnen jetzt die Chance, etwas zu ändern, sich selbst neu zu entdecken und besser wahrzunehmen. Beginnen Sie eine neue Beziehung zum eigenen Körper zu entwickeln und neue Bereiche der eigenen Persönlichkeit zu entdecken. Dadurch gewinnt die Beziehung zum Partner eine neue Qualität.

Die Last der Verhütung fällt weg und erlaubt uns, ein neues sexuelles Freiheitsgefühl zu entwickeln. Die Kinder sind aus dem Haus, man kann den Sex wann und wie man will genießen. Zu dem sexuellen Verlangen gesellt sich mit den gemeinsamen Lebensjahren eine tiefe Liebe und gegenseitige Achtung. Wichtig ist es, mit dem Partner offen und ehrlich zu reden (nicht streiten). Denn auch die Männer sind den Wechseljahren unterworfen, auch sie werden älter.

Die Angst vor Arbeitslosigkeit, trübsinnige Gedanken, der Kampf mit gesundheitlichen Beschwerden und körperlichem Leistungsabfall beschäftigen auch unsere Partner. In gemeinsamen Gesprächen können Sie sich gegenseitig helfen. Dadurch wächst man noch stärker zusammen, und der Wechsel wird für beide problemlos verlaufen.

Es entsteht eine beglückende Beziehung voll Achtung, Zuneigung und Verständnis, die auf Vertrauen aufgebaut ist. Erotik, Zärtlichkeit und Sinnlichkeit können wieder bewußt empfunden werden. Entwickeln Sie mit Zuversicht und Phantasie neue Formen der Verführung, gestalten Sie das Leben nach eigenen Bedürfnissen und Wünschen, erleben Sie die Sexualität ungezwungen und angstfrei. All das wird Ihre Beziehung mit Glück und Freude bereichern.

Lernen Sie, sich selbst zu verwöhnen. Gönnen Sie sich einen Hauch von Luxus in Form von Körpermassagen, Schönheitsbehandlungen, Coiffeurbesuchen, des Kaufes verführerischer Unterwäsche oder eines exklusiven Parfums, Ferien mit der besten Freundin.

Erfüllen Sie sich einen Wunsch, den Sie schon lange mit sich herumtragen, bis jetzt jedoch noch nicht verwirklichen konnten. Ihr Selbstbewußtsein wird dadurch gestärkt und bringt neuen Schwung in Ihre Beziehung.

Nehmen Sie sich Zeit für Ihren Partner. Lernen Sie, ihm gut zuzuhören, seine Träume, Freuden oder Ängste mit ihm zu teilen. Sorgen Sie für Ruheoasen mit romantischer Ambiance, Kerzenlicht, einem guten Tropfen Wein und gediegenem Essen. Entdecken Sie mit Ihrem Partner neue Horizonte, schaffen Sie gemeinsame Erlebnisse, finden Sie neue Interessen an gemeinsamen Hobbys, beleben Sie Freundschaften mit anderen Paaren durch Einladungen und gemeinsame Unternehmungen.

Denken Sie nicht nur an Ihre Gesundheit, und beschäftigen Sie sich nicht nur mit eigenen Beschwerden. Auch Ihr Partner wird nicht jünger. Wachen Sie auch über seine Gesundheit.

Bleiben Sie gelassen, wenn nicht alles perfekt läuft, seien Sie großzügig mit sich selbst und mit Ihrer Umgebung. Das erspart Ihnen viel Ärger, und durch kleine Fehler wirkt man erst richtig liebenswert.

In Ihr Leben kehren Ruhe und Beschaulichkeit ein, die Ihnen mehr Zeit für den Partner, Ihre Freunde und Ihre Hobbys lassen. Ihre jahrelange Erfahrung und Ihr gestärktes Selbstbewußtsein verhelfen Ihnen zu mehr Freude am Hier und Jetzt, mehr Lust auf Liebe, mehr Schwung und größere Lebensfreude.

Ihr Gefühl sagt Ihnen, daß noch lange nicht alles zu Ende ist, sondern daß die besten Jahre erst beginnen.

Wie können Sie sich helfen?

- Mit dem Partner reden, um das gegenseitige Verständnis zu vertiefen
- Gruppengespräche zeigen Ihnen neue Perspektiven auf, neue Ideen
- Körperliches Training
- Gedächtnistraining
- Entspannung, Yoga, Meditation, Tai Chi
- Vollwertige Ernährung
- Phytotherapie – nur bei akuten Beschwerden anwenden (Passionsblume, Baldrian, Cayennepfeffer, Ingwer, Süßholz, Löwenzahnwurzel, Ginseng – siehe Kapitel Phytotherapie)
- Bei mentalen Beschwerden, Vergeßlichkeit (Kalzium, Kalium, Vitamine B2, B1, B12, Pantothensäure, Jod)

Berufliche Aufgaben

Überlegen Sie sich, wenn die Kinder flügge sind, ob Sie nicht auswärts arbeiten wollen, sich sozial oder politisch engagieren möchten. Es gibt unzählige Möglichkeiten, Ihre Kräfte einzusetzen, ob künstlerisch, musikalisch, in einem Verein, Nachbarshilfe, Krankenbesuche usw. Auch Weiterbildung, Kurse oder die Volkshochschule können altes Wissen auffrischen.

Oder möchten Sie etwas Neues beginnen?

Beschäftigen Sie sich ausgiebig mit Ihrem Lieblingshobby, entdecken Sie neu Ihre Persönlichkeit, wecken Sie Ihre schlummernden Talente, erlernen Sie neue Fertigkeiten. Nutzen Sie Ihre Erfahrung und überlegen Sie, wie Sie Ihre Kräfte am besten sinnvoll einsetzen können.

Wie können Sie sich helfen?

- Listen Sie Ihre Wünsche, Ihre theoretischen Kenntnisse, Ihre praktischen Erfahrungen, Ihre Fähigkeiten getrennt auf, und prüfen Sie, was Sie davon als Ihr Leistungsangebot in die Praxis umsetzen können.
- Informationsstelle für Wiedereinsteigerinnen ansprechen
- Sich über Kursangebote informieren
- Freundin fragen, ob sie einen Kurs mitmacht, denn zu zweit ist es lustiger und Sie überwinden leichter die Hemmschwelle, etwas Neues anzufangen oder sich in einer neuen Umgebung zurechtzufinden.
- Bieten Sie soziale oder nachbarliche Hilfe an
- Bei Vereinen Informationen einholen, um mit Menschen in Kontakt zu kommen.

Die Beziehung zu den Kindern

Die Beziehung der Eltern zu den Kindern bricht nie ab, wohl aber ändert sich einiges. Es entsteht eine neue Art von Gemeinschaft, ohne fixe Rollenverteilung und alte Abhängigkeit.

Die Zeit ist gekommen, die Kinder als erwachsene und gleichberechtigte Partner zu respektieren. Haben Sie keine Angst, sich auch mal den Rat bei ihnen zu holen. Sagen Sie offen, was Sie denken und fühlen, reden Sie ohne Scheu, sie werden Sie verstehen.

Erinnern Sie sich an Ihre Kindheitsträume und -wünsche. Prüfen Sie, was davon sich heute in die Wirklichkeit umsetzen läßt, denn schon Goethe sagte: «Eure Wünsche sind die Vorboten Eurer Erfolge.»

Eine neue Aufgabe, eine zwischenmenschliche Hilfe geben Ihrem Leben eine neue Dimension.

Hören Sie aber auch aufmerksam zu, wenn es um ihre Probleme geht. Seien Sie großzügig zu Ihren Kindern, lassen Sie sich aber nicht von ihnen ausnützen. Vergessen Sie nicht, daß Ihr Partner Vorrang hat, setzen Sie deshalb für Ihre eigene Privatsphäre klare Grenzen.

Aufopferung wird von den Kindern überhaupt nicht geschätzt, stellen Sie Ihre individuellen Bedürfnisse und Wünsche in den Vordergrund. Schaffen Sie klare Verhältnisse, passen Sie auf die Enkel nur dann auf, wenn Ihnen wirklich danach ist, und schieben Sie Ihre Pläne nicht deswegen zur Seite.

Man kann über alles reden, jedoch nur, wenn die Beteiligten sich in einer ehrlichen und freien Atmosphäre bewegen können. Nur dann begegnet man sich liebevoll und gleichwertig, und nur dann werden die Kinder Ihr Heim, das mit so vielen Erinnerungen verbunden ist, gerne besuchen. Sie werden die Ruhe und Geborgenheit, den Ort der Ehrlichkeit und des Respekts gerne aufsuchen und genießen.

Seien Sie weiterhin die helfende Hand, wenn die Kinder Sie brauchen, ohne sich jedoch in deren Privatleben einmischen zu wollen. Nehmen Sie sich Zeit, um zuzuhören, geben Sie aber nur dann Rat, wenn Sie um solchen gebeten werden.

Resignieren Sie nicht, die Wechseljahre sind die Zeit der Veränderung, des Weiterwachsens und Weiterlernens. Schenken Sie sich selbst, aber auch Ihrer Umgebung, Jahre der Freude, Liebe, Erfahrung, Gelassenheit und Toleranz.

Ob es eine positive oder negative Zeit wird, liegt in Ihrer Hand. Aufgeben steht nicht zur Debatte. Also mit Volldampf voraus!

Positives Denken

Es gibt Momente, in denen man sich unzufrieden fühlt. Unser Körper kann erkranken, wenn das seelische Gleichgewicht durcheinandergerät. Überfordernde Belastungssituationen, Angst und Kummer können zu einer chronischen Daueranspannung und Überaktivierung des Organismus führen. Dadurch kann es zur Herabsetzung der Widerstandskräfte kommen, das Stoffwechselgleichgewicht ist gestört und die Infektionsgefahr erhöht. Krankheitssymptome sind oft Hinweise darauf, daß in unserem Leben nicht alles in Ordnung ist, daß die Lebensführung nicht stimmt, daß es ungelöste Konflikte und unbefriedigte Bedürfnisse gibt, daß wir uns übernommen haben oder uns selbst unter zu starken Druck setzen.

Durch das Achten auf unsere Körpersignale lernen wir, die Körpersprache zu entschlüsseln und unseren Körper besser zu verstehen. Gegebenenfalls muß man die Lebensführung neu überdenken und verändern, denn nur Trübsalblasen hilft nicht weiter. Das Unterdrücken der wahren Gefühle und Gedanken löst keine Probleme. Aufgesetzte, unehrliche Fröhlichkeit kippt irgendwann ins Gegenteil um. Also was tun?

Als erstes muß man sich mit sich selbst auseinandersetzen. «Denke ich positiv? Handle ich optimistisch?» Das positive Denken kann man selbst beeinflussen. Achten Sie einmal bewußt auf die negativen Wörter, die Sie benutzen. Sind es nicht zu viele? Wie reagieren Sie, wenn Ihnen jemand etwas erzählt? Stehen Sie am Morgen leicht und fröhlich auf? Haben Sie einen lockeren Umgang mit Ihren Mitmenschen? Sind Sie offen, fangen Sie auch mit Fremden ein Gespräch an? Wenn dem nicht so ist, stellen Sie sich folgende Fragen, die Ihnen bei der Suche nach den Ursachen weiterhelfen können:

- Was bereitet mir Kopfschmerzen?
- Was fresse ich in mich hinein?
- Was verschlägt mir den Atem?
- Worauf reagiere ich allergisch?
- Wovon habe ich die Nase voll?
- Was lastet auf meinen Schultern?
- Warum kommt mir die Galle hoch?
- Was drückt mir auf den Magen?

Wenn all diese Fragen unbeantwortet bleiben, führt das zu Pessimismus, nimmt die Lebensfreude und macht unzufrieden.

Wünsche und Träume soll man sich bewußt werden und sie zu Zielen formulieren, sie konkret definieren und sie sichtbar machen. Bauen Sie sie vom Fundament her auf, wie ein Architekt, Stein für Stein, bis Ihr Ziel erreicht ist. Wie Friedrich Nietzsches Formel des Glücks schon sagt: «Ein Ja, ein Nein, eine gerade Linie, ein Ziel.»

Es gibt nichts, was unmöglich ist. Für alles findet sich eine Lösung, und mit positivem Denken befreien wir uns von der Blockade des Negativen, der Lähmung der Hoffnungslosigkeit, die uns nicht weiterbringen können.

Alles hat seine Berechtigung. Rückschläge, Krankheiten, Mißerfolge bergen auch einen Sinn, denn sie sagen uns: «Halt! Dein Leben verläuft nicht nach der Linie der gesunden, vernünftigen Lebensführung. Denke nach, ändere Deinen Weg und Du wirst wieder ins Lot kommen. Schau nach vorne, hoffe auf das Gute, überdenke und peile neue Ziele an.

Stecke nicht den Kopf in den Sand, wenn Probleme auftauchen, sondern stell Dich ihnen, schau ihnen ins Auge. Entschlossenheit und Zielsetzung helfen Dir. Suche nicht zu weit. Die Lösung ist in Dir selbst.»

Ein weiterer, wichtiger Faktor zum Erfolg ist nichts verschieben, sondern alles gleich zu erledigen, mit Beharrlichkeit und Durchhaltevermögen, trotz Schwierigkeiten oder Hindernissen weitermachen. Wie ein chinesisches Sprichwort sehr treffend sagt: «Besäße der Mensch Beharrlichkeit, so wär ihm nichts unmöglich.»

Also lassen wir unsere negativen Einstellungen und Gedanken los, denn sie bescheren uns negative Erlebnisse. Um als Sieger über Mißerfolg und Krankheit dazustehen, müssen wir zuerst den inneren Frieden finden. Lassen wir Groll, Haß, Rachegefühle los. Verzeihen wir anderen und uns selbst.

Folgende Schritte helfen uns, den Frieden zu finden:

- Stellen Sie falsches Handeln ein, sobald Sie es bemerken.
- Befreien Sie sich von allem Bösen, was Sie denken oder fühlen.
- Verzeihen Sie, bitten Sie aber auch um Vergebung («Der Schwache kann nicht verzeihen. Verzeihen ist eine Eigenschaft des Starken», sagte Mahatma Gandhi).
- Vergeben Sie sich selbst. Dies ist sehr wichtig, weil dadurch der Selbstbestrafung ein Ende bereitet wird.
- Leben Sie Ihr Leben mit Begeisterung. Gehen Sie mit offenen Augen und Sinnen durch die Welt, lernen Sie, sich über einfache Dinge zu freuen.
- Sagen Sie sich jeden Tag: «Dies wird ein schöner, guter Tag!» Lassen Sie sich durch kleine Mißgeschicke nicht entmutigen. Denken Sie daran: Alles hat seinen Sinn.
- Nehmen Sie Krisen und Rückschläge als Chance an. Jedes Problem ist lösbar. Wir sind umgeben von großen, positiven, lebensspendenden und -erhaltenden Kräften. Vertrauen Sie ihnen.
- Genießen Sie jeden Lebensabschnitt, blicken Sie vorwärts. Bleiben Sie flexibel, helfen Sie mit, die Welt positiv zu verändern. Seien Sie dankbar für Ihre Gesundheit und Ihr Wohlbefinden.

– Verkriechen Sie sich nicht, versinken Sie nicht in Einsamkeit. Schauen Sie sich um. Es gibt genug Leute, denen Sie helfen können. Gehen Sie auf Menschen zu.
– Leben Sie Ihr Leben, ohne über das Alter nachzugrübeln. Vergessen Sie die Zahl der erlebten Jahre, es sind nur Zahlen. Wichtig ist, wie Sie sich fühlen, wie schöpferisch und neugierig Sie sind. Gestalten Sie Ihr Leben produktiv und angenehm. Erleben Sie es jeden Tag als Geschenk des Himmels. Es ist es auch!

Leben Sie Ihre Gefühle aus

Lernen Sie zu erkennen, was Sie wirklich im Leben wollen und was Ihnen wirklich wichtig ist.

Sind Sie von Menschen umgeben, auf die Sie zählen können? Können Sie sich so entfalten und sein, wie Sie wirklich möchten, oder versuchen Sie zu sein, wie die anderen Sie haben möchten?

Brauchen Sie mehr Ruhe und Abgrenzung für sich? Möchten Sie bewußter leben?

Benötigen Sie mehr Zeit, um sich mehr den Menschen widmen zu können, die Ihnen etwas bedeuten?

Suchen Sie, was Ihnen wichtig ist! Folgen Sie Ihrem inneren Kompaß!

Unterdrücken Sie keine Gefühle. Ignorieren Sie sie nicht, denn Gefühle sind nicht schlecht oder gut. Sie sind einfach da, um ausgelebt zu werden. Sie unter Verschluß zu halten ist eine Tortur, eine psychische Schwerstarbeit, die viel Substanz kostet. Lassen Sie Ihren Gefühlen freien Lauf. Lachen Sie, wenn Ihnen danach ist, weinen Sie, wenn es Sie erleichtert. Zeigen Sie auch Wut, wenn Sie wütend sind. Stehen Sie zu Ihren Gefühlen, und zeigen Sie sie ehrlich.

Überlegen Sie sich, ob Sie das tun, was Sie in Ihrem Innern wirklich spüren, oder ob Sie sich dauernd nach den Wünschen anderer richten müssen (oder meinen, es tun zu müssen).

Geben Sie sich auf und verleugnen sich selbst? Wenn ja, wird es Zeit, sich das Recht zuzugestehen, nein zu sagen und eigene Bedürfnisse geltend zu machen, ohne sich schuldig zu fühlen. Doch wie macht man das?

Sie müssen sich nicht immer sofort entscheiden. Wenn Sie sich nicht sicher sind, bitten Sie um Bedenkzeit. Prüfen Sie zuerst Ihre Wünsche und Bedürfnisse, bevor Sie ja sagen. Wenn Sie nein sagen, dann bestimmt und klar, aber freundlich. Falls nötig, erklären Sie Ihre Ablehnung, aber rechtfertigen oder entschuldigen Sie sich nicht.

Lassen Sie keine Schuldgefühle aufkommen. Bringen Sie keine Ausreden, ein Nein ist ein Nein! Lassen Sie sich nicht durch Überredungskünste

blenden, hören Sie auf Ihre innere Stimme. Wenn Sie einmal einen Entschluß gefaßt haben, halten Sie auch an ihm fest.

Fragen Sie sich, wann haben Sie das letzte Mal:

- herzhaft gelacht?
- richtig geweint?
- eine Unsicherheit zugegeben?
- einen Fehler eingestanden?
- Sorgen geäußert?
- sich überschäumend gefreut?
- über Ihre Ängste gesprochen?
- Enttäuschung zugegeben?
- Wut gezeigt?
- Zuneigung gespürt oder vermittelt?
- Ihr Leid mit anderen geteilt?

Gehen Sie auf Menschen zu

Lernen Sie, durch gute Gespräche mit Mitmenschen Neues zu entdecken. Haben Sie keine Angst, wenn Konflikte auftauchen, denn sie gehören zum Leben. Regeln Sie sie, indem Sie den ersten Schritt wagen. Sprechen Sie die Probleme an, aber nicht in einer stressgeladenen Atmosphäre, sondern in einer angenehmen, störfreien Umgebung. Warten Sie nicht zu lange damit, und argumentieren Sie aus Ihrer Sicht. Seien Sie offen, klagen Sie aber nicht an. Verwenden Sie im Gespräch mehrheitlich die Ich-Formulierung anstelle der Du-Form. Lassen Sie Ihr Gegenüber zu Wort kommen, hören Sie aufmerksam zu, gehen Sie auf die

Person ein und zeigen Sie Interesse an gegensätzlichen Standpunkten. Suchen Sie nicht nach einem Sündenbock, versuchen Sie nicht, Ihren Gesprächspartner zu ändern. Probieren Sie, Probleme so zu lösen, daß es für beide annehmbar ist.

Pflegen Sie Beziehungen, sie sind der Grundstein für unsere psychische Gesundheit. Die Bewältigung des Alltags gelingt mit Vertrauen, Verständnis und emotionaler Unterstützung besser. Nehmen Sie einander ernst, lassen Sie andere Ansichten gelten und gewähren Sie den Mitmenschen Freiheit.

Gönnen Sie sich neben der Partnerschaft auch ein Stück Eigenleben. Reden Sie offen, seien Sie tolerant und geduldig. Überprüfen Sie, wann Sie das letzte Mal Ihren Partner, Ihre Kinder oder Kollegen gelobt haben. Wann haben Sie ihnen gesagt, daß Sie sie schätzen oder lieben, wann haben Sie sich für etwas Selbstverständliches bedankt? Vergessen Sie nicht, jeder Mensch braucht Streicheleinheiten für die Seele!

Erschaffen Sie sich Teamwork in der Familie, denn Kräfte und Talente verteilen entlastet. Man spornt sich gegenseitig an, motiviert und unterstützt sich. Geselligkeit, Geborgenheit und Anerkennung werden gefördert, Leistung und Wohlbefinden gesteigert. In einem Team weiß jeder, was er zu tun hat. Entscheidungen werden gemeinsam getroffen, es wird offen miteinander geredet. Konflikte werden ausgetragen und nicht verdrängt. Jeder besitzt die gleiche Verantwortung, niemand herrscht. Es entsteht eine Atmosphäre voll Rücksicht, Verständnis und Toleranz. Die geistige Hygiene wird gepflegt, und man geht den Weg gemeinsam. Das bewirkt aber auch eine innerliche Unabhängigkeit, Selbständigkeit und eigenverantwortliches Handeln. Loslassen und doch ein Team sein sind die ideale Voraussetzung für die Gemeinschaft, sie verhindert die Einsamkeit.

Orientieren Sie sich neu

Eine Neuorientierung in den Wechseljahren ist nötig. Es ist eine Entdeckungsreise, in der positives Denken überlebenswichtig ist. Fangen Sie an!

Versuchen Sie, alle negativen Wörter ins Positive umzuwandeln. Wie wäre es, sich statt überfordert als tüchtig und belastbar zu bezeichnen. Ihren pubertierenden Sohn statt aufsässig als selbständig anzusehen. Ihren Bekannten statt als einen Eigenbrötler als einen Menschen zu nehmen, der originell ist. Eine Nachbarin, die nicht gegrüßt hat, nicht als unhöflich, sondern in Gedanken versunken zu nennen. Ihren Partner statt ängstlich als abwägend zu bezeichnen. Dies würde sich unendlich weiter fortsetzen lassen.

Seien Sie sich im klaren darüber: Negative Wörter versperren den Blick für Veränderungen. Setzt man dagegen die positiven Wörter ein, schafft man Platz für neue Ideen. Fangen Sie Ihre negativen Gedanken ab, und ersticken

Sie sie im Keim. Durch positives Denken kann man sein Unterbewußtsein umprogrammieren. Sich auf das Positive konzentrieren, das Negative ins Positive umwandeln, daran müssen Sie jetzt arbeiten.

Fragen Sie sich selbst, was sie heute am glücklichsten machen würde, über was Sie sich freuen können, was Sie heute unternehmen, um negative Situationen und Gedanken in eine Lernerfahrung umzuwandeln.

- Was interessiert Sie wirklich?
- Worauf sind Sie stolz, wofür dankbar?
- Wen lieben Sie, wer liebt Sie?
- Welcher Person möchten Sie heute gerne begegnen?
- Was müssen Sie heute tun, um glücklich zu sein, sich gut zu fühlen, Freude zu erleben?

Denken Sie daran, daß wir ernten, was wir gesät haben. Positives Denken zieht positive Erlebnisse nach und umgekehrt. Verbannen Sie negative Gedanken und Gefühle wie:

- Ich bin in den Wechseljahren!
- Ich werde alt!
- Ich habe keine Hoffnung mehr!
- Es lohnt sich nicht, etwas zu ändern!
- Ich bin einsam!
- Das Leben ist so schwer!

Beobachten Sie, was mit Ihnen durch solche Gedanken geschieht. Fühlen Sie sich gut, wenn Sie so reden? Nein? Also, versuchen Sie es mit positiven Gedanken. Spüren Sie eine Erleichterung? Haben Sie ein gutes Gefühl? Bringen Sie sich nicht in gute Stimmung, wenn Sie behaupten, daß Sie ein großartiger Mensch seien? Daß Sie Kraft hätten, um alles zu bewältigen, was Sie sich vorgenommen haben? Daß Sie zu den Gewinnern im Leben gehören?

Konzentrieren Sie sich auf eine Bejahung, verwirklichen Sie Ihre Visionen. Seien Sie natürlich und ehrlich, denken und fühlen Sie positiv, schenken Sie Liebe und lieben Sie sich selbst!

Aus eigener Kraft zum Wohlbefinden

Was sind die eigentlichen Ursachen für Beschwerden in den Wechseljahren? Kopfschmerzen, Schlafstörungen, Wallungen, Nervosität, Gereiztheit und alle anderen Beschwerden sind zwar teilweise, doch nicht nur hormonell bedingt.

Weshalb haben andere Völker weniger oder gar keine Beschwerden, warum hat man vor 50 Jahren die Wechseljahre nicht als Krankheit empfunden? Was ist passiert, was ist anders?

Nehmen wir uns doch einmal die Zeit und betrachten unsere Wegwerfgesellschaft mit einem Vergrößerungsglas.

Der Körper wird häufig noch als einwandfrei funktionierende mechanische und chemische Fabrik angesehen. Wenn etwas kaputt ist, wird dafür gesorgt, daß das reparaturbedürftige Organ schnellstens in Ordnung gebracht wird, notfalls mit Hilfe von Ersatzteilen. Andere Störungen werden als psychisch bedingt bezeichnet.

Diese oberflächlichen Beurteilungen und Behandlungen unserer Beschwerden verhindern eine tiefergehende Suche nach den wirklichen Ursachen. Den eigentlichen Auslösern eines kranken Zustandes, nämlich unserem naturfremden, falschen Handeln und Denken, weichen wir lieber aus.

Aber wie können wir gesunden, wenn wir uns die wahren Ursachen nicht vor Augen führen? Beschwerden und Krankheiten sind nur Auswirkungen unserer Lebensführung. Sie sind keine Zufälle, sondern Folgen von Sorglosigkeit und Unwissenheit, sie entstehen durch Irrtümer und Fehler unserer Lebensweise. Durch ein richtiges Verhalten wären fast alle diese Störungen vermeidbar.

Doch welche Fehler machen wir? Welche sind die eigentlichen Verursacher unserer Beschwerden?

Ganz sicher gehören die Ernährungsfehler dazu, die zu Stoffwechselstörungen führen. Anfängliche Beschwerden wie eine gestörte Darmflora, Veränderungen der Darmschleimhaut verstärken sich bis hin zu Verstopfung, Darmfäulnis und Durchfall. Ungenügende Flüssigkeitsaufnahme verschlechtert die Nierenausscheidung und erhöht dadurch die Belastung unseres Körpers.

Mangelnde Bewegung ist ein großes Übel der heutigen Zeit. Jeder Schritt, den wir fahren können, laufen wir nicht. Wir sind Sklaven des Autos, abhängig von allen möglichen Verkehrsmitteln, bequem und faul. Nicht nur, daß wir unsere Gesundheit damit ruinieren, wir verpesten zusätzlich unsere Umwelt, wir behandeln die Natur und uns selbst stiefmütterlich, ja manchmal beinahe wie einen Feind. Und wir merken nicht einmal, daß wir uns dadurch immer mehr von der Natur entfernen. Kein Wunder, daß wir immer kränker werden! Unsere Körper sind aber für Bewegung geschaffen, denn dadurch verbessern wir die Sauerstoffzufuhr, die sowohl für unser Blut wie auch für die Atmung jeder einzelnen unserer Körperzellen lebenswichtig ist.

Nicht vergessen dürfen wir die heutigen Umwelt- und Arbeitsbedingungen, die durch elektromagnetische Einrichtungen, hohe Luftverschmutzung und chemische Einflüsse dermaßen belastet sind, daß sie einen großen Teil zur Häufung von Beschwerden und Krankheiten beitragen. Psychische Belastungen entstehen in den meisten Fällen durch unsere falsche Einstellung zum Leben. Heute wird das Materielle vielfach total überbewertet, man rennt nur dem Geld und den materiellen Gütern nach. Erstaunlicherweise sehen die Leute aber trotz Wohlstand nicht glücklich aus.

Es zählt nur, was man vorzeigen kann. Dadurch verlernen wir, in uns hinein zu horchen, auf unser Inneres zu hören, uns nach unseren Intuitionen zu richten. Es wird gerechnet, berechnet, gerannt und gehamstert. Einer

muß den anderen übertrumpfen. Gefühle wie sich selbst respektieren, Gemeinschaftlichkeit und gegenseitige Achtung bleiben dabei oft auf der Strecke. Als «Dank» dafür stellen sich die verschiedensten körperlichen und geistigen Beschwerden ein.

Wie habe ich gestaunt, als ich bei meinen vielen Reisen in die ärmsten Erdteile dieser Welt soviele lachende, glückliche Menschen angetroffen habe. Ich stellte mir die Frage, weshalb diese Leute soviel Lebensfreude ausstrahlen. Bei einer genaueren Betrachtung ihrer Lebensweise merkte ich schon bald, daß diese Menschen sehr tief mit der Natur verbunden sind. Sie akzeptieren sie als Teil ihres Lebens, den man liebt und für den man Sorge tragen muß.

Daraus könnten wir lernen, daß es nicht das Materielle ist, das die Seele beflügelt. Es ist die Einheit mit sich und die tiefe Verbundenheit mit der Natur, die das Glücksgefühl und die Gesundheit garantieren. Habgier, Angst vor Katastrophen, Leistungsdruck, politische und wirtschaftliche Ungewißheit, Rekordsucht und Sensationshunger führen nicht zur Bewußtseinserweiterung, sondern lassen unsere Seele verkümmern. Es entsteht eine innere Leere.

Wie aber gelingt es uns, glücklicher, gesünder und zufriedener zu werden?

Meiner Meinung nach müssen wir beginnen, unser Leben selbst zu bestimmen, festen Halt durch mehr Vertrauen in die eigene Person und andere, Geborgenheit und Nächstenliebe zu gewinnen.

Durch das Bewußtwerden der Eigenverantwortung, das Erschaffen von Harmonie und Übereinstimmung mit sich selbst und der Umwelt, durch eine tiefgreifende seelische und körperliche Reinigung und Entgiftung schenken wir uns neue Lebenskraft und neuen Lebensmut.

Kreative Leistung und geistige, schöpferische Vitalität führen zu innerem Reichtum. Der äußerliche Wohlstand ist oft eine Gefahr für unsere Persönlichkeitsentfaltung, Scheinwerte der Konsumgesellschaft führen zu einer inneren Leere. Vergessen Sie deshalb nie, daß Sie abseits der Oberflächlichkeit materieller Interessen ein sehr spannendes Leben führen können.

Offenheit für die Umwelt, Freude und das Wahren der inneren Werte, Persönlichkeitsentfaltung in der Arbeit, schöpferischer Einsatz, Mitverantwortung und Mitbestimmung beflügeln den Menschen.

Die Liebe als Lebenssinn des Menschen ist die stärkste Kraft. Vertrauen zueinander und Liebe zu den Mitmenschen bringen eine unermeßliche Erfüllung im Leben jedes einzelnen.

Sich selbst lieben bedeutet auch, die anderen lieben. Für sich selbst Sorge tragen bedeutet Gesundheit und Harmonie mit dem Kosmos.

Zur Kunst der Lebensführung gehört das Schöpfen der Lebensenergie aus der Natur, das Stabilisieren der seelischen Kräfte durch das Erkennen der eigenen Schattenseiten, das Sorgetragen für den Körper durch genügend Schlaf, gesundes Essen, viel Bewegung und Entspannung. Lebensenergie aus den vier Elementen – Erde, Feuer, Wasser, Luft – schöpfen, Freude und Zufriedenheit schenken, das sind gewaltige Erneuerungsprozesse, die uns eine Regeneration ermöglichen.

Aus jedem Tag das Beste machen ist das Richtige für jeden Lebenskünstler oder für die, die es werden wollen. Die Aufgabe unseres Lebens ist nicht, Beschwerden zu beseitigen, sondern das Leben so zu ordnen, daß diese sich erst gar nicht entwickeln können. Wir müssen aufhören, für unsere Gesundheit andere verantwortlich zu machen. Nehmen wir unser Wohlergehen endlich in unsere eigenen Hände, fördern wir unsere Gesundheit und mobilisieren wir unsere Selbstheilkräfte durch unser Selbstverantwortungsgefühl und durch eine entsprechende Lebensweise. Denn nur wir selbst können durch eigene Initiative zu einer vollkommenen Harmonie gelangen.

Lesen Sie diese Zeilen jeden Morgen vor dem Aufstehen

- Dies ist ein neuer Tag in meinem Leben. Ich nehme ihn so an, wie er ist, und mache das Beste daraus.
- Heute gehe ich auf die Mitmenschen zu. Ich möchte freundlich sein, lachen und andere zum Lächeln bringen.
- Ich bleibe gelassen, ich möchte singen und fröhlich sein, egal, was heute auf mich zukommt. Ich will mich nicht ärgern, weil Ärger krank macht.
- Ich richte meine Gedanken auf positive Ziele. Ich lasse mich von negativen Gedanken und Äußerungen nicht anstecken. Menschen, die schlecht reden oder neidisch sind, gehe ich aus dem Weg. Dafür ist mir mein Tag zu wertvoll.
- Heute tue ich etwas für mich. Ich will meinen Körper und meine Seele verwöhnen. Ich will meinen Horizont erweitern und mich weiterentwickeln. Ich möchte kreativ sein, etwas Schönes erschaffen und mich daran erfreuen.
- Ich danke Gott, daß es mir gutgeht. Ich möchte diesen Dank ausdrücken, indem ich für andere Menschen, die meine Hilfe benötigen, da bin.
- Ich will jeden Tag bewußt gestalten und erleben. Ich weiß, daß ich die Kraft habe, mein Leben in die Hand zu nehmen und so zu verändern, daß ich glücklich und zufrieden bin. Ich spüre immer mehr, daß ich das Leben liebe!

Neue Wege, neue Chancen

Beschwerden sind vor allem Erscheinungen unserer Zivilisation. Die fehlerhafte Lebensführung – wie mangelnde Bewegung, minimale körperliche Belastung, falsche Ernährung, die sich einerseits durch Üppigkeit, andererseits durch gleichzeitige Mangelerscheinungen präsentiert, denaturierte Industrienahrung anstelle von naturbelassenen Nahrungsmitteln, ballaststoffarmes Essen, das uns wiederum eine mangelhafte Ausscheidung beschert –, führt zu Störungen im Körper. Das Risiko einer Rückvergiftung des Organismus wird nicht nur durch die fehlerhafte Ernährung, sondern auch durch Umweltgifte, Wohngifte und Medikamentengifte, mit denen wir täglich konfrontiert werden, erhöht. Der gesamte Körper nimmt diese Gifte auf und speichert sie. Wenn die Grenze der Erträglichkeit, die bei jedem Mensch individuell ausgeprägt ist, überschritten wird, führt die ungesunde Lebensführung zu einer Katastrophe, zu den chronischen Zivilisationskrankheiten.

Mangelhafte Einwirkungen von natürlichen Reizen wie Kälte, Sonne oder Wasser auf den Körper lassen unser Immunsystem verkümmern. Auch die psychischen Belastungen, Stress am Arbeitsplatz oder zu Hause, unser materielles Denken, die Orientierung nach außen anstelle der Suche nach innerem Frieden oder die Verherrlichung der Jugend in der Werbung und die negative Einstellung gegenüber dem Alter tragen enorm zum Auftreten der Beschwerden bei.

Bevor wir die eine oder andere Therapie anzuwenden gedenken, sollten wir uns über die Folgen der Fehler unserer Lebensführung, die sich mit den Jahren summieren, im klaren sein, denn jede Therapie kann nur unterstützend wirken. Halten wir jedoch weiterhin an unseren falschen Gewohnheiten fest, können wir mit keiner Therapie einen Dauererfolg erzielen.

Unser Leben braucht Harmonisierung, wir müssen uns auf die inneren Werte besinnen, mit der Natur in Einklang kommen. Wenn wir dieses Ziel nicht erreichen, wird uns keine Therapie helfen können. Hören wir deshalb auf, nur Symptombehandlungen zu praktizieren. An die Ursachen herangehen, die jahrelang angehäuften Fehler beseitigen, ist der erste und wichtigste Schritt, den wir machen sollten. Betrachten Sie deshalb die Therapieauswahl als eine Orientierung, als eine helfende Hand. Die Lösung für ein harmonisches, gesundes und ausgewogenes Leben liegt aber nur bei Ihnen, in Ihrem Inneren. Ziehen Sie eine Bilanz Ihres bisherigen Lebens und Ihrer Gewohnheiten. Ändern Sie radikal alles, was Störungen verursacht. Erst dann kann die eine oder andere Therapie Ihnen den gewünschten Erfolg bescheren.

Übernehmen Sie die Selbstverantwortung für Ihren Körper, lassen Sie sich nicht entmutigen!

Setzen Sie sich Ziele, werden Sie selbst aktiv!

Akzeptieren Sie das Altern als einen natürlichen Prozeß, mit all seinen Nachteilen, aber auch Vorteilen!

Nehmen Sie die Wechseljahre nicht als Krankheit, sondern als neuen Lebensabschnitt mit vielen neuen Chancen und Wachstumsmöglichkeiten!

Überwinden Sie jede Hilflosigkeit, indem Sie sich informieren und weiterbilden! Wo Wissen fehlt, entstehen Unsicherheiten.

Sagen Sie sich: «Ich bin eine Frau! Ich bin grenzenlos weiblich! Es ist ein neuer Anfang, eine neue Chance. Ich nehme sie wahr. Ich mache aus jeder Situation das Beste. Ich habe eine positive Einstellung zu meinem Körper. Ich stehe dem Leben positiv gegenüber, ich liebe die Menschen und achte die Natur. Es wird mir alles gelingen, was ich mir vornehme. Ich schöpfe meine Energie und Kraft aus meinem Innern. Ich aktiviere meine eigenen Kräfte für meine Gesundheit und ein zufriedenes Leben. Die Zukunft ist das, was ich daraus mache. Ich will einen Neubeginn wagen, einen neuen Weg gehen. Ein neuer Weg in eine glückliche Zukunft!»

Bereichernde Therapien und Kunsttherapien

Farbtherapie

Mit der Beschreibung dieser Therapie möchte ich Ihnen die Naturkraft der Farben näherbringen.

Durch Goethes Farbenlehre bekommen die Farben eine starke Bedeutung. Er hat nicht nur die Farben der Natur untersucht, sondern sich auch mit deren Wirkung auf die menschliche Psyche befaßt.

Die Farbenforscher haben sich mit den heilenden Farbkräften beschäftigt, gingen der Sache auf den Grund und beschrieben sie ausführlich. Diese Forschungen bezogen sich auf Farbveränderungen, wie sie in der Natur überall vorkommen, sei es bei einer unreifen, grünen Tomate, die durch den Reifungsprozeß rot wird oder seien es Blumen, die ihre prächtigen Farben nach ihrem Absterben verlieren.

Weshalb haben die Menschen und Tiere Lieblingsfarben während andere Farben abgelehnt werden? Warum reagieren nicht alle Menschen auf dieselbe Farbe gleich? Beeinflussen uns Farben im alltäglichen Leben wirklich so stark? Das alles sind Fragen, die sehr schwer zu beantworten sind. Sicher ist jedoch, daß Farben unser Leben verschönern und verzaubern.

Das Heilen mit Farben beruht auf uraltem Wissen. Das Licht und damit die Farben sind ein Teil der universalen Energie, die uns stets umgibt. Durch Farben wird unser Lebensbedürfnis angeregt, das Licht und die Farben sind ein wesentlicher, uns dauernd zuströmender Informationsfluß.

In der Farbtherapie wird die Farbe gezielt angewendet, um ein Ungleichgewicht des Körpers auszugleichen und die Harmonie herzustellen. Sie wird so eingesetzt, daß sie blockierte Energie umleitet, korrigiert und uns anregt. Dadurch erreicht eine richtige Anwendung eine günstige Wirkung auf den Gesundheitszustand. Die Aufnahme der Farben geschieht über die Netzhaut der Augen oder über die Haut. Diese Therapie beeinflußt unsere Stimmung positiv, wirkt antidepressiv, anregend, aktivierend oder beruhigend.

Angeblich haben schon auf dem legendären, versunkenen Kontinent Atlantis die Priester, Ärzte und Heiler mit Farben körperliche und seelische Krankheiten behandelt. In Heliopolis und Ägypten gab es farb- und lichtdurchflutete Tempel.

Chinesen benutzten gegen Epilepsie violette Tücher, bei Scharlach wurden rote Kleider angefertigt und die Kranken mit rotem Licht bestrahlt. Für Darmkranke wurden gelbe Zimmer eingerichtet. Paracelsus ließ im Mittelalter das Wissen über die Heilkraft der Farbstrahlen wieder aufleben.

Die Farben und ihre Wirkung

Rot

Bedeutung von Feuer, Hitze, Aktivität, Bewegung, Anregung. Es ist Ausdruck der Vitalität, des Drangs, Wirkung zu erzielen und Erfolg zu haben. Auch sexuelle Aktivität, motorisches Tun wie Sport, Kampf und Unternehmungslust werden durch die rote Farbe gesteigert.
Rot erhöht die Herztätigkeit (Puls, Blutdruck und Atemfrequenz werden gesteigert) und spricht Nieren, Bindegewebe und Muskulatur an. Es wirkt durchblutungsfördernd, entstauend und antreibend. Seelisch fördert es die Bereitschaft zu Auseinandersetzungen, Veränderungen, Bewegung und Entscheidungskraft. Dies verhilft zu mehr Durchsetzungsvermögen und Selbstbehauptung, man erhält mehr Mut und Kraft.
Farbbehandlung mit Rot bei Stimmungsschwankungen, Müdigkeit, Durchblutungsstörungen, Spannungszuständen.

Orange

Symbolisiert Lebensfreude und Optimismus. Wirkt aufbauend, kräftigend, positiv, gesundheits- und appetitfördernd und regt die Verdauung an. Seelisch erhöht Orange die Lust am Leben und den Optimismus, fördert die Aufgeschlossenheit und den Zusammenhalt. Es unterstützt Sinnlichkeit und Genuß, macht jugendlich und vital.
In der Farbtherapie ist Orange die wichtigste Farbe gegen Melancholie und Depression. Sie aktiviert, löst aufgestaute Probleme, Mutlosigkeit und Angst.

Gelb

Verbreitet Leichtigkeit und Heiterkeit, Behaglichkeit und Wärme und hat eine ausgleichende Wirkung. Gelb wirkt auf Bronchien, Magen, Bauchspeicheldrüse und Leber, regt an und entgiftet. Der Blutdruck wird gesteigert, die Lymphdrüsentätigkeit und der Stoffwechsel werden gefördert. Seelisch ist es aufhellend und erheiternd, es verhilft zu Klarheit, Einsicht und Verständnis. Gelb fördert die Kommunikation und Erkenntnis, es ist die Farbe der Weisheit.
In der Therapie wirkt es gegen Teilnahmslosigkeit, regt das Interesse am eigenen Leben an und weckt neue Hoffnung.

Grün

Diese Farbe symbolisiert den Neubeginn und das Wachstum, sie fördert Harmonie und Stabilität. Grün wirkt ausgleichend, regenerativ und aufbauend, es hilft, einen gesunden Zustand zu erreichen und zu erhalten. Diese Farbe schenkt uns Hoffnung, Vertrauen, Geborgenheit und Sicherheit.
Reizzustände werden gelindert, Blockaden und Stauungen gelöst, Stimmungsschwankungen harmonisiert und neues Gleichgewicht geschaffen sowie das Selbstwertgefühl gestärkt.
Die Therapie mit Grün hilft bei Entzündungen, sie harmonisiert Gefühle wie Ungeduld, Unzufriedenheit und Unsicherheit.

Blau

Repräsentiert Ruhe, Tiefe und Weite. Es ist die Farbe des Friedens, führt ins Unendliche und bringt uns der Wahrheit näher. Blau kühlt und lindert alle Entzündungen, senkt den Blutdruck, löst nervöse Organbeschwerden oder Verkrampfungen und harmonisiert. Entspannung, Erholung und Schlaf werden durch diese Farbe enorm gefördert, sie wirkt vor allem auf Nerven, Haut und Augen. Seelisch hilft Blau, Distanz zu gewinnen und das rechte Maß zu finden.
Blau ist die wichtigste Farbe in den Wechseljahren. Bei Beschwerden wie nervöser Schlaflosigkeit, Hitzewallungen, Stimmungsschwankungen oder extremer Überempfindlichkeit führt die Farbtherapie oft zu Beschwerdefreiheit.

Violett

Diese Farbe wirkt auf das zentrale Nervensystem, gleicht aus und fördert den Schlaf. Violett ist ideal bei Meditation, da es dämpfend und entspannend wirkt. Auf unsere Seele hat Violett einen befreienden, bewußtseinserweiternden Einfluß und fördert unsere Opferbereitschaft. Es hilft loszulassen, dient zur inneren Reinigung und zum Schwingungsausgleich.

Indigo

Strahlt tiefblau und vereinigt in sich die Schwingungen aller anderen sechs Farben. Dadurch ist es die Farbe der Heilung im ganzheitlichen Sinne. Indigo hilft bei Erschöpfung, harmonisiert die Schilddrüse und die Sexualität und fördert die seelisch-geistige Entwicklung. Diese Farbe ermöglicht uns, den Sinn des Lebens zu finden, sie schenkt Friedfertigkeit und Gelassenheit.
Indigo gilt als Farbe der schöpferischen Kraft, des klaren sprachlichen Ausdrucks und der Aufrichtigkeit.

Isaak Newton fand nach langem Forschen heraus, daß man durch ein spezielles Prisma sieben Farben sehen konnte. Diese sieben Farben werden in der Farbtherapie eingesetzt. Interessant ist die Zahl 7, die man ein bißchen näher betrachten sollte, denn sie hat mit dem Leben auf der Erde eine enge Beziehung. Ob die sieben Wochentage, die Tonleiter mit ihren sieben Tönen, die sieben Weltwunder oder die sieben Meere – die Zahl 7 widerspiegelt das geordnete System des Universums.

Heute herrscht in bezug auf unser tägliches Leben ein großes Interesse an Farben, wie z.B. bei Inneneinrichtungen, Kleidern, in der Lebensmittelindustrie, Werbung, bei der Insektenbekämpfung und ebenfalls in der Farbtherapie.

Die Farbtherapie beginnt schon am Morgen mit der Auswahl der Kleider, der Schminkfarben oder des Schmuckes.

Sie findet sich auch in der Wohnungseinrichtung, der Beleuchtung, aber auch bei Blumenschmuck, Gartenbepflanzungen, Nahrungsmitteln und Getränken läßt sich die Wirkung der Farbschwingungen auf uns nachweisen.

In der gezielten Therapie kann man Farben durch Bestrahlen mit Farblampen anwenden, das auf den ganzen Körper oder nur punktuell einwirkt. Das Auflegen von Farbfolien oder -tüchern auf Kraftzentren, das Aufkleben von Farbpunkten auf Akupunktur- und Akupressurpunkte, aber auch die Einnahme von farbbestrahltem Quellwasser oder bewußt gewählte Lebensmittel nach Farben gehören zur Farbtherapie.

Freies Farbenmalen (Ausdrucksmalen) oder das Visualisieren von Farben ergänzen die breite Therapie-Palette.

Musiktherapie – Reise zum eigenen Ich

Musik gehört in unsere Hausapotheke. Nach einem langen Tag können wohltuende Klänge inspirierend sein, Probleme werden ausgeglichen, Mißstimmung oder Stress weggezaubert. Streitigkeiten verwandeln sich durch Musik oft in ruhige und besinnliche Handlungen.

Töne, Klänge und Rhythmen wirken auf fast alle Körperfunktionen. Sie können Schmerzen lindern, Krankheiten heilen. Durch die Gefühle, die sie hervorrufen, werden Atmung, Verdauung oder Stoffwechsel beeinflußt. Musik bringt innere Harmonie, spendet neue Lebensenergie, unterstützt das Loslassen von Alltagssorgen. Die erlangte innere Ruhe und Ausgeglichenheit bringen Körper, Geist und Seele in die nötige Balance für ein Gesundbleiben.

Gefühlsstaus sind Störfelder, die den Körper und Geist blockieren. Mit Musik kann man sie lösen und damit Selbstvertrauen und Ausgewogenheit wachsen lassen. Seelische und organische Beschwerden lassen sich durch Musik besser in den Griff kriegen, ob es nun Schlafstörungen, Verstimmungen, Einsamkeit, Unzufriedenheit oder Liebeskummer sind.

Ein großer Vorteil der Musiktherapie ist, daß sie keine Nebenwirkungen aufweist. Durch sanfte, harmonische und warme Klänge läßt man sich in eine Welt voll Wärme, Liebe und Lebensfreude entführen. In einer verzauberten Atmosphäre entgleitet man in eine tiefe Form der Gelöstheit und Versunkenheit. Träumerische und gefühlsbetonte Musik erlaubt uns, Ruhe und innere Orientierung zu finden. Man öffnet sich der Gefühlswelt, löst sich aus dem Alltag und kommt zur Besinnung und Beruhigung sowie allgemeiner Entspannung.

Melodische Klaviermusik kann die Stimmung erhellen und die Kommunikation fördern. Sie wirkt entspannend und beruhigend, vermittelt harmonische Einheit und steckt mit guter Laune an. Sie öffnet den Horizont für Neues, die Gedanken werden auf Wesentliches gelenkt.

Trommelrhythmen wirken reinigend und energieaufladend. Die Sanftheit und Intensität der Trommelmusik lassen die Zeit stillstehen, sie begleiten auf eine Reise zum eigenen Ich.

Orgel- oder Panflötenmusik sind besonders als Meditationsmusik geeignet. Sie bringen die Stille und die Erkenntnis, daß wir in uns selbst alles finden können, was wir bisher außen suchten. Unendliche Ruhe und Harmonie kehren ein. Vermeintliche große Sorgen erscheinen plötzlich nichtig klein. Die Klänge verzaubern auf eine mystisch-magische Weise. Sie dringen tief in die Seele, öffnen das Herz, die Seele und das Gemüt und führen zur inneren Stille, Dankbarkeit und Hingabe.

Melodische Musik aktiviert die Kreativität, das Mitsingen rhythmischer Melodien steigert die richtige Atmung und damit auch die Energie, Mittanzen bringt den Kreislauf in Schwung.

Wer Einschlafprobleme mit sich herumträgt, sollte es mit der Musik von Bach oder Ravel versuchen. Sie hat positiven Einfluß auf Gesundheit und Seele, entspannt und beruhigt, hilft beim Einschlafen und schenkt uns gute Träume.

Beethovens Klavier-Variationen sollten Sie sich bei Gedächtnisschwäche anhören. Unterbrechungen der bekannten Melodien durch andere Musik zwingen unsere grauen Zellen, sehr schnell umzuschalten. Diese Musik ist hilfreich bei Konzentrations- und Gedächtnisschwäche.

In Lebenskrisen, wenn Sie sich schlecht fühlen oder traurig sind, können Chopin oder Mozart helfen, das Leben wieder zu bejahen. Diese Musik hebt die Stimmung, der verlorene Optimismus kehrt zurück.

Enttäuschung oder Liebeskummer, die zu einer depressiven Verstimmung und Traurigkeit führen, sind mit Musik besser zu heilen als mit Medikamenten oder Alkohol. Musik nimmt direkten Einfluß auf das Unterbewußtsein.

Wagner oder Gershwin tragen die Niedergeschlagenheit zu fröhlicheren Ufern.

Die Musiktherapie ist nicht nur ein Vergnügen, sondern eine ausgesprochen heilsame Sache. Es ist die tiefgreifende Wirkung auf Körper und Seele, die eine Höherentwicklung des Menschen ermöglicht.

Musik gibt uns das positive Gefühl von Stärke und Festigkeit, löst Zugehörigkeitsgefühle aus, gibt Antrieb zum Weitermachen, regt zum Nachdenken an, setzt Emotionen frei, stimmt glücklich. Verschlossenheit verwandelt sich in Offenheit, denn Musik führt zum Verständnis füreinander, gibt Hoffnung und macht offen für eine ganzheitliche Weltanschauung.

Tanz und Tanztherapie

Tanz ist eine hervorragende Form, um die Bewegungen und den Gefühlsausdruck in Einklang zu bringen. Durch Tanz können Sie die unmittelbaren Gefühle, den seelischen Zustand oder Konflikte ausdrücken. Dadurch kann Tanzen auch therapeutisch nützen.

In der Tanztherapie geht es nicht um künstlerische Formen, sondern um die sinnliche Hingabe an die Musik, das Spüren der Rhythmen und das Einsetzen von Bewegungen, die wir manchmal seit unserer Kindheit nicht mehr erlebt haben.

Tanz erlaubt uns, spielerisch Grenzen neu zu erkennen, diese zu überschreiten und dadurch Blockaden aufzulösen. Er gibt dem Körper das oft «vergessene» Gefühl der Ganzheit und der Einheit. Man wird beweglicher und ausdrucksfähiger.

Psychisch-emotionale Hemmungen werden durch Tanzen gesprengt, die seelische Empfindsamkeit wird aktiviert. Der seelische Zustand wird mit dem körperlichen Geschehen verschmolzen, verdrängte Gefühle können freigesetzt werden. Die Bewegungen lösen die Verspannungen, die Atemfähigkeit wird gesteigert und auch überschüssige Energie wird abgebaut.

Durch Tanz erlebt man eine intensive Zuwendung des Partners oder der Gruppe. Durch die suggestive Kraft des Tanzes und des Schauspiels können manche Konflikte gelöst oder körperlich erfahren werden.

Die Beteiligten aktivieren durch die Tanztherapie die menschlichen, gegenseitigen Beziehungen und Situationen, die auch sinnlich zu erleben sind. Das Erkennen von stereotypen Mustern motiviert uns, zu ganz neuen Formen des Umgangs zu finden und diese dann in unseren Alltag bewußt zu integrieren.

Die tiefgreifende Wirkung des Tanzes in der Kombination mit Musik wirkt sich nachhaltig auf die geistig-seelische Höherentwicklung des Menschen aus. Die Tanztherapie verstärkt das Körperempfinden und die eigene Identität.

Meditation

Meditation ist eine Reise nach innen, die eine tiefe Entspannung des Körpers und der Seele bewirkt und in der man alle negativen Gedanken und alle Sorgen loslassen kann. In der Zeit des Loslassens stellt sich die ursprüngliche Harmonie der Seele ein, die uns ein Gefühl der Ruhe, des Friedens und der Liebe vermittelt. Meditation kann aber auch ein Streben nach höherer geistiger und spiritueller Entwicklung sein.

Die Dauer des Meditierens dient dem Körper, der Seele und dem Geist zur Regeneration. Man entdeckt eine neue Dimension der Dinge, die einen beschäftigen. Es werden neue, frische Energien freigelegt, man kann auftanken.

Diese selbständige Erkundung des eigenen Innern führt zum Erleben und Deuten der körperlichen, wie seelischen Probleme, die vorher als unlösbar empfunden wurden. Sie werden nicht mehr verdrängt, sondern hervorgeholt, um sich damit auseinanderzusetzen.

Meditieren ist eine Suche nach sich selbst. Es gilt, sich den schönen, harmonischen, aber auch den problematischen Erfahrungen in unserem Leben zu stellen. Zudem kann die Distanz zur Realität die Selbstheilungskräfte aktivieren. Die Gedankenruhe und Verbindung zu eigenen schöpferischen Kräften offenbaren sich. Es beruhigt den Kreislauf, der Atem strömt natürlich, der Stoffwechsel wird günstig beeinflußt. Ein ruhiges, harmonisches Gefühl stellt sich ein, Spannungen lösen sich, positives Leben und kreatives Handeln werden gefördert.

Einfache, leicht praktizierbare Übungen lassen sich erlernen.

Ratschläge für eine erfolgreiche Meditation

Suchen Sie sich einen ruhigen Platz aus, stellen Sie Radio, Telefon und Klingel ab, so daß Sie völlig ungestört sind.

Meditieren kann man zu jeder Zeit. Es empfiehlt sich aber, immer zur gleichen Stunde, am besten morgens oder abends, die Übungen durchzuführen.

Sie sollten sich dabei bequem, ruhig und aufrecht hinsetzen, doch auch im Liegen ist meditieren möglich. Dabei besteht allerdings die Gefahr des Einschlafens.

Zu Beginn kann Müdigkeit auftreten, da der Organismus überlastet und noch nicht auf die Meditation eingestellt ist. Die Überwindung dieser Phase gelingt am besten, wenn man sich weiterhin auf den Meditationsinhalt konzentriert.

Während der Meditation können Bilder, Farben oder Lichter gesehen oder feine Energien gespürt werden, die Gedanken kommen und gehen. Diese Ereignisse sind als Durchgangsstadien zu bezeichnen, sie sind etwas völlig Natürliches.

Die beste Garantie für eine gute Meditation ist die eigene Motivation. Sich ein positives Ziel setzen und positive Mittel anzuwenden, dies ermöglicht uns, den Verlauf und das Ergebnis des Meditierens positiv zu erfahren.

Nachdem Sie sich bequem und aufrecht hingesetzt und für eine ungestörte Umgebung gesorgt haben, schließen Sie nun die Augen und atmen tief durch den ganzen Körper ein und aus.

Benützen Sie Ihre Phantasie, und stellen Sie sich eine schöne Landschaft, eine Farbe oder ein Licht vor. Lassen Sie die Gedanken frei fließen, und versuchen Sie nicht, diese krampfhaft loszuwerden. Meditation besteht aus einem aktiven und einem passiven Teil. Der aktive Teil bedeutet Konzentration, der passive besteht aus Offenheit und Bereitschaft, dem Leben direkt zu begegnen.

Richten Sie Ihre Aufmerksamkeit nun nach innen. Beobachten Sie Ihren Atem, achten Sie auf den dunklen Raum, der bei geschlossenen Augen entsteht. Das Konzentrieren auf eine Sache ist schwierig. Es werden sich am Anfang immer wieder alle möglichen Gedanken dazwischen drängen. Vertreiben Sie sie nicht, lassen Sie sie vorbeiziehen wie Vögel am Himmel. Sie sind wie ein außenstehender Beobachter. Richten Sie aber Ihre Aufmerksamkeit immer wieder bewußt auf Ihren Atem oder den dunklen Raum. *Sie* sollen bestimmen, nicht Ihre Gedanken. So werden Sie der Meister sein.

Gönnen Sie sich eine Zeit der Gewöhnung. Sie müssen zuerst lernen, mit sich selbst und nur mit sich selbst zu sein. Erlernen Sie, Ihre Konzentrationsfähigkeit zu verlängern.

Nach einigen Minuten, anfangs sind es vielleicht zehn, später dann dreißig, atmen Sie wieder tief durch, reiben Sie die Handflächen aneinander und legen Sie die warmen Hände auf die Augen. Öffnen Sie nun die Augen wieder.

In der Meditation geht es um die direkte Erfahrung des Lebens. Ihr Ziel kann der Entspannung dienen oder auch die Lösungen eines Problems aufzeigen, denn alle Lösungen sind in uns selbst.

Durch das Meditieren werden unsere Gedanken geordnet, das Wichtige von Unwichtigem getrennt, plötzlich sehen wir klar.

Es geschieht oft, daß wenn wir uns am Abend eines Problems bewußt werden und uns am nächsten Morgen die Lösung dazu einfällt. So kann man im weitesten Sinne auch den Schlaf als eine Art Meditation auffassen.

Die Meditation ist eine Zuwendung zum Leben und trägt zur Gesundheit, Kraft und Lebensfreude bei.

Sie werden völlig entspannt sein, mit mehr Kraft, Energie und Gelassenheit in den Tag gehen und die bevorstehenden Aufgaben mit Leichtigkeit und Liebe erfüllen.

Kurzfassung des Übungsablaufes

- Alle Störfaktoren ausschalten
- Lüften Sie den Raum
- Machen Sie ein paar leichte Dehn- und Streckübungen
- Setzen Sie sich entspannt und aufrecht hin
- Schließen Sie die Augen
- Atmen Sie tief ein und aus
- Stellen Sie sich etwas vor, auf das Sie sich dann konzentrieren
- Spüren Sie Ihren Körper, Ihren Atem bewußt
- Verdrängen Sie Ihre Gedanken nicht, lassen Sie sie frei vorbeiziehen, kehren Sie jedoch immer wieder zu Ihrem Konzentrationsobjekt zurück
- Beobachten Sie die Empfindung und Wirkung der Übung
- Konzentrieren Sie sich, atmen Sie tief durch
- Reiben Sie Ihre Hände warm, und legen Sie sie auf die Augen
- Tief durchatmen und die Augen öffnen

Yoga – Ein Weg zum inneren Frieden

Yoga ist ein sehr wirksames Mittel gegen die Belastungen unseres Alltags. Es ist ein Weg zum Erwecken des Körperbewußtseins und ist durch Beherrschung, Disziplin, Konzentration und Meditation gekennzeichnet.

Yoga strebt die Vereinigung von Körper, Seele und Geist an und erzielt dadurch ein Gleichgewicht und Gesundheit. Es vereint Anspannungs- und Entspannungstechniken, Atemübungen und Konzentrationssteigerung.

Durch eine bewußte Ernährung, die richtige Lebenseinstellung und die Yoga-Übungen befreit man den Körper von Verspannungen, beschleunigt die Ausscheidung der Körpergifte und baut Blockaden ab. All das schwingt den Körper in einen harmonischen Zustand, balanciert die Yin- und Yangkräfte aus, bringt eine geistige Sammlung.

Yoga ist eine ganzheitliche Methode, die die ganze Persönlichkeit berücksichtigt und ein gesundes Gleichgewicht, sowohl körperlich wie auch geistig, mit sich bringt.

Das Ursprungsland ist Indien, wo Yoga durch strenge Lebensregeln und vegetarische Nahrungweise unterstützt wird. Durch lebenslanges Üben lernt man, den Geist und die Seele zu beruhigen, innere Einheit zu finden und Probleme gelassen zu bewältigen. Es vereinigt gleichzeitig Wissenschaft, Philosophie und Kunst.

Durch Yoga wird der Körper gelenkiger, Bewegungen werden geschmeidiger und die Leistungsfähigkeit wird gesteigert. Es gibt dem Geist Energie und Konzentrationsfähigkeit und stärkt außerdem die Willenskraft. Yoga führt zum inneren Frieden und zur Entspannung. Es ist ein Weg zur erfolgreichen Weiterentwicklung.

Gedächtnis- und Konzentrationstraining

Sie sind zu jung, um alt zu sein! Unser Gehirn ist wie ein Kraftwerk, das jeden Tag genutzt werden will und soll. Das Denken verlangt Sauerstoff und Blutzucker. Die Funktionsfähigkeit des Gehirns hängt deshalb von der richtigen Ernährung und einer gesunden Lebensweise sowie vom geistigen Training ab.

Vieles liegt in unseren Händen. Manchmal ist es die mangelnde Bereitschaft, sich zu konzentrieren, manchmal Bequemlichkeit, die unser Gedächtnis verkümmern lassen. Es ist einfacher, das Telefonbuch aufzuklappen und eine «vergessene» Nummer herauszusuchen, als zu versuchen, sich zu erinnern. Auch Mangel an Phantasie läßt uns nur einen kleinen Teil unserer geistigen Fähigkeiten nutzen.

Oder gebrauchen Sie immer, wenn es geht, außer dem visuellen Gedächtnis auch das akustische? Sprechen Sie das, was Sie denken, laut aus? Nein? Doch dies wäre gerade eine gute Gedächtnishilfe, denn in Worte gefaßte Gedanken bleiben länger im Gedächtnis haften. Auch kurze Notizen helfen weiter. Zuerst alle Termine, Besorgungen, Telefonate, Treffpunkte vorplanen, im nachhinein auch aufschreiben, was wir erledigt haben.

Hirntraining soll jedoch nicht als Leistungssport verstanden werden. Ganz im Gegenteil, wir gehen entspannt und spielerisch vor. Beim Gedächtnistraining sind drei Punkte sehr wichtig:

1. Lernen Sie, aufmerksam zu sein. Beachten Sie die vielen Einzelheiten, die Sie bisher nicht interessiert haben oder die Ihnen nicht aufgefallen sind, und prägen Sie sich diese gut ein. Seien Sie neugierig, beobachten und erforschen Sie alles Neue.

2. Die aufgenommenen Informationen richtig «ablegen». Dies geschieht sehr individuell und hängt stark von den Gefühlen ab. Verschiedene Methoden wie Eselsbrücken und einfache, jedoch wirksame Memotechniken helfen weiter. Es können Kartotheken, Tonbandaufnahmen und vieles mehr sein, mit Hilfe derer man die Informationen, die man behalten möchte, ablegen kann. Sich nicht an etwas zu erinnern bedeutet manchmal aber auch, etwas gezielt zu vergessen.

3. Die Abfrage einer gespeicherten Information ist vor allem von einer geordneten Ablage abhängig. In einem übersichtlichen Ordner findet sich das Gesuchte schneller als in einem Chaos von losen Papierblättern. Das gleiche gilt für geistige Informationen. Die Abfrage funktioniert besser, wenn man entspannt ist und sich wohl fühlt.

Ein ausgeglichenes Leben beinhaltet auch ein gutes Gedächtnis. Und das benötigt viel Sauerstoff, um optimal arbeiten zu können. Lernen Sie wieder, richtig zu atmen. Ruhe und Schlaf sind für ein gutes Gedächtnis ebenfalls unentbehrlich. Auch Kalzium, Magnesium und Phosphor braucht das Gehirn, deshalb bewirken Nahrungsmittel wie Weizenkeime, Petersilie, Joghurt und Blütenpollen wahre Wunder. Ginkgo und Ginsengpräparate regen ebenfalls Ihr Gedächtnis an.

Trainieren Sie Bereiche, die im täglichen Leben eine große Bedeutung haben. Das können Namen, Worte, Begriffe, Zahlen, Situationen oder allgemeine Abläufe sein, vernachlässigen Sie dabei aber nicht Ihr Gedächtnis für Farben und Formen.

Sie können sich selbst einfache Übungen ausdenken und sie allein, mit Ihrer Freundin, der Familie, dem Partner oder den Kindern ausprobieren. Es macht Spaß und hilft Ihrem Gedächtnis auf die Sprünge.

Einige Trainingsbeispiele

Schneiden Sie aus einem Heft verschiedene Gesichter aus. Kleben Sie diese auf Kärtchen, und schreiben Sie darunter verschiedene Vor- und Nachnamen. Betrachten Sie die Karten, und versuchen Sie, sich alles einzuprägen. Legen Sie die Karten nach einer Minute weg, und machen Sie eine kurze Pause. Jetzt soll Ihr Mitspieler die Namen abdecken, so daß Sie nur die Gesichter sehen können. Gelingt es Ihnen noch, die richtigen Namen den entsprechenden Gesichtern zuzuordnen?

Als Variante notieren Sie ein paar Namen mit verschiedenen Personenbeschreibungen auf ein Blatt Papier (z.B. Herr Meier ist Monteur in einer Autowerkstatt; Frl. Pfister ist 20 Jahre alt und Asthmatikerin usw.). Schreiben Sie nun die Namen ohne nähere Bezeichnungen auf ein anderes Blatt. Schauen Sie sich die vollständigen Beschreibungen zwei Minuten lang sorgfältig an. Nach einer kurzen Pause können Sie dann versuchen, das zweite Blatt zu vervollständigen.

Das Zahlen- oder Datengedächtnis ist auf ähnliche Weise trainierbar. Notieren Sie sich zehn verschiedene Zahlenreihenfolgen (Telefonnummern, Datum, Geldbetrag, Zeit u.a.), prägen Sie sich diese während zweier Minuten gut ein. Anschließend versuchen Sie, diese Zahlen auf einem anderen Blatt auswendig aufzuschreiben. Wieviele sind noch in Ihrem Gedächtnis gespeichert?

Formen und Farben lassen sich gut anhand von Verkehrszeichen üben. Suchen Sie sich zehn Symbole aus, prägen Sie sich diese eine Minute lang ein und notieren Sie sie. Danach mischen Sie die ausgewählten Symbole unter alle anderen. Suchen Sie die zehn richtigen heraus!

Als weitere Übung schneiden Sie aus Zeitschriften ein paar abstrakte oder geometrische Figuren aus. Legen sie eine davon vor sich hin, und betrachten Sie diese zwei Minuten lang. Legen Sie sie weg, und versuchen Sie jetzt, diese getreu nachzuzeichnen.

Das Training unseres Wortgedächtnisses ist am wirkungsvollsten, wenn Sie sich 10 Wörter ohne Sinn (z.B. «krat, fles, plurp») notieren. Diese Wörter sollten Sie innerhalb von einer Minute auswendig lernen. Anschließend schreiben Sie alle, die Sie noch wissen, auf. Die Anzahl der Aufgaben können Sie beliebig steigern.

Beim Situationstraining versuchen Sie, sich verschiedene Handlungsabläufe in der Caffeteria, beim Friseur oder auf der Straße einzuprägen. Wenn Sie zu Hause sind, schreiben Sie diese möglichst getreu auf oder sprechen Sie das Erlebte auf Tonband.

Es gibt unzählige andere Spiele, die das Gedächtnis und die Konzentration fördern. Sie können solche kaufen oder selbst erfinden. Wichtig dabei ist es, sie regelmäßig zu benützen, so oft wie möglich zu spielen, denn die grauen Hirnzellen wollen angeregt werden und arbeiten.

Wer sein Gehirn regelmäßig trainiert, der wird auch im hohen Alter keine nennenswerten Gedächtnisprobleme haben.

Naturheil-Therapien

Homöopathische Apotheke

Das homöopathische Prinzip war schon dem griechischen Arzt Hippokrates und dem Schweizer Arzt Paracelsus bekannt. Die Homöopathie als medizinisches System geht zurück auf Samuel Hahnemann (1755 – 1843), einen deutschen Arzt, der, mit den medizinischen Resultaten nicht zufrieden, nach anderen Heilmethoden suchte, die schonend helfen sollten.

Bei seinen Übersetzungen medizinischer Bücher stieß Hahnemann auf die Behauptung von Dr. Cullen, daß Malaria durch Chinarinde heilbar sei. So experimentierte Hahnemann selbst mit Chinarinde, indem er sie tagelang einnahm. Tatsächlich spürte er bald alle Symptome der Malaria. Dadurch machte er die Erfahrung, daß ein Medikament, das heilt, bei einem gesunden Organismus Symptome der entsprechenden Krankheit hervorruft. Das war der Grundstein der Homöopathie.

Die Homöopathie behandelt den ganzen Menschen, unter Berücksichtigung der individuellen Verfassung. Aus diesem Grunde können zwei Patienten mit derselben Krankheit durchaus verschiedene Mittel bekommen.

Beschwerden in den Wechseljahren sind homöopathisch gesehen Ausdruck

einer Gleichgewichtsstörung, ob körperlich, seelisch oder geistig. Das Prinzip der Homöopathie ist «ähnliches durch ähnliches heilen». Je verdünnter das Mittel, desto tiefgreifender seine Wirksamkeit (Potenz) und Heilkraft. Die Verdünnung und Verschüttelung verstärken den Heileffekt. Die gebräuchlichsten Potenzierungsarten sind:

D – Potenzen (10x verdünnt)
C – Potenzen (100x verdünnt)

Die homöopathischen Mittel sind in Form von Tropfen, Tabletten und Globuli (Kügelchen) erhältlich.

Durch unsachgemäße Anwendung können schwerwiegende Störungen auftreten, lassen Sie sich immer nur durch gut ausgebildete Personen beraten, da Homöopathie ein genaues Studium des Patienten mit seiner individuellen Verhaltensweise erfordert. Nur so kann für die betreffende Person ein passendes, richtiges Mittel gefunden werden. Gute Beratung ist vor allem bei chronischen Beschwerden angezeigt.

Die richtige Dosierung (Erwachsene)

	5 – 10 Globuli
oder	5 – 10 Tropfen
oder	1 – 2 Tabletten

Um die beste Wirksamkeit zu erzielen, ist es empfehlenswert, das Mittel im Mund zergehen zu lassen und noch ca. 1 Minute nicht herunterzuschlucken, da es durch die Mundschleimhaut aufgenommen wird. Die Einnahme sollte nicht direkt nach dem Essen, Trinken, Rauchen oder Zähneputzen geschehen.

Bei einer homöopathischen Behandlung ist es wichtig, das richtige Mittel zu finden, die Wahl der Potenz ist zweitrangig.

Verstärken sich zu Beginn der Behandlung die Symptome, ist dies positiv zu werten; das Mittel provoziert den Organismus zur Selbstheilung.

Nachfolgend erhalten Sie einen Überblick einiger homöopathischer Heilmittel, die den jeweiligen Beschwerden zugeordnet sind. Dies ist nicht als Selbstmedikation zu empfehlen. Homöopathie gehört in die Hände einer Fachperson.

Wie finde ich das richtige Mittel?

Fragen Sie sich:
1. Seit wann habe ich Beschwerden?
2. Wo befinden sich die Beschwerden?
3. Wie wirken sich die Beschwerden aus?
4. Wodurch werden die Beschwerden verbessert oder verschlechtert?

Alterungsprobleme	
– Arnica	bei Zerschlagenheit, Beklemmungsgefühl am Herzen
– Silicea	Mangel an Lebenswärme, Unentschlossenheit, fehlendes Selbstvertrauen
Angst, Depression	
– Arsenicum album	Angst vor dem Alleinsein, Erschöpfung
– Cimicifuga	Depression, innere Unruhe, Trauer
– Sepia	Klimakterische Depression
Aufbau nach einer Krankheit, bei Müdigkeit, Erschöpfung	
– Argentum nitricum	Sorge, Überarbeitung, Ängste vor Krankheiten oder bevorstehenden Ereignissen
– Kalium phos.	Erschöpfung, Rekonvaleszenz, Sorgen, Aufregung, Gedächtnisschwäche
– Moschus	nervliche Erschöpfung
– Silicea	Mangel an Selbstvertrauen und Lebenswärme, Nachgiebigkeit
Blasenbeschwerden	
– Cantharis	brennende Schmerzen, andauernder Harndrang
– Pulsatilla	häufiges, auch unwillkürliches Wasserlassen (Lachen, Husten), Reizblase
– Sepia	Senkungsgefühl der Blase
Cremiger Ausfluß	
– Graphites	gelbliches, klebriges Sekret
– Pulsatilla	dickes, grüngelbliches, mildes Sekret
Frauenbeschwerden in den Wechseljahren	
– Aconitum	Angst, Unruhe mit Angst, körperliche und geistige Unruhe

– Ignatia	Depression, Schlaflosigkeit, Herzklopfen, wechselhafte Stimmungen
– Lachesis	Hitzewallungen
– Sepia	vaginale Trockenheit, Gebärmuttersenkung, Hitzewallungen, Depression
Harndrang	
– Berberis	häufiger Harndrang mit brennenden Schmerzen, Übersäuerung
– Causticum	Harninkontinenz (Unfähigkeit, den Harn zu halten)
Herz- und Kreislaufbeschwerden	
– Arnica	Herzstechen, Schwindel, Ohrensausen
– Cactus grandiflorus	seelisch-nervöse Ursachen, Stress, Herzklopfen, tiefer Blutdruck, introvertierter Charakter, Kreislaufprobleme, Herzrhythmusstörungen in der Menopause
– Nux vomica	nervöse Spannung, hoher Blutdruck, Tendenz zur Sucht (Alkohol, Kaffee, Rauchen usw.)
Hitzewallungen	
– Belladonna	plötzliche Hitze, heißer Kopf, Schweiß
– Sambucus nigra	Nachtschweiß
– Sepia	Schweißausbrüche
– Silicea	abnormes Schwitzen (kalt) an Kopf und Füßen
– Sulfur	heiße Haut, unangenehmer Geruch
Juckreiz	
– Caladium seguinum	Juckreiz bei Scheiden- und äußeren Geschlechtsteilen
– Kreosotum	äußere Geschlechtsteile, juckende Rötung
– Mezereum	stark juckende Hautentzündungen, Hautausschläge mit Bläschen

– Platinum metallicum – Urtica urens	äußere Geschlechtsteile, juckende Rötung Hautausschläge, Juckreiz
Kopfschmerzen und Migräne	
– Acidum nitricum	Hinterkopf-Schmerzen
– Acidum picr.	Kopfschmerzen im Stirnbereich
– Belladonna	kolikartige Kopfschmerzen,
– Cocculus	Migräne, Übelkeit
– Coffea	Kopfschmerzen und Harnflut, Nervosität
– Eupatorium perfoliatum	rechtsseitige Migräne
– Ignatia	krampfartiger Kopfschmerz
– Niccolum sulf.	nervöse Kopfschmerzen mit Verdauungsschwäche
– Nux vomica	Kopfschmerzen mit Magenbeschwerden
– Silicea	chronische Kopfschmerzen als Folge von Sinusitis
Leber- und Gallenstörungen	
– Cardus marianus	Schmerzen, Koliken, Übelkeit, harter Stuhl
– Chelidonium majus	Anregung von Leber und Galle, Leberdruck, Schmerzen, Ausstrahlung in rechte Schulter
– Lycopodium	chronische Leberfunktionsstörung, Völlegefühl
– Magnesium sulf.	Krämpfe, Koliken, Widerwille gegen fette Nahrung
– Taraxacum officinale	Anregung der Gallenproduktion
Magen- und Darmbeschwerden	
– Cocculus	Reisebeschwerden mit Erbrechen
– Momordica bals.	Darmkoliken, Blähungen
– Natrium phos.	Magenübersäuerung
– Natrium carb.	Blähungskoliken
– Nux vomica	Sodbrennen, Übelkeit, Beschwerden durch verdorbenes Essen, Darmkoliken, Hämorrhoiden
– Veratrum album	Brechdurchfall mit Kreislaufschwäche

Nervosität und Schlafstörungen	
– Acidum phos.	Erschöpfung, Kummer, Schwindel
– Arsenicum album	Ruhelosigkeit, Angst um eigene Gesundheit
– Avena sativa	Nerven, Schlafstörungen, Erschöpfung
– Castoreum	Nervosität
– Cimicifuga	Trauer, Schwermut, Unruhe, Angst, Platzangst, Launenhaftigkeit
– Ignatia	Kummer, Verlust geliebter Menschen, Weinen
– Kalium phos.	Nervöse Erschöpfung, geistige Überanstrengung
– Nux vomica	Gereiztheit, Aggressivität, Streitsucht
– Zincum valerianicum	nervöse Schlaflosigkeit
Nieren- und Blasenbeschwerden	
– Cantharis	Entzündungen der Harnwege mit Brennen, Blasenentzündung
– Kalium carbonicum	Schließmuskelschwäche der Harnblase
– Lycopodium	erhöhte Harnsäurewerte
– Murex purpureus	ständiger Harndrang
– Petroselinum sativum	Reizung oder chronische Entzündung der Blase
– Plantago major	unwillkürlicher Harnabgang, Reizblase
– Pulsatilla	Blasenbeschwerden, konstanter Harndrang
– Sepia	Blasensenkungsgefühl
Osteoporose	
– Calcium carb.	Kalziumverwertungsstörung
– Calcium phos.	langsam heilende Knochenbrüche
– Pulsatilla	Hormonsystemstörungen

Rheuma und Arthrose	
– Acidum formicicum	Gelenkbeschwerden, Gelenkabnutzung
– Bryonia	Gicht, Bewegungsschmerzen
– Cimicifuga racemosa	Gelenk- und Muskelrheuma, Kreuz- und Hüftschmerzen
– Guajacum offic.	rheum. Gelenkentzündung
– Ledum palustre	rheum. Schmerzen in Fußsohle und Knöchel
– Lycopodium	Gicht
– Rhus tox.	Muskel- und Gelenkrheumatismus
Scheidenpilze	
Candida:	
– Berberis vulg.	Juckreiz, Bläschen
– Graphites	rissiger, juckender Hautausschlag, nässendes und gelblich-klebriges Sekret
– Natrium muriaticum	Ausschläge
– Pulsatilla	dicke, grün-gelbliche, milde Absonderung
– Sepia	juckende, trockene, bläschenartige Hautausschläge
Schlaflosigkeit	
– Arnika	Erschöpfung, Gereiztheit
– Arsenicum album	Unruhe, Erschöpfung, Angst vor dem Alleinsein
– Cimicifuga	Platzangst, geistige Überanstrengung, Depression
– Coffea	Nervosität, Ruhelosigkeit, nicht abschalten können
– Kalium phos.	Nervöse Erschöpfung, geistige Überanstrengung, Schwindel
– Nux vomica	Aggressivität, Überempfindlichkeit
– Pulsatilla	launisch, weinerlich
– Silicea	unentschlossen, ängstlich, reizbar
– Sulfur	häufiges Aufwachen

Schwere Menstruation	
– Belladonna	stark, hellrot, kalte Füße, heißer Kopf
– Calcium carb.	zu starke Monatsblutung
– Cimicifuga	schmerzhaft, unregelmäßig, stark
– Kreosotum	zu starke oder zu lang dauernde Monatsblutung
Schwindel	
– Glonoinum	starkes Herzklopfen, Angstgefühle
– Kalium phos.	nerv. Schwindel, Erschöpfung, Schwäche
Sexuelle Probleme	
Kein Vergnügen:	
– Sepia	Abneigung gegen Sex
Schmerzen:	
– Argentum nitricum	splitterartige Schmerzen
– Platinum metallicum	Reizung der Eierstöcke, PMS
– Sepia	Schmerzen beim Geschlechtsverkehr
Brennen:	
– Kreosotum	Brennen und Juckreiz, Rötung äußerer Geschlechtsteile
– Lycopodium	erhöhte Harnsäurewerte
– Sulfur	Jucken, Brennen
Stimmungs- und Gefühlsschwankungen	
– Ambra grisea	Launenhaftigkeit, Melancholie
– Cimicifuga	Schwermut, Angst, Nervosität
– Graphites	ängstlich, weinerlich
– Phosphorus	Angst vor dem Alleinsein, Gereiztheit, Melancholie
Stoffwechselstörungen	
– Acidum benzoicum	Gicht, Schuppenflechte
– Calcium carb.	Kalziumverwertungsstörung
– Calcium fluor.	Gichtknoten in den Gelenken

– Graphites	Übergewicht, Verstopfung, Hautausschläge
– Lycopus virg.	Schilddrüsen-Überfunktion
– Silicea	Heißhunger, abnormes Schwitzen
Trockene Haut	
– Arsenicum album	Hauterkrankungen
– Belladonna	akute Entzündungen
– Bryonia	trockene Schleimhäute, rissige Lippen
– Chamomilla	chron. Wundsein
Übergewicht	
– Calcium carb.	Dickleibigkeit, schlaffes Gewebe
– Fucus vesiculosis	Überfunktion der Schilddrüse, Übergewicht
– Graphites	krankhaftes Übergewicht, Verstopfung, Trägheit
– Lycopodium	aufgebläht, saures Aufstoßen, Heißhunger (nachts)
– Pulsatilla	Verdauungsbeschwerden
Unwillkürlicher Harnabgang	
– Apis	Blasenentzündung
– Belladonna	akute Entzündungen
– Dulcamara	schmerzhaftes Wasserlassen
– Pulsatilla	Schleimhautabsonderungen, Blasenbeschwerden
Vergeßlichkeit (Gedächtnisschwäche)	
– Calcium carb.	Erschöpfung
– Lachesis	Ruhelosigkeit
– Lycopodium	schlechtes Gedächtnis
– Phosphorus	schnelle Erschöpfung, Schlafstörungen, Überarbeitung

Phytotherapie (Pflanzenheiltherapie)

Sie gehört zu den ältesten Heilmethoden. Das traditionelle Wissen um die Pflanzen und ihre Heilkräfte ist von einer Generation zur nächsten weitergegeben worden und so lebendig geblieben.

Schon im 4. Jahrtausend v. Chr. haben die Ägypter die Heilkräfte der Pflanzen gekannt und diese nicht nur zum Heilen von Krankheiten, sondern auch als vorbeugende Maßnahmen eingesetzt. Die Griechen ließen die antike Pflanzenheilkunde nicht in Vergessenheit geraten, und schon im 1. Jahrhundert erschien ein umfassendes Arzneimittellehrbuch. Im Mittelalter waren es vor allem die Klöster, die die Tradition der Pflanzenheilkunde bewahrten und fortsetzten.

Mit der Herstellung synthetischer Medikamente geriet die Phytotherapie in Vergessenheit. Dank dem wachsenden Gesundheitsbewußtsein erlebt die Naturheilkunde heute aber erneut einen Aufschwung.

Was ist Phytotherapie?

Es ist die Lehre der Verwendung von Pflanzen und Kräutern zu Heilzwecken (griech: phyton = Pflanze, therapeia = Heilbehandlung). Sie kann die Schulmedizin nicht ersetzen, wohl aber unterstützen und ergänzen. Gerade die vorbeugenden Maßnahmen ersparen manche Behandlung einer Krankheit.

In der Pflanzenheilkunde betrachtet man die Ganzheitlichkeit, und zwar die des Menschen wie auch die der Pflanze.

Die Mittel werden ganz individuell dem Patienten angepaßt. Die Pflanzen haben ein breitgefächertes Wirkungsfeld. Sie können lindern, regulieren, beruhigen, regenerieren, aktivieren, beleben, unterstützen, stärken, fördern, kräftigen, Schmerz lindern und Entzündungen hemmen oder ganz einfach erfrischen.

Die Pflanzenpräparate wirken langsamer als chemische Medikamente, dafür aktivieren sie alle körpereigenen Heilkräfte.

Sie sind aber nicht immer ungefährlich, wie man annehmen könnte. Eine unkontrollierte Eigenmedikation kann mehr Schaden als Nutzen anrichten und zu unerwünschten Nebenwirkungen führen.

Um eine risikoarme Anwendung zu erreichen, ist eine gute Beratung über die Art, Dosierung und Dauer durch einen guten Therapeuten unbedingt erforderlich.

Anwendungsformen

Auszüge	
wässrige alkoholische	Tees, Extrakte Tinkturen

Wässrige Auszüge können als Aufguß, Abkochung oder Kaltauszug verwendet werden.

Für Tees werden verschiedene Pflanzenteile gebraucht. Für die Qualität ist die Dosierung, Flüssigkeitsmenge, Temperatur und Zeit von großer Bedeutung.

Auch die Zerkleinerung spielt eine erhebliche Rolle. Eine fein zerkleinerte Pflanze ergibt eine bessere Inhaltsstoffwirkung als eine grob gehackte.

Extrakte sind Pflanzenauszüge, die konzentriert und eingedickt werden.

Eine Tinktur entsteht aus pulverisierten Pflanzenteilen, die im Alkohol eingeweicht werden. Sie sollen in einer dunklen Flasche und gut verschlossen aufbewahrt werden.

Aufguß

Er entsteht durch das Übergießen der Pflanze mit kochendem Wasser, des Ziehenlassen während ca. 15 Minuten und durch nachträgliches Sieben und sollte warm getrunken werden.

Verwendet werden dabei Ganzpflanzen, Blätter oder Blüten.

Abkochung

Die Abkochung ist das Ansetzen der Pflanze mit kaltem Wasser, das dann zum Sieden gebracht wird. Ein paar Minuten stehen lassen, sieben und trinken. Verwendet werden Wurzeln, Rinde, Hölzer. Kein Aluminiumgefäß gebrauchen!

Aufguß oder Abkochung ohne Beratung nicht länger als 1 Woche einnehmen.

Kaltauszug

Bei dieser Methode wird die zerkleinerte Pflanze mit kaltem Wasser übergossen und 10-12 Stunden stehen gelassen. Anschließend sieben, kalt oder warm trinken.

Elixier

Das ist eine Weingeist-Tinktur, die Extrakte, ätherische Öle oder Zucker beinhaltet.

Sirup

Ist eine Zuckerlösung, der Auszüge beigefügt werden.

Salben

Für Salben werden Kräuter mit Bienenwachs, Vaseline, Öl, Fett oder Glyzerin gemischt. Sie dienen zur äußerlichen Anwendung.

Cremes sind Salben mit einem größeren Wassergehalt, die die Weichheit der Haut garantieren.

Für Pasten verwendet man Salben mit aufgeschwemmten, pulverförmigen Anteilen.

Kapseln

Bestehen aus Gelatinehülsen, die mit Kräutern, Pflanzensaft oder Pflanzenöl gefüllt sind.

Kräuterkompressen

Die Kompressen tränkt man in einen heißen Aufguß oder Absud aus Pflanzen und Kräutern.

Für Umschläge verwendet man frische Kräuter, die direkt aufgelegt werden.

(Detaillierte Beschreibung im Kapitel über Wickel)

Ätherische Öle

Diese werden gerne für Massagen benutzt, zur Inhalation, für Kompressen, als Badezusätze, zum Gurgeln, in Duftlampen oder als Gesichts- und Körperöle zum Einreiben.

(Ausführliche Anwendungen im Kapitel über Aromatherapie)

Kräuter für die Gesundheit	
Angstzustände, Unruhe, depressive Zustände	Echtes Johanniskraut als Tee oder Frischsaft (Kneipp Johanniskraut Pflanzensaft) oder als Hyperforat Dragées (Fa.Klein). Auch Johanniskrautöl ist eine gebräuchliche Anwendung (innerlich und äußerlich). Um ein optimales Resultat zu erzielen, ist eine Anwendungszeit von 2 – 3 Monaten zu empfehlen. Während dieser Zeit soll man sich nicht einer intensiven Sonnenbestrahlung aussetzen. Oft wird Johanniskraut mit Raufwolfia Gesamtextrakt und Hopfen kombiniert. Zubereitungsformen: *Herba Hyperici* (blühende oberirdische Pflanzenteile von Johanniskraut) 1 – 2 TL auf 1 Tasse Wasser als Aufguß. Regelmäßig morgens und abends 1 – 2 Tassen trinken. *Extrakt Hyperici fluidum* (Pflanzenauszug) 3 x täglich 5 Tropfen, steigern bis auf 10 Tropfen, 3 Wochen lang. *Oleum Hyperici* (Johanniskraut-Öl) 2 – 3 x täglich 1 TL. Herzgespann als Tee aus dem Kraut. 2 TL auf 1 Tasse heiß überbrühen, morgens und abends 1 Tasse trinken. Soll über Monate angewandt werden. Eine Kombination mit Convallaria und Melisse ist zweckmäßig. Herb. Leonur. card. Herb. Convallar. Fol. Melissae ca. 100,0 2 TL auf 1 Tasse als Aufguß. Regelmäßig morgens und abends 1 Tasse einige Wochen lang trinken. Lavendel als Badezusatz

	Melisse als Tee aus den Blättern. 2 – 3 TL auf 1 Tasse Wasser, kochend übergießen und 15 Min. ziehen lassen. Morgens und vor allem abends vor dem Schlafengehen trinken. Mit etwas Honig süßen. Passionsblume Fertigpräparate (zum Einschlafen und zur Beruhigung)
Blähungen	Bärlauch als Tee – Kraut nur mit heißem Wasser überbrühen, nicht kochen! Fenchel als Tee Kümmel als Tee
Blasenentzündung, Harnwegbeschwerden	Brennessel als Tee. 1 TL Kraut mit 1 Tasse Wasser 5 Min. kochen, 3 Tassen täglich trinken. Brennesselsaft (Kneipp) 3 x täglich 1 EL, während 4 – 6 Wochen. Kamille als Tee Preiselbeerblätter als Tee
Blutdruck (hoch)	Rauwolfia Mistel wirkt blutdrucksenkend und herzwirksam für längere, kurmäßige Behandlungen. Tee aus Mistelkraut, Weißdorn und Melisse zu gleichen Teilen mischen, 2 TL davon mit 1 Tasse Wasser überbrühen, 5 – 10 Min. ziehen lassen, morgens und abends warm und schluckweise trinken.
(niedrig)	Rosmarin als Tee

Depression	Echtes Johanniskraut (Beschreibung unter Angstzustände)
Durchblutungs-störungen	Ginkgo, Knoblauch, Raute, Rosmarin, Roßkastanie
Frauenleiden	krampflösend – Gänsefingerkraut, Kamille, Pestwurz, Pfefferminze, Zitronenmelisse Ausfluß – Frauenmantel, Salbei, Silbermantel starke Blutungen – Blutwurz, Gänsefingerkraut, Hirtentäschel, Schafgarbe, Zimt
Herzbeschwerden	Arnika bei akuten Schwächezuständen des Herzens (kurzfristig). Tinktur 5 – 10 Tropfen mit etwas warmem Wasser verdünnt einnehmen. Arnitaegus-Tropfen oder -Dragées (Kreussler) Herzgespann als Tee 2 TL Kraut auf 1 Tasse Wasser heiß überbrühen, morgens und abends 1 Tasse trinken. Auch als Kombinationspräparate (Cardisetten-Brenner, Alpirsbach) mehrmals am Tag 1 – 2 Stück. Mistel (Anwendung siehe Blutdruck hoch)
Herzklopfen	echter Baldrian
Hitzewallungen, Schwitzen	Baldrian, echter Ysop (kleine Menge), Salbei, Zinnkraut
Inhalationsmittel	Basilikum, Eukalyptus, Kamille, Latschenkiefer, Lavendel, Majoran, Melisse, Pfefferminze, Rosmarin, Salbei, Thymian, Wachholder, Zimt
Kopfschmerzen	Lavendel, Pfefferminze, Rosmarin, schwarzer Holunder, Zitronenmelisse

Leber- und Gallenprobleme	Andorn, Artischoke, gemeiner Beifuß, gemeiner Erdrauch, Kümmel, Löwenzahn, Pfefferminze, Ringelblume, Schafgarbe, Tausendgüldenkraut, Wegwarte, Wermut
Müdigkeit, Erschöpfung	Arnika, Kampfer
Nervosität	Baldrian, Ginseng, Hopfen, Zitronenmelisse
Rheuma und Gelenkschmerzen	Birke, Brennessel, Eschenblatt, Heublume, Petersilie, Rosmarin, Wachholder
Schlaflosigkeit	Baldrian, Herzgespann, Hopfen, Lavendel, Melisse, Orangenblüte, Passionsblume, Pfefferminze
Stärkung des Ich-Bewußtseins	Basilikum, Lavendel, Melisse, Pfefferminze, Rosmarin, Salbei, Thymian
Stoffwechselstörung	Brennessel, Brunnenkresse, Gartenkresse
Vergeßlichkeit	Ginkgo
Vitamin C-Mangel	Hagebutte, Sanddorn, schwarze Johannisbeere

Aromatherapie

Willkommen im Land der Düfte!

Ätherische Öle sind natürliche, flüchtige Substanzen, die aus Kräutern und aromatischen Pflanzen gewonnen werden. In China erkannte man schon vor tausend Jahren die heilende Kraft der ätherischen Öle. Sie wirken beruhigend, anregend, blutreinigend oder verdauungsfördernd, nehmen starken Einfluß auf die Gefühle und das Gemüt.

Die Anwendung findet äußerlich wie innerlich statt. Folgende Möglichkeiten erlauben Anwendungen ätherischer Öle:

Einnahme

Mit der Einnahme von Ölen erreichen diese den Körperkreislauf durch den Magen. Gesundheit und Wohlbefinden kehren zurück.

Die Essenzen bergen die Seele der Pflanze in sich, sie beinhalten die Lebenskraft einer Pflanze in konzentrierter Form.

Bei äußerlicher Anwendung sollte zuerst ein Hauttest gemacht werden, um mögliche allergische Reaktionen zu vermeiden. Tragen Sie dazu einige Tropfen eines Öls auf die Haut auf, am besten in die Armbeuge, reiben Sie es ein und warten Sie 48 Stunden. Wenn keine Rötung sichtbar ist, können Sie das betreffende Öl für Massagen, Einreibungen, Umschläge oder Bäder verwenden. Bei einer Einnahme sollte die Dosis von 10 Tropfen nicht überschritten werden. Beschwerden sollen jedoch nicht unterdrückt, sondern deren Ursachen aufgedeckt werden.

Folgende ätherische Öle sind die wirkungsvollsten für ein Wohlbefinden in den Wechseljahren.

Duftlampe

Die Duftinformation erreicht uns über den Geruchssinn und beeinflußt Emotionen, Atmung, Kreativität, Erinnerungsvermögen, Kreislauf, Verdauung, Hormonauschüttung und Sexualität.

Durch die Duftlampe kann ein Raum desinfiziert werden, sie schafft eine wohltuende Atmosphäre oder zaubert eine Entspannung herbei.

Bäder und Massagen

Über den Hautkontakt gelangen die Öle in den Kreislauf. Dies beeinflußt eine Behandlung positiv und erreicht deren ganzheitliche, sanfte und natürliche Auswirkung auf den gesamten Organismus.

Einatmung

Durch Inhalieren gelangen die Düfte in die Lunge, von dort in den Körperkreislauf und zu den einzelnen Organen. Ein unausgeglichener Organismus findet sich wieder, durch die Öle werden Harmonie und Gleichgewicht gefördert.

Angstzustände	
– Basilikum	Massage mit Lavendel, Kompressen
– Geranie	Badezusatz, Körperöl, Duftlampe (Nicht einnehmen!)
– Kamille	Badezusatz, Körperöl, Duftlampe
– Lavendel	Badezusatz, Waschungen, Duftlampe
– Melisse	Massage, Badezusatz, Gesichtsöl
– Muskat	Körperöl, Einreibung, Badezusatz, Duftlampe (Vorsicht: Sehr sparsam anwenden!)
– Salbei	Massageöl, Badezusatz, Duftlampe (Nicht einnehmen!)

Blasenentzündungen	
– Bergamotte	Duftlampe (Nicht für Haut verwenden!)
– Cajeput	Körperöl, Inhalation, Gesichtsöl
– Eukalyptus	Inhalation, Körperöl, Einreibung, Waschung, Duftlampe
– Fichte	Massage, Sauna, Badezusatz, Duschgel, Duftlampe
– Kamille	Badezusatz, Körperöl, Duftlampe
– Lavendel	Badezusatz, Waschungen
– Niaouli	Badezusatz, Inhalation
– Sandelholz	Badezusatz, Körperöl, Duftlampe
– Wachholder	Massage, Badezusatz, Duftlampe

Depression	
– Basilikum	Massage mit Lavendel, Kompressen
– Geranie	Badezusatz, Körperöl, Duftlampe (Nicht einnehmen!)
– Lavendel	Badezusatz, Duftlampe
– Patchouli	Gesichtsöl, Badezusatz (Nicht einnehmen!)
– Sandelholz	Badezusatz, Körperöl, Duftlampe
– Ylang Ylang	Körperöl, Badezusatz, Massage (Nicht einnehmen!)

Durchblutungsstörungen	
– Majoran	Badezusatz, Körperöl bei Muskelverspannung, Inhalation
– Nelke	Körperöl, Duftlampe (Nicht einnehmen!)
– Niaouli	Badezusatz, Inhalation

– Rosmarin	Badezusatz, Massage
– Thymian	Inhalation, Massage, Badezusatz, Duftlampe (Niedrig dosieren!)
– Wachholder	Massage, Badezusatz, Duftlampe
Gedächtnisschwäche	
– Koriander	Badezusatz, Körperöl
– Lemongras	Badezusatz, Massage, Duftlampe (Hautirritation möglich!)
– Pfefferminze	Duftlampe (Nicht als Badezusatz!)
– Rosmarin	Badezusatz, Massage
Haarausfall	
– Lavendel	Shampoo, Spülungen (verdünnt)
– Rosmarin	Shampoo, Spülungen (verdünnt)
– Thymian	Shampoo, Spülungen (verdünnt)
Hautprobleme	
Empfindliche Haut:	
– Kamille	Badezusatz, Körperöl
– Neroli	Badezusatz, Gesichts- und Körperöl (Nicht einnehmen!)
– Rose	Körperöl, Badezusatz (Nicht einnehmen!)
Fettige Haut:	
– Sandelholz	Badezusatz, Körperöl
– Zedernholz	Badezusatz, Körperöl
– Zypresse	Massage, Badezusatz, (trockene Haut)
– Geranie	Badezusatz, Körperöl (Nicht einnehmen!)
– Jasmin	Gesichtsöl, Körperöl
– Kamille	Badezusatz, Körperöl
– Lavendel	Badezusatz, Waschungen
– Neroli	Badezusatz, Gesichts- und Körperöl
– Rose	Badezusatz, Körperöl
– Sandelholz	Badezusatz, Körperöl
Rissige Haut:	
– Benzoe	Körperöl, Badezusatz
– Lavendel	Badezusatz, Waschungen
– Myrrhe	Waschungen (Wunde Haut)

– Kamille	Badezusatz, Körperöl
– Lavendel	Badezusatz, Waschungen
– Myrrhe	Waschungen
– Ringelblume	Salben (Alternde Haut)
– Geranie	Badezusatz, Körperöl (Nicht einnehmen!)
– Jasmin	Gesichts- und Körperöl
– Kamille	Badezusatz, Körperöl
– Neroli	Badezusatz, Gesichts- und Körperöl
– Patchuli	Badezusatz, Gesichtsöl (Nicht einnehmen!)
– Rose	Badezusatz, Körperöl (Nicht einnehmen!)
– Sandelholz	Badezusatz, Körperöl (juckende Haut)
– Kamille	Badezusatz, Körperöl
– Lavendel	Badezusatz, Waschungen

Herzklopfen	
– Kamille	Badezusatz, Körperöl, Duftlampe
– Lavendel	Badezusatz, Duftlampe
– Neroli	Badezusatz, Körperöl, Duftlampe (Nicht einnehmen!)
– Rose	Badezusatz, Körperöl, Duftlampe (Nicht einnehmen!)
– Ylang Ylang	Badezusatz, Körperöl, Duftlampe (Nicht einnehmen!)

Hitzewallungen und Schwitzen	
– Bergamotte	Duftlampe (Nicht für Haut verwenden!)
– Citronella	Massage, Duftlampe
– Lemongras	Badezusatz, Massage, Duftlampe (Hautirritation möglich!)
– Salbei	Badezusatz, Massageöl, Duftlampe (Nicht einnehmen!)
– Thymian	Inhalation, Massage, Badezusatz, Duftlampe (Niedrig dosieren!)

Immunsystem stärkend	
– Bergamotte	Duftlampe (Nicht für Haut verwenden!)
– Cajeput	Inhalation, Körperöl
– Eukalyptus	Inhalation, Körperöl, Einreibung, Waschung, Duftlampe

– Geranie	Badezusatz, Körperöl, Duftlampe (Nicht einnehmen!)
– Lavendel	Badezusatz, Duftlampe
– Niaouli	Badezusatz, Inhalation
– Rosmarin	Badezusatz, Massage
– Ti-Baum	Badezusatz, Waschungen, Massage, Inhalation, Duftlampe (Sparsam anwenden!)
Juckreiz	
– Bergamotte	Duftlampe (Nicht für Haut verwenden!)
– Kamille	Badezusatz, Körperöl, Duftlampe
– Lavendel	Badezusatz, Waschungen
– Myrrhe	Waschungen, Duftlampe
Kopfschmerzen	
– Kamille	Badezusatz, Körperöl, Duftlampe
– Lavendel	Badezusatz, Duftlampe
– Majoran	Badezusatz, Körperöl bei Muskelverspannung, Inhalation
– Pfefferminze	Duftlampe (Nicht als Badezusatz!) mit Lavendel als Kompressen
Müdigkeit	
– Basilikum	Massage mit Lavendel, Kompressen,
– Geranie	Badezusatz, Körperöl, Duftlampe (Nicht einnehmen!)
– Lemongras	Badezusatz, Massage, Duftlampe (Hautirritation möglich!)
– Neroli	Badezusatz, Körperöl, Duftlampe (Nicht einnehmen!)
– Rosmarin	Badezusatz, Massage
– Wachholder	Badezusatz, Massage, Duftlampe
Nervosität	
– Basilikum	Massage mit Lavendel, Kompressen
– Geranie	Badezusatz, Körperöl, Duftlampe (Nicht einnehmen!)
– Lavendel	Badezusatz, Duftlampe
– Majoran	Badezusatz, Inhalation
– Ylang Ylang	Badezusatz, Körperöl, Massage (Nicht einnehmen!)

Rheumatische Schmerzen	
– Cajeput	Körperöl, Inhalation
– Kamille	Badezusatz, Körperöl
– Koriander	Badezusatz, Körperöl
– Lavendel	Badezusatz, Waschungen
– Majoran	Badezusatz, Körperöl
– Muskat	Körperöl, Einreibung, Badezusatz (Vorsicht: Sehr sparsam anwenden!)
– Rosmarin	Badezusatz
– Wachholder	Badezusatz
– Zypresse	Badezusatz
Scheidenentzündung	
– Lavendel	Badezusatz, Waschungen
– Myrrhe	Waschungen
– Ti-Baum	Badezusatz, Waschungen (Sparsam anwenden!)
Schlaflosigkeit	
– Geranie	Badezusatz, Duftlampe (Nicht einnehmen!)
– Kamille	Badezusatz, Duftlampe
– Lavendel	Badezusatz, Duftlampe
– Majoran	Badezusatz
– Melisse	Badezusatz, Massage
– Sandelholz	Badezusatz, Duftlampe
– Ylang Ylang	Badezusatz, Massage (Nicht einnehmen!)
Schwindelanfälle	
– Lavendel	Badezusatz, Duftlampe
– Pfefferminze	Duftlampe (Nicht als Badezusatz!)
– Rosmarin	Badezusatz
Sexuelle Unlust	
– Jasmin	Körperöl
– Neroli	Badezusatz, Körperöl, Duftlampe (Nicht einnehmen!)
– Rose	Badezusatz, Körperöl, Duftlampe (Nicht einnehmen!)
– Sandelholz	Badezusatz, Körperöl, Duftlampe
– Ylang Ylang	Badezusatz, Körperöl, Massage (Nicht einnehmen!)

Bachblüten-Therapie

Diese Therapie ist für uns die Seelennahrung aus der Natur. Der englische Arzt Dr. Erward Bach fand vor etwa 65 Jahren 38 Pflanzenessenzen, die inzwischen in vielen Ländern als Grundlage der Blüten-Therapie dienen. Sie helfen bei verschiedenartigen Ängsten, Depressionen, Allergien und Gefühlen von Angst, Unsicherheit, Minderwertigkeit, Einsamkeit, Schuld oder Ziellosigkeit.

Unsere Seele braucht Nahrung aus der Natur, da wir im Grunde genommen eigentlich sehr unnatürlich leben. Viele Menschen sind heute seelisch unterernährt. Dabei kommt die Blüten-Therapie zum Zug, die für uns eine Chance ist, vorübergehende negative Stimmungen wie Eifersucht, Kleinmütigkeit, Mutlosigkeit oder Angst wieder in den Griff zu bekommen. Harmonie, Selbstentfaltung und größere Stabilität folgen.

Die Bachblüten-Therapie ist sowohl Vorbeugung als auch Unterstützung des Heilungsprozesses. Durch die Blüten wird die Selbstheilung in Gang gesetzt, genau nach dem Prinzip von Dr. Bach: «Heile dich selbst!»

Tatsächlich beschrieb er die Pflanzen-Essenzen so, daß jeder Laie sich selbst helfen kann. Durch diese Therapie findet man einen sehr einfachen Zugang zu den Heilkräften der Natur. Heilung kann man aber nur dann erzeugen, wenn man die Ursache des Leidens erkennt und sie an der Wurzel packt.

Negative Gedanken sind Kräfte, die eine Krankheit hervorbringen. Tatsächlich sind Menschen, die ihre Seele pflegen, seltener krank. Krankheiten vorzubeugen bedeutet, sein Gemüt richtig zu ernähren. Seelische Mißstimmungen lassen oft körperliche Symptome auftreten. Diese verschwinden erst, wenn sich der Mensch gefühlsmäßig wieder in Harmonie mit sich selbst und seiner Umgebung findet.

Dr. Bach entdeckte für jedes psychische Problem eine passende Pflanze. Die Frequenz der Pflanze stimmt mit unserer Frequenz, die aus irgendeinem Grund schwach geworden ist, überein. Diese Seelenstärken der Pflanzen werden auf den Menschen übertragen. Harmonie zwischen der Seele und dem Körper bringt Freude, Glück und Gesundheit. Wenn aber das Potential unserer Seele nicht verwirklicht werden kann, tritt das Gegenteil in Kraft, Krankheit und Unglück verbreiten sich.

Eine Krankheit ist in dem Sinne als positiv zu betrachten, da sie durch ihr Auftreten für uns eine Lektion ist, die uns zum Nachdenken zwingt. Sie ist ein Wegweiser zu unseren Fehlern, sie ist ein Hinweis auf die Disharmonie in unserem Körper. Wenn wir uns mit der Krankheit auseinandersetzen, führt uns das zur Einsicht und zeigt uns die Notwendigkeit, etwas zu ändern. Gelingt uns das, befinden wir uns auf dem Weg zur Gesundung.

Viele Krankheiten entstehen eigentlich aus den Grundkrankheiten der

Seele wie Haß, Habgier, Stolz, Eifersucht, Grausamkeit und anderen. Diese Fehler sind die wirklichen Krankheiten. Haß ist das Gegenteil von Liebe, Habgier ist ein Machtanspruch, falscher Stolz ist ein mangelnder Sinn für Proportionen, Eifersucht ist Besitzanspruch und Herrschsucht. Wenn wir aber unserer Seele die Möglichkeit der Weiterentwicklung und der Individualität geben, bleiben wir gesund.

Wer aber ist ohne Fehler? Wer war nicht schon mal neidisch, eifersüchtig, ängstlich oder mutlos? Das ist der Punkt, der uns zur entscheidenden Frage führt: «Wie können wir uns selbst helfen? Wie bringen wir Körper, Seele und Geist in Harmonie?»

Zuerst müssen wir Ruhe zum Nachdenken finden. Meditation ist dabei eine große Hilfe. Die Ruhe gibt uns Frieden, den wir jeden Tag in uns spüren sollen.

Die Fehler, die wir überdenken müssen, dürfen nicht unterdrückt werden, sondern erfordern die Suche nach der Grundsache für ihre Entstehung. Lernen wir, Gleichgültigkeit in Interesse zu verwandeln, Pflichten als eine positive Erfahrung anzusehen, Ängste abzubauen, äußere und innere Reinheit anzustreben.

Behandeln wir uns mit gegenseitiger Achtung und Sorgfalt, Heiterkeit und Fröhlichkeit, so begünstigen wir Individualität und ebnen uns die Wege zur natürlichen Gesundheit.

Dr. Bach hat 38 Blütenmittel gefunden, die für alle emotionalen und mentalen negativen Zustände eine große Hilfe sind. Es werden nicht nur die körperlichen, sondern auch die gefühlsmäßigen Störungen, durch die die meisten Krankheiten verursacht und aufrechterhalten werden, aufgedeckt und geheilt. Die Bachblüten-Therapie harmonisiert auf natürliche Weise die Persönlichkeit und löst alle emotionalen Konflikte, die, wenn sie unbeachtet bleiben, körperliche Beschwerden auslösen können.

Bachblüten mit der Kurzbeschreibung der Anwendung bei	
– Abhängigkeit von einer Person (zu stark)	Red Chestnut
– Angst (unbestimmt)	Aspen, Mimulus, Rock Rose
– Angst und Sorge um andere (übertrieben)	Red Chestnut
– Apathie	Wild Rose
– Aufmerksamkeitsmangel	Clematis
– Ausnutzbarkeit	Centaury
– Ausweglosigkeit	Sweat Chestnut
– Bedrücktheit	Pine
– Beeinflußbarkeit	Centaury, Walnut
– Besitzergreifend	Chicory
– Chronisches Leiden	Olive
– Depression	Mustard
– Desinteresse	Wild Rose
– Detailkrämerei	Crab Apple
– Dominanz	Vine
– Eifersucht	Holly
– Einsamkeitswunsch	Water Violet
– Erschöpfung (geistig und körperlich)	Hornbeam, Olive
– Fanatismus	Vervain
– Furcht (unbestimmt)	Aspen, Mimulus, Rock Rose
– Geistige Starrheit	Rock Water
– Haß	Holly
– Heimweh	Honeysuckle
– Herrschsucht	Chicory, Vine
– Hoffnungslosigkeit	Gorse
– Hysterie	Cherry Plum

– Ich-Bezogenheit – Intoleranz – Isolation	Heather Beech Water Violet
– Jähzorn	Holly
– Kämpfertyp, der nie nachgibt – Kritiksucht	Oak Beech
– Lebensaufgabe (findet keine) – Leben in der Vergangenheit – Loslassen (innerlich, nicht können)	Wild Oat Honeysuckle Cherry Plum
– Machtgier – Melancholie – Mischt sich überall ein – Mißerfolg (warten darauf) – Mißtrauen – Mitgefühlsschwäche – Mittel für Veränderungen und Neubeginn – Müdigkeit – Mutlosigkeit	Vine Mustard Chicory Larch Holly Beech Walnut Hornbeam, Olive Elm, Larch
– Neid – Nichtverkraften eines seelischen oder körperlichen Schocks – Niedergeschlagenheit	Holly Star of Bethlehem Gentian, Gorse, Oak
– Panik – Perfektionismus – Pessimismus	Rock Rose Rock Water Gentian
– Quälende Gedanken	White Chestnut
– Reizbarkeit – Resignation	Impatiens Wild Rose

– Schmerzen (innere, stark)	Sweet Chestnut
– Schüchternheit und Scheu	Mimulus
– Schuldgefühle	Pine
– Schwäche	Hornbeam
– Selbstgespräche (innerlich)	White Chestnut
– Selbstverleugnung	Rock Water
– Selbstvertrauen (Mangel)	Larch
– Selbstvorwürfe	Pine
– Selbstzweifel	Cerato
– Situation nicht gewachsen	Elm
– Sorge	Agrimony
– Sprunghaftigkeit	Scleranthus
– Stress	Vervain
– Traurigkeit (grundlos)	Mustard
– Tyrann	Vine
– Überanstrengung	Vervain
– Übereifer	Vervain
– Überlegenheitsgefühl	Water Violet
– Überschäumende Reaktionen	Impatiens
– Unausgeglichenheit	Scleranthus
– Unbeherrschtheit	Cherry Plum
– Unentschlossenheit	Scleranthus
– Unfähigkeit, aus eigenen Erfahrungen zu lernen	Chestnut Bud
– Ungeduld	Impatiens
– Unreinheitsgefühl	Crab Apple
– Unruhe (innerlich)	Agrimony
– Unzufriedenheit	Wild Oat
– Verbitterung	Willow
– Vertrauenslosigkeit zur eigenen Meinung	Cerato
– Verträumtheit	Clematis
– Verunsicherung	Walnut
– Verzweiflung	Gorse, Oak, Sweet Chestnut

– Wankelmut – Willensschwäche	Walnut Centaury
– Ziellosigkeit – Zögern – Zwanghafte Gedanken – Zweifel	Wild Oat Scleranthus White Chestnut Gentian

Als empfehlenswerte Ergänzung zu den englischen Essenzen sind auch folgende kalifornischen Blüten und Blütenessenzen aus schweizer Wildpflanzen bekannt:

Einige Beispiele der kalifornischen Blütenessenzen	
– Augen (Sehen)	Goldmohn
– Beziehung Mutter-Kind	Mariposa Lily
– Eifersucht	Tränendes Herz
– Erschöpfung	Kapuzinerkresse
– Herz	Yerba Santa
– Innere Stimme	Ringelblume
– Lernfähigkeit	Rabbitbrush (Tropfen)
– Nerven	Dill
– Partnerschaftsprobleme	Braunwurz
– Ruhelosigkeit	Ackerwinde
– Selbstliebe, Selbstheilkraft	Self Heal
– Selbstverwirklichung	Brombeer
– Trennungsschmerz	Tränendes Herz
– Ungesunde Sensibilität	Schafgarbe

Beispiele der schweizer Blütenessenzen
Espe, Heckenrose, Kirschpflaume, Lärche, Odermenning, Rotbuche, Stechpalme, Weinrebe und andere. Diese haben Parallelen mit den original Bachblüten.

Eine spezielle Position hat das einzige Kombinationspräparat Rescue (Notfalltropfen). Es wirkt in einer Notsituation bei jedem Menschen gleichermaßen. Diese Tropfen sind für Notsituationen gedacht, ersetzen aber keinesfalls eine medizinische Notfallbehandlung.

Rescue ist eine Überbrückungshilfe bei akuten psychischen und körperlichen Schmerzen oder Schockerlebnissen wie Unglück, Trauerfall oder schlimme Nachrichten und dient zur Stabilisierung des Gefühlsgleichgewichts. Die Tropfen sind so zusammengesetzt, daß sie einer emotionalen Disharmonie entgegenwirken, sie lindern die Angst oder Unruhe und stellen das Gefühl von Sicherheit und Vertrauen wieder her.

Rescue ist auch als Salbe erhältlich. Diese ist bei Quetschungen, Schürfungen, Prellungen, Verbrennungen oder Insektenstichen außerordentlich effektiv.

Die Bachblüten-Therapie führt zu einem ausgeglichenen, glücklicheren und gesünderen Leben.

Akupressur

Akupressur ist aus der jahrtausendealten chinesischen Massage entstanden und hilft, den Energiefluß zu harmonisieren.

(Acus = Spitze, Nadel / Pressum = drücken / Akupressur = Punkte drücken).

Akupressur und Akupunktur haben parallele Lehren, die zu behandelnden Punkte sind dieselben. Akupunktur geht tiefer, Akupressur dagegen hat den Vorteil, daß Sie sich selbst behandeln können. Durch eine korrekte Anwendung bringen Sie die Energien wieder zum Fließen, die Lebenskräfte erreichen ein Gleichgewicht und die dadurch gewonnene Ausgewogenheit beeinflußt uns positiv.

Bei der Akupressur werden die Ursachen und nicht die Anzeichen behandelt. Diese Methode kann jede/r anwenden, wann und wo sie/er will. Sie läßt sich beliebig oft wiederholen – und das ohne jegliche Nebenwirkungen. Es sind keine Hilfsmittel dazu nötig, und sie läßt sich in fast allen Situationen anwenden.

Ob Akupunktur oder Akupressur, beide haben das gleiche Ziel. Der Energiefluß soll reguliert werden, Yin und Yang ins Gleichgewicht gebracht werden. Akupressur ersetzt aber nicht andere, medizinische Behandlungen, sondern ist eine Ergänzung oder Vorbeugung.

Die Akupunkte werden mit den Fingerkuppen kreisend massiert, es ist aber auch Drücken, Ziehen, Reiben, Klopfen und Stoßen erlaubt. Die Behandlung soll nicht länger als 20 Minuten dauern. Der Druck auf die einzelnen Punkte ist zwischen 30 Sekunden und maximal 10 Minuten anzuwenden.

Achten Sie auf Ihren Körper. Gibt er Ihnen das Gefühl, aufhören zu müssen, beenden Sie die Pressur.

Fast alle Punkte sind beidseitig zu behandeln, also links und rechts spiegelbildlich am Körper verteilt. An Kopf, Körper und Füßen werden sie beidseitig zur gleichen Zeit gedrückt.

Akupressur eignet sich zur Schmerzbehandlung, Beruhigung, Harmonisierung, Vorbeugung und Gesunderhaltung von Körper und

Geist. Sie lindert Kopfschmerzen, Migräne, Nervosität, Depression, Schlafstörungen, Beschwerden der Wechseljahre und der Menstruation. Sie unterstützt aber auch die Raucherentwöhnung und hilft bei Allergien.

Bei schweren Herz- und Kreislaufstörungen, Hautpilzen oder Eiterungen sowie in der Schwangerschaft sollten Akupressur und Akupunktur nicht oder nur beschränkt durchgeführt werden.

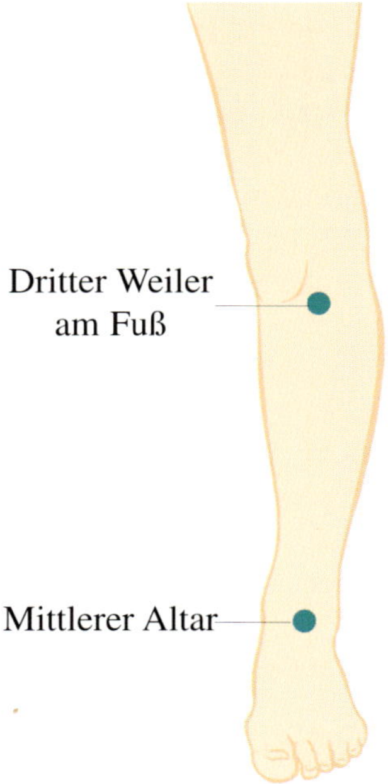

Angstzustände

Angstzustände können ohne organische Ursachen auftreten.

Die Akupressur kann mit Entspannungsübungen, richtiger Atmung und vollwertiger Ernährung unterstützt werden.

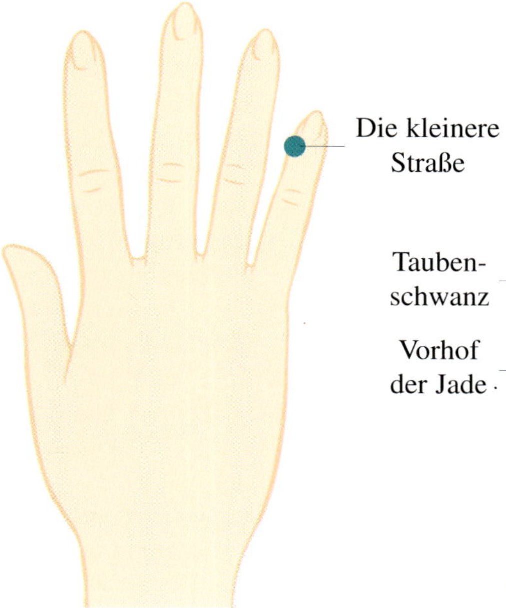

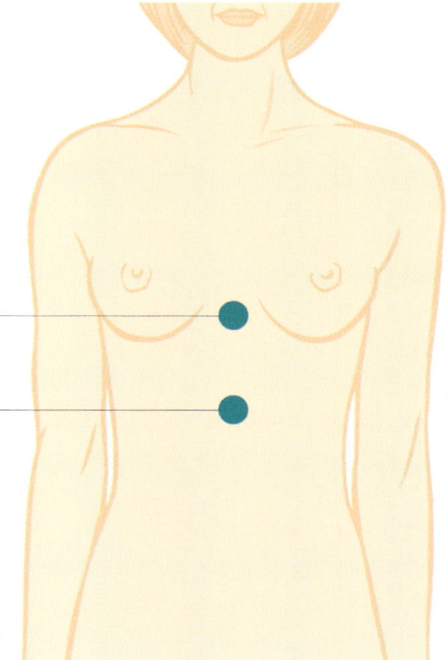

Blasenbeschwerden

Psychischer Zustand und Blasenfunktion sind in engem Zusammenhang. Vorsicht bei einer Blasenerkältung oder -entzündung (Arzt aufsuchen).

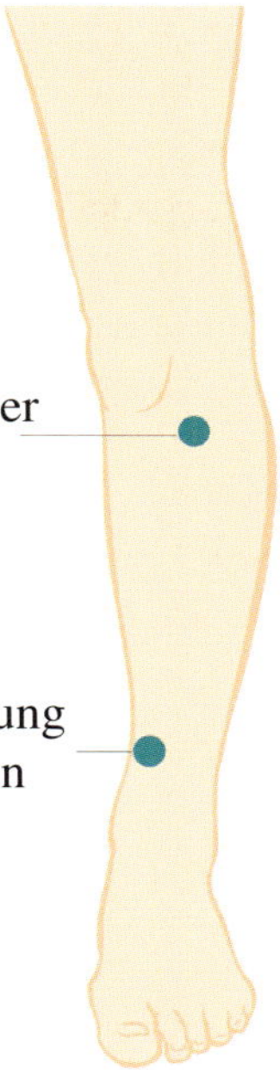

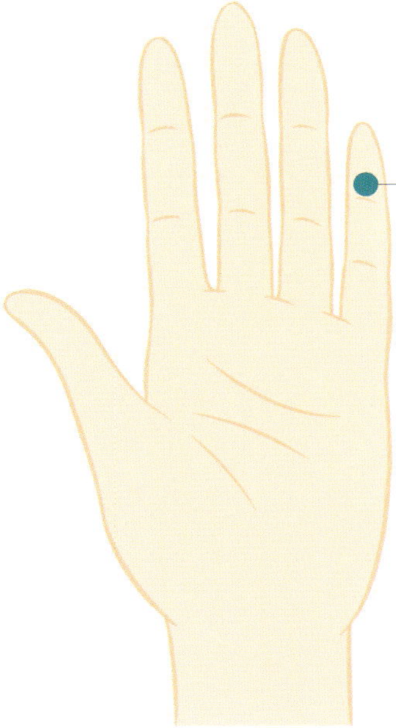

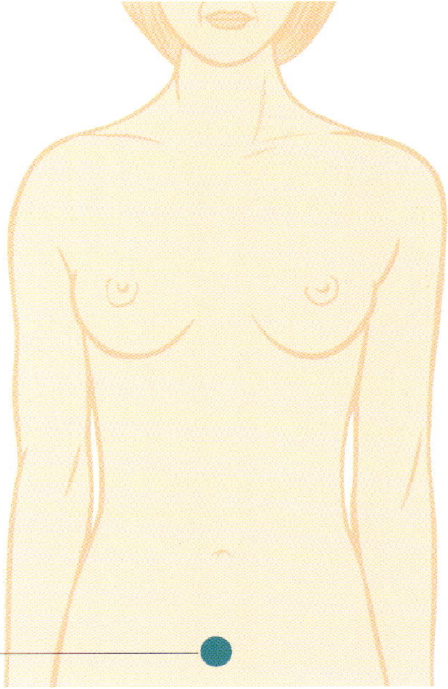

Depressionen

Den Veränderungsprozeß in Körper und Psyche unterstützen, mit weiteren Therapien kombinieren (Pflanzentherapie, Aromatherapie), Massagen u.a. Neue Beschäftigungen suchen.

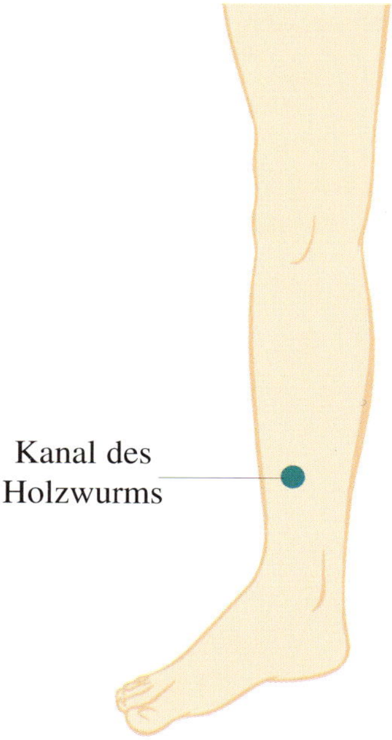

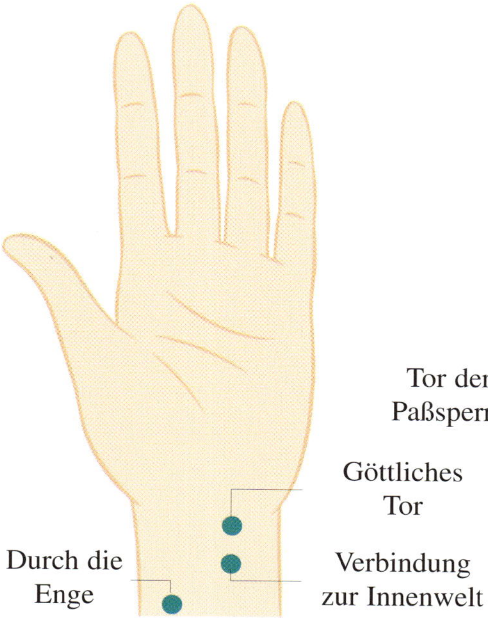

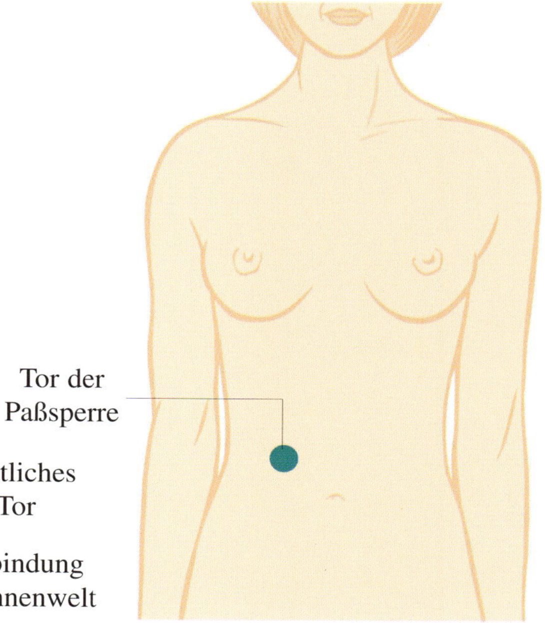

Konzentrationsschwäche

Konzentration kann man wieder antrainieren. Gedächtnistraining aber auch Aromatherapie, Schachspiel o.a. sind hier am Platz.

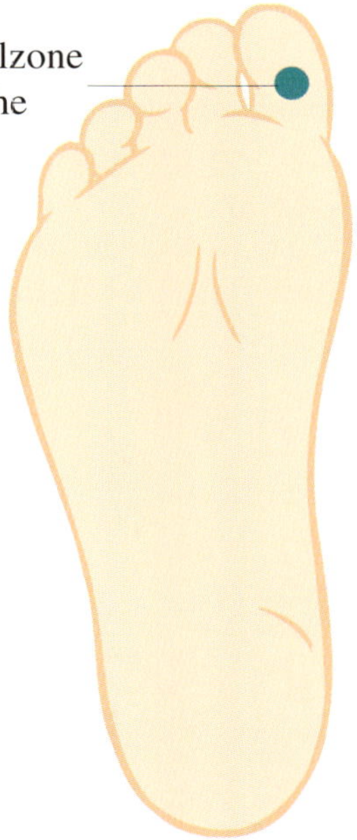

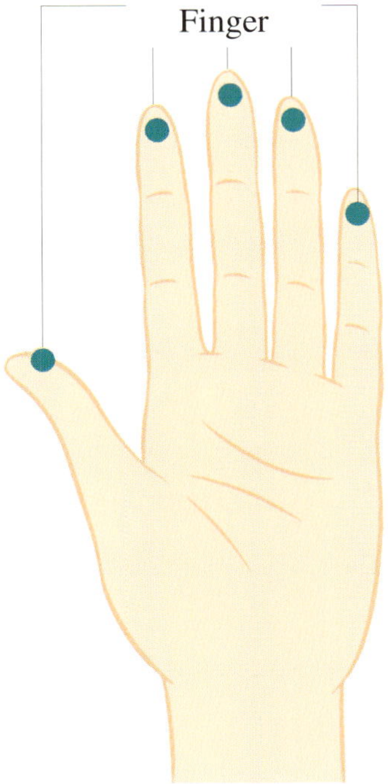

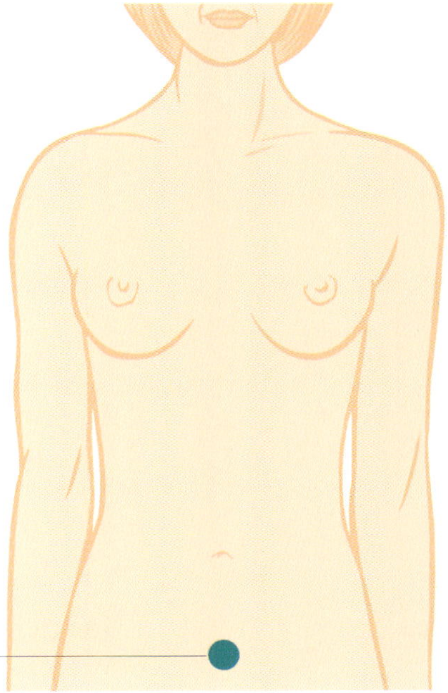

Bei Kopfschmerzen muß man die Ursachen finden. Sie signalisieren eine Disharmonie in Körper oder Psyche, zwischen Verstand und Gefühlsbereich. Sorgen Sie für viel Bewegung und Entspannung.

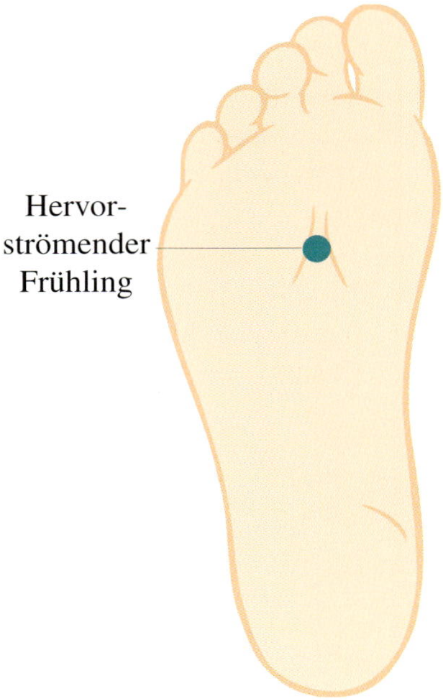

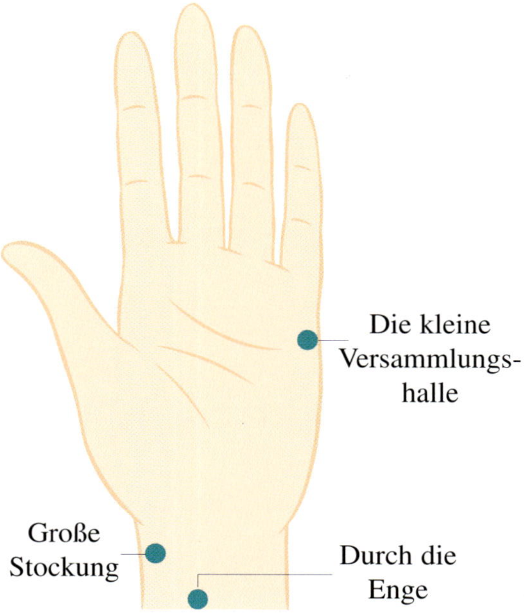

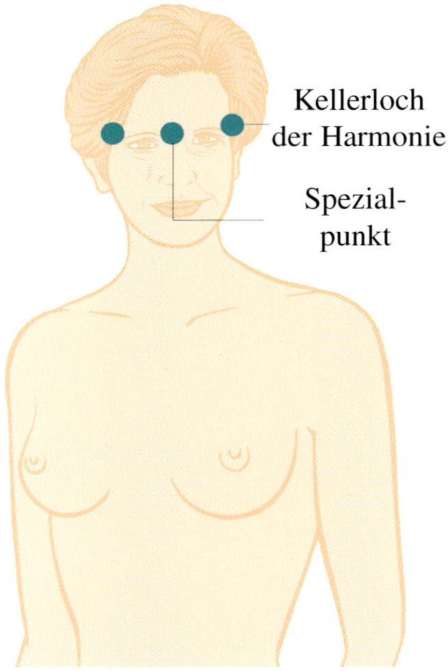

Müdigkeit

Müdigkeit kann eine Reaktion auf einen anstrengenden Alltag sein, oder aber ein Zeichen einer Funktionsstörung des Organismus. Durch Akupressur wird der Kreislauf angeregt und Energiereserven werden freigesetzt. Erholung und genügend Schlaf müssen aber gewährleistet sein.

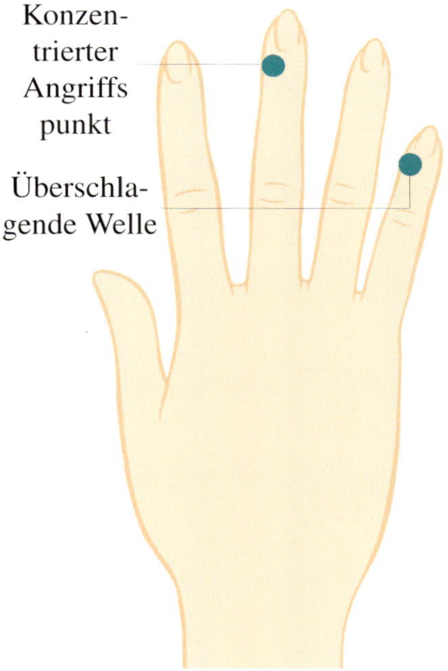

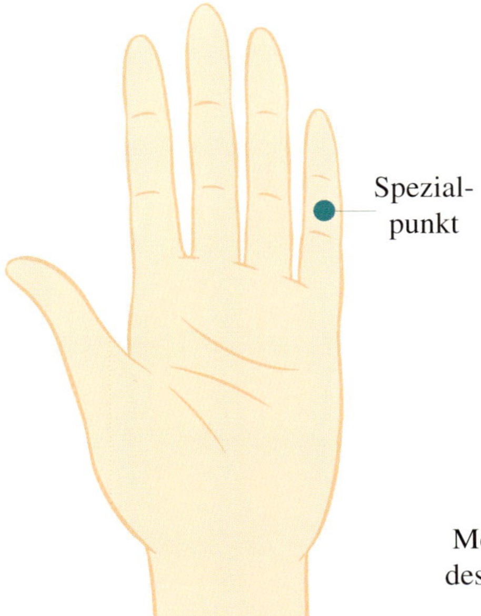

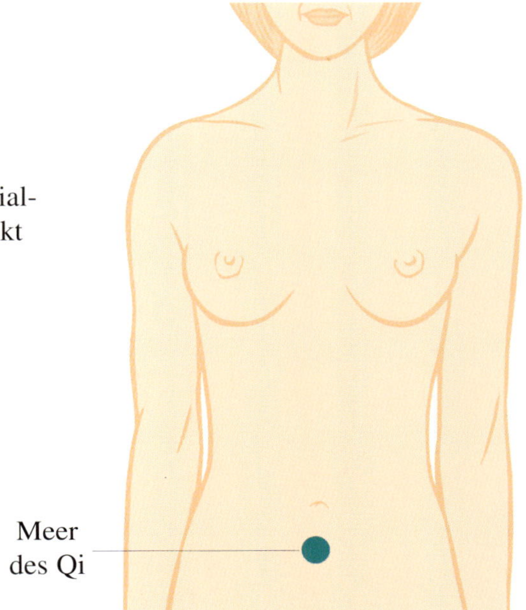

Nervosität

Nervosität beruht auf einer Übererregbarkeit, die durch disharmonische Zustände hervorgerufen wird. Durch Akupressur wird der psychovegetative Bereich harmonisiert.

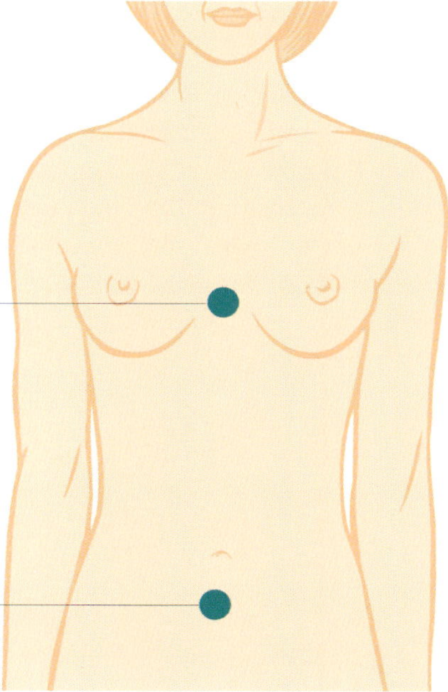

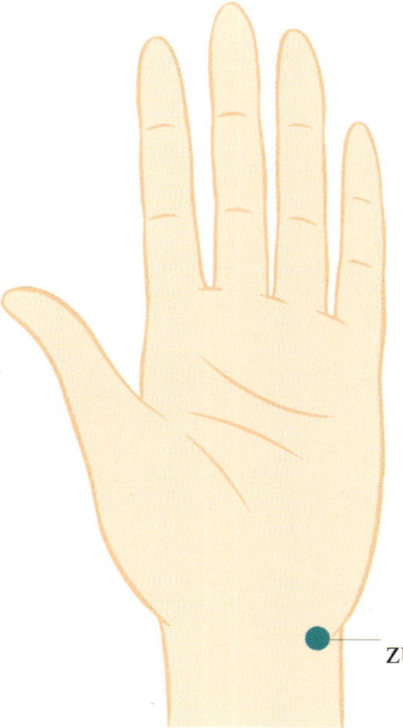

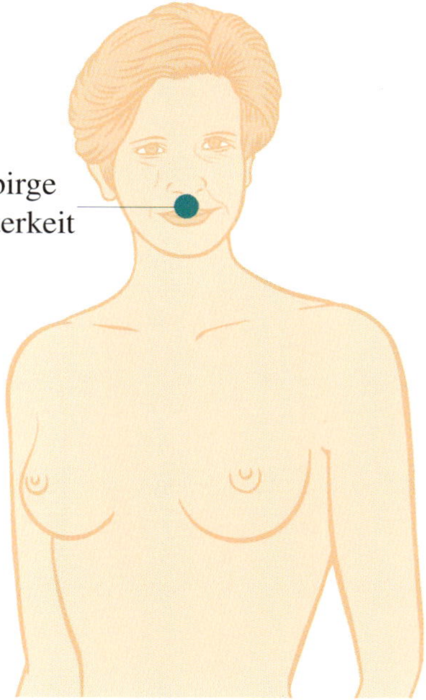

Raucherentwöhnung

Rauchen ist ein erlerntes Verhalten, das durch «Umprogrammieren» verlernt werden kann. Gute Erfolge werden durch Ohrakupunktur erzielt. Bei Entwöhnung können Entzugserscheinungen durch Akupressur gelindert werden.

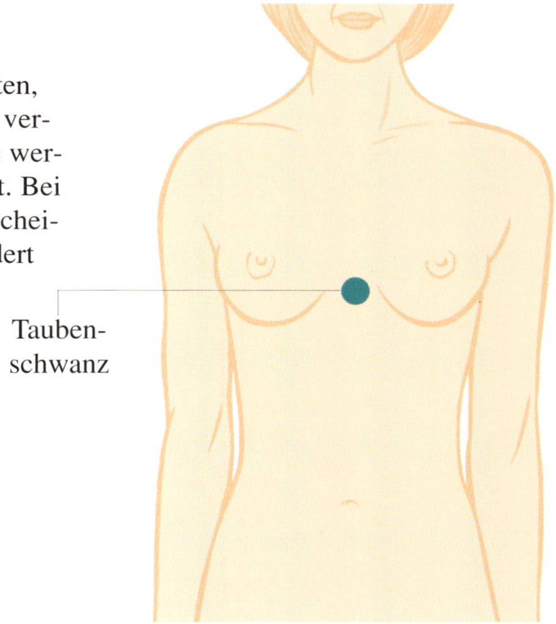

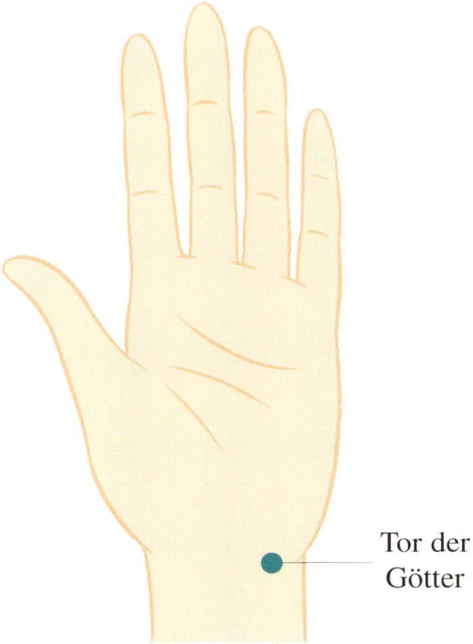

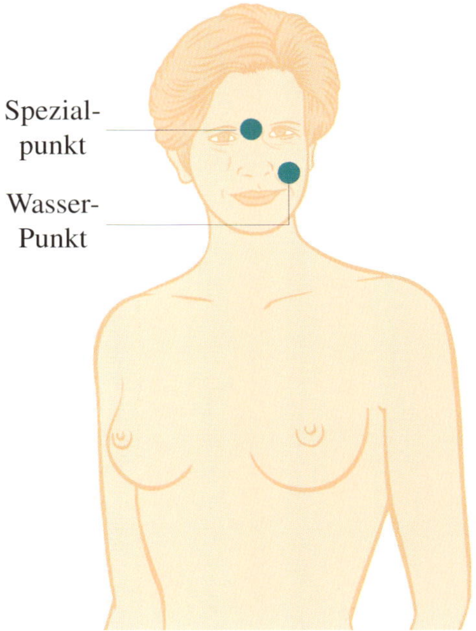

Rückenschmerzen

Verkrampfungen und Verspannungen sind die häufigsten Ursachen für Rückenschmerzen. Viel Bewegung, Entspannung und vernünftige Ernährung tragen zur Schmerzfreiheit bei.

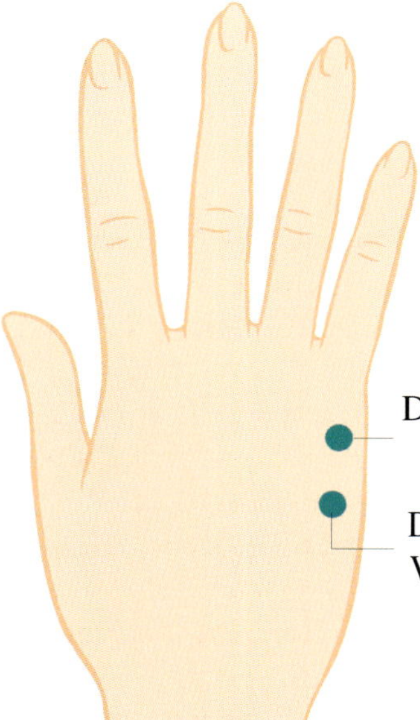

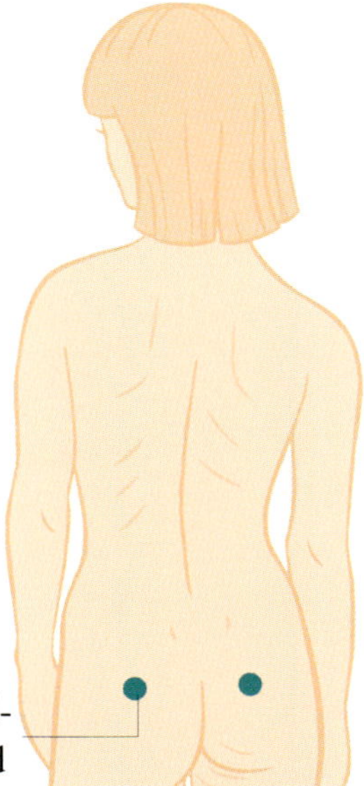

Sexualstörungen

Bei Sexualstörungen stehen seelische Probleme und Stress im Vordergrund. Entspannung, Freiheit von Schuldgefühlen und Gesprächstherapie bringen Erfolg.

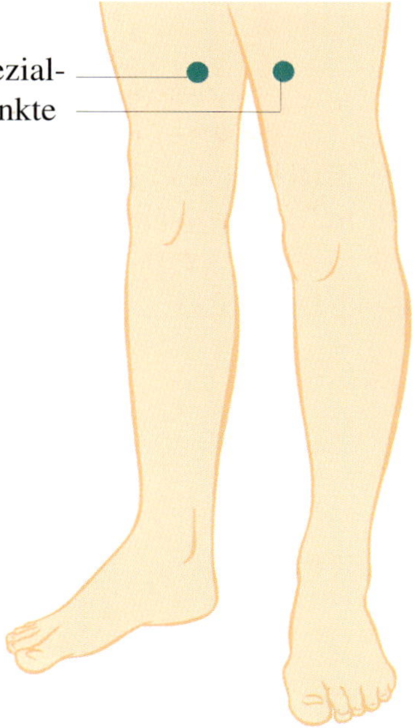

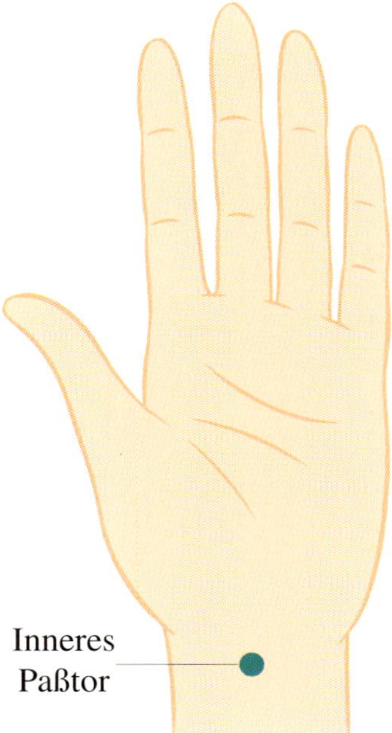

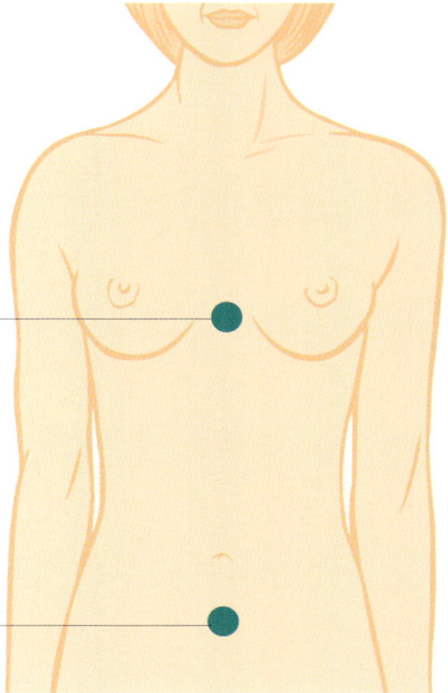

Schlafstörungen

Schlafstörungen sind oft Symptome anderer Probleme, die man lösen muß. Oft ist der Körper durch seelische Belastungen blockiert. Hier müssen zuerst Harmonisierung und innere Ruhe gefunden werden.

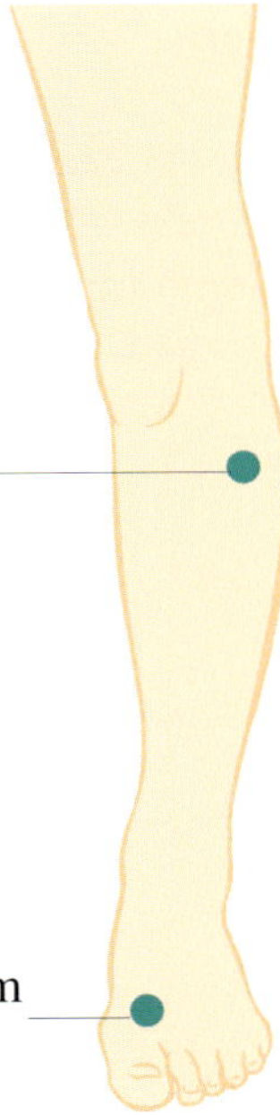

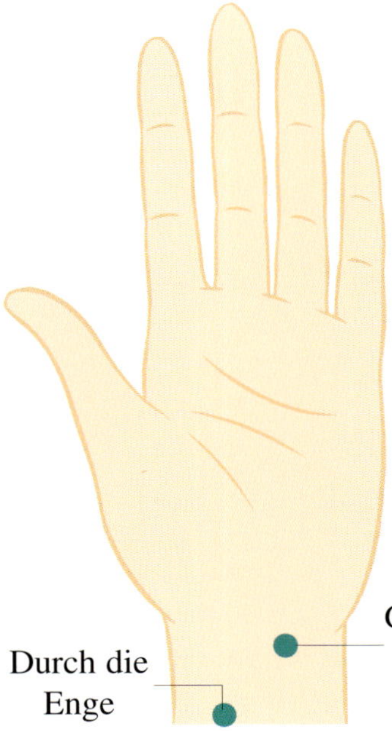

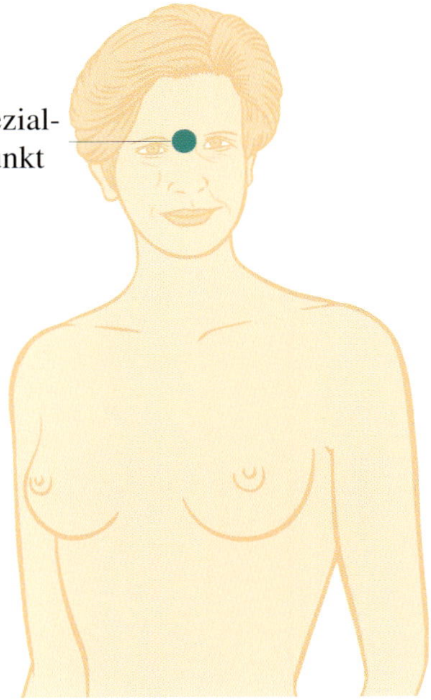

Übergewicht

Übergewicht ist oft Verlangen nach Geborgenheit, Zärtlichkeit und Zuwendung. Neben Akupressur sind Ernährungsumstellung und Bewegung der richtige Weg zum Erfolg.

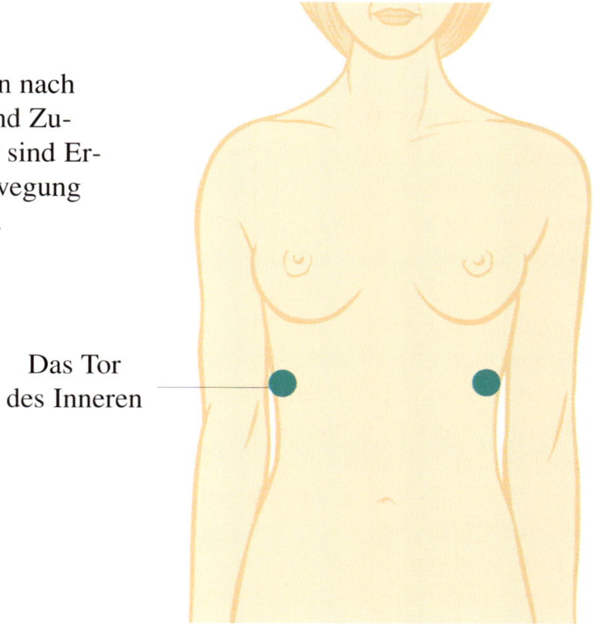

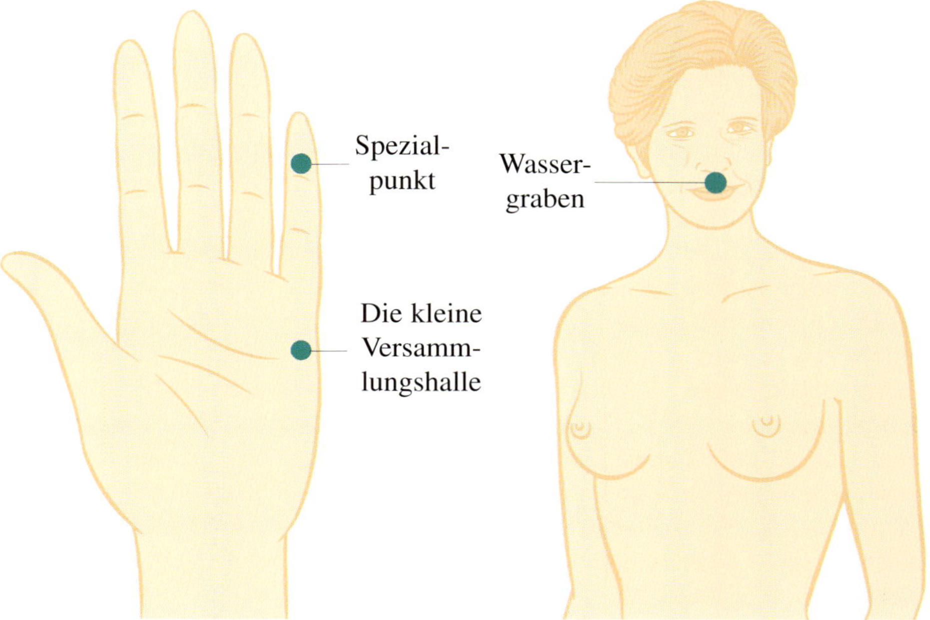

Bioresonanz-Therapie

Bioresonanz bedeutet zurücktönen, mitschwingen. Der deutsche Arzt Dr. Franz Morell und der Elektroingenieur Erich Rasche entwickelten 1977 die Mora-Therapie aus Erfahrungen mit der Elektroakupunktur. Sie entwickelten ein Gerät, das mit Hilfe eines Filters, das gesunde und krankmachende Frequenzen trennt, den Organismus von verschiedenen Störfaktoren befreien kann.

Die Bioresonanz ist ein energetisches Therapieverfahren, das mit körpereigenen Schwingungen arbeitet. Gesunde Ströme, wie auch Störungen und Beschwerden drücken sich in einem persönlichen Schwingungsbild aus. Jedes Organ hat eine ganz bestimmte Energieschwingung. Vergleichen kann man dies mit Musikinstrumenten, die verschiedene Schwingungen und damit Töne, Höhen und Tiefen erzeugen können. Ist bei einem Körperteil eine Störung vorhanden, läßt sich diese aufgrund der gestörten Schwingung nachweisen und lokalisieren. Durch den Bioresonanzapparat ist es möglich, zwischen harmonischen und disharmonischen Energieströmen zu unterscheiden.

Bei Beschwerden verändern sich die harmonischen Schwingungen des elektromagnetischen Feldes, von dem unser Körper durchdrungen ist, in disharmonische. Mit der Bioresonanz werden diese negativen Schwingungen gelöscht, d.h. spiegelverkehrt in harmonische umgewandelt, was Beschwerdefreiheit bedeutet.

Wie geht es vor sich? Die körpereigenen Schwingungen (disharmonische) werden über ein Kabel in das Bioresonanzgerät geleitet, wo sie in harmonische umgewandelt und über ein zweites Kabel zurückgesandt werden. Dies bewirkt eine Neutralisierung der störenden Informationen. Dadurch werden Entgiftungsprozesse in die Wege geleitet, Selbstheilungskräfte gestärkt und die Eigenregulation des Organismus aktiviert.

Chronische Beschwerden werden in einen akuten Zustand geleitet, was eine Signalisation für eine Auseinandersetzung des Körpers mit langjährigen Beschwerden einleitet. Die Heilung hat begonnen.

Die Therapie dauert ca. 20 Minuten, sie wird im Sitzen durchgeführt. 6-10 Behandlungen sind durchschnittlich nötig. Die Bioresonanz ist nebenwirkungsfrei und nicht schmerzhaft, so daß sie neben Erwachsenen auch bei Kindern gut anwendbar ist. Sie muß jedoch genau auf den einzelnen Menschen zugeschnitten sein.

Wichtig sind deshalb eine solide, sorgfältige Ausbildung und Erfahrungen des Therapeuten, wie auch eine aktive Mithilfe des Behandelten.

Grundsätzlich können alle Störungen therapiert werden. Ganz besonders hat sich die Bioresonanz bei Allergien und Schmerzen, zur Behandlung von geopathischen Störungen und zur Beseitigung von Schlacken oder Schadstoffen, die durch Fehlernährung und Stoffwechselstörungen entstanden sind, bewährt.

Bioresonanz hat aber, wie jede Therapie, ihre Grenzen. So kann sie bei Schädigung oder Zerstörung der Struktur der Organe nicht helfen. Das Ziel der Bioresonanztherapie ist die Wiederherstellung der körpereigenen Selbstregulationsfähigkeit. Sie verbessert die Energiesituation, stärkt die Abwehrkräfte und behandelt gezielt die belastenden Störfaktoren. Ins Gesamtkonzept der Behandlung gehören auch Begleittherapien wie z.B. Pflanzentherapie, Homöopathie, Fußreflex- und Körpermassagen, Aroma- und Farbtherapie, und nicht vergessen dürfen wir auch die psychologische Begleitung.

All das wirkt unterstützend und ergänzend. Wie bei allen Therapien ist eine gesunde Lebensweise, mit einem tiefgehenden Ernährungsbewußtsein, funktionierender Ausscheidung, gesundem Schlafverhalten, Stressfreiheit, viel Bewegung u.a.m., ein wichtiger Teil der Behandlung.

Die aktive Mithilfe des Behandelten, wie auch dessen positives Denken und Verhalten steigern die Wirkung der Bioresonanztherapie.

Atemtherapie

Atmen Sie sich gesund, denn Gesundheit, Energie oder Stimmung hängen von der Sauerstoffversorgung durch unseren Atem ab. Richtiges Atmen hilft bei vielen Beschwerden, es hat eine körperliche und seelische Ausgleichwirkung auf alle Organe.

Atmen ist die Verbindung zwischen dem Außen und dem Innen. Ist diese Verbindung gestört, wird der Mensch krank. Gute Durchblutung der Gehirnzellen läßt uns besser nachdenken, optimale Sauerstoffzufuhr sorgt für eine allgemeine Gesundheit.

Die Atemtherapie läßt sich bis ins Altertum zurückverfolgen. China, Japan, Tibet, Indien und Ägypten bedienten sich schon damals dieser Therapieform.

Atemtherapie hilft bei Erkrankungen des Atemapparates, bei Herz- oder Magenkrankheiten sowie bei Rückenerkrankungen. Atemschulung dagegen ist eine vorbeugende Maßnahme, sie hilft, Gesundheit und Harmonie zu erhalten. Die Schulung des Atmens und der Stimme werden oft miteinander verbunden.

Bewußte Atmung können Sie in einem Kurs lernen, aber auch ein selbständiges Ausprobieren ist möglich. Natürlich ist es besser, die Übungen zuerst unter fachkundlicher Anleitung anzuwenden, ob einzeln oder in einer Gruppe spielt keine Rolle.

Das Wiedererlangen der natürlichen, gesunden Atmung bedarf einer stufenweisen Arbeit. Zu Beginn wird mit Hilfe von Entspannungsübungen das Spüren des Atems im Körper erreicht. Aktive und passive Bewegungen, Rhythmus und das Ruhigwerden bringen uns neue Erkenntnisse über uns selbst.

Die richtige Atmung stellt eine Verbindung zwischen uns und der Umwelt dar und ist der Schlüssel zu un-

Bei den Übungen sind einige Regeln zu beachten

- Gute Konzentration, ruhige Atmosphäre
- Die Übungen zuerst durchdenken. Falls sie aufgeschrieben sind, alles gut durchlesen
- Übungen, die Ihnen besonders gefallen, ins persönliche Training aufnehmen. Atmen soll Spaß machen!
- Mehrmaliges tägliches Training mit maximal 10 Übungen pro Mal ist empfehlenswert
- Nicht nach dem Essen üben, besser am Morgen bei offenem Fenster
- Strecken und Dehnen vorher und nachher bringt körperliche Entspannung
- Fließende Bewegungen sind besser als ruckartige
- Wiederholen Sie jede Übung, sooft Sie möchten, dosieren Sie selbst
- Zwischen einzelnen Übungen kurze Pausen einlegen, hören Sie auf Ihren Körper, lassen Sie die Wirkung nachhallen
- Die Bewegungen richten sich nach dem Atem, nicht umgekehrt!

serer Gesundheit und Ausgeglichenheit im Leben.

Der Atem soll frei fließen, anhalten oder pressen ist nicht angebracht, dies könnte mehr schaden als nützen. Erzwingen Sie nichts, lassen Sie es geschehen. Spüren, sich öffnen, loslassen, in sich horchen sind die richtigen Vorgänge. Das Nichtrauchen, Bäder (ob Wasser-, Luft- oder Sonnenbad), viel Bewegung, frische Luft, wie auch das Inhalieren von Meeresluft oder ätherischen Ölen beeinflussen die Atmung positiv.

Ob zur Entspannung, Beruhigung oder Aktivierung, unser Atem hat eine lebenswichtige Funktion, die optimal erfüllt werden muß. Denn nicht wir erwecken den Atem, sondern der Atem erweckt uns.

Einige Übungen, die Sie selbst machen können

- Sich strecken, Atmung beobachten
- Im Liegen, mit den Händen auf dem Bauch, den Atem einfließen lassen, das Ausatmen bewußt spüren
- Im Sitzen versuchen, den Atem zu hören (Hände auf den Bauch legen)
- Die Wirkung der Atmung auf verschiedene Körperteile beobachten und spüren (Schultern, Achselhöhlen, Brust, Bauch, Leisten)
- Zuerst den Rücken dehnen, sich dann rücklings über eine Nackenrolle legen, eine Zeitlang mit herabhängenden Armen verharren. Den Atem spüren!

- Bewußt entspannen und versuchen, zu fühlen, wo Ihre Muskeln verspannt sind. Versuchen Sie jetzt, den ganzen Körper locker zu lassen
- Legen Sie sich in eine Hängematte, entspannen Sie Ihren ganzen Körper. Konzentrieren Sie sich auf Ihr Atmen
- Auch Ihr Kopfbereich benötigt eine Entspannung. Grimassen schneiden, Zunge kreisen lassen, Kiefer nach links und rechts bewegen, Nacken dehnen, Kopf kreisen, über die Schultern schauen, Backen aufblasen, Lippen kneifen, Augen kreisen und bedecken (mit Handflächen), Ohren massieren, an der Nase zupfen und diese rümpfen, verschiedene Düfte riechen, das alles hilft Ihnen dabei
- Durch ausgiebiges Gähnen, Stöhnen, Singen, Blasen oder Pfeifen aktivieren Sie Ihre Atmung
- Kommen Sie außer Atem durch Laufen, Seilhüpfen oder Treppensteigen
- Fühlen Sie Ihren Körper durch Dehnen und Strecken, ob im Stehen, Liegen, an Geräten oder durch Ziehen an Armen und Beinen (Partnerübung)
- Setzen Sie die Gelenke in Bewegung: Finger und Zehen spreizen und locker lassen, Schultern und Hüften kreisen und rollen, Hände und Füße strecken und beugen, Schultern und Ellbogen heben und senken, auf Füßen balancieren, Radfahren, Zappeln, Pendeln
- Üben des Atemrhythmus: Auf die Atmung lauschen, im Schaukelstuhl schaukeln, im Sitzen pendeln und kreisen oder vor- und zurückschaukeln, im Stehen Katzenbuckel machen
- Ausatmen ist wichtig: Atem anhalten, bis es nicht mehr geht, dann auspusten, Kerzen aus verschiedenen Distanzen ausblasen, in kurzen Atemstößen die Luft entweichen lassen, in Rückenlage Brustbein sinken lassen
- Mit Tönen arbeiten: Vokale «a-e-i-o-u» sprechen, singen, summen; «L» singen; «hmmm» summen; «ja-ja-ja», «s-s-s», «f-f-f», «sch-sch-sch» tönen lassen; «ha-ha-ha» oder «huuuh» strömen lassen
- Auch alle Partnerübungen, bei denen man den anderen spürt, wirken sich positiv aus

Wickel

Bei Wickeln oder Kompressen kommen Kälte und Wärme besonders intensiv zur Anwendung. Das Wasser zieht die Körperhitze ab, löst sie aus oder staut sie. Diese Methode durchblutet, entkrampft und lindert den Schmerz. Allgemein werden kalte Wickel auf ca. 12-18° C, warme auf 40-50° C erwärmt. Warme Wickel bewähren sich vor allem bei Verspannungen.

Beachten: Kalte Wickel nur auf warme Körperteile!

Die Wickelformen	
Wadenwickel	Ein Handtuch ins kalte Wasser tauchen, dann wringt man es gut aus und legt es straff um, ohne dabei die Haut einzuklemmen. Als zweite Lage benützt man ein trockenes Baumwolltuch, das darüber gewickelt wird. Anschließend kommt ein Wolltuch über die ersten zwei Lagen. Immer beide Waden wickeln. Sobald das feuchte Tuch warm geworden ist, muß der Wickel erneuert werden. Der Wadenwickel hilft bei Kopfschmerzen, Erkältungen oder Lymphödemen.
Fußwickel	Dünne, nasse Socken anziehen, darüber wollene Strümpfe, die man die ganze Nacht anbehält. Diese Art dient zur Erwärmung der Füße, zum besseren Einschlafen oder hilft bei Unterleibsbeschwerden.
Lendenwickel	Er reicht vom Oberschenkel bis zum Nabel und wirkt bei vegetativer Reizbarkeit, Verkrampfungen im Bauch oder Verstopfung.
Brustwickel	Dieser Wickel geht von der Achselhöhle bis zum Rippenbogen und ist bei Bronchitis wirksam.
Halswickel	Der Wickel soll den ganzen Hals bedecken. Er wird kalt um den Hals gelegt und mit einem trockenen Tuch abgedeckt. Hilft bei Halsschmerzen und Erkältungen.

Anstelle von festen Wickeln kann man die Tücher auch sehr gut nur lose auflegen.

Diese Methode bewährt sich bei Verkrampfungen oder Herzunruhe immer wieder aufs beste.

Spezielle Wickel	
Essigsocken	Ins kalte Wasser gibt man ein wenig Essig. Darin werden die Socken naß gemacht und dann angezogen. Darüber trockene, dicke Socken anziehen. Füße in Tücher einwickeln und etwa 20 Minuten gut warm halten. Hilft bei Erkältungen mit Fieber.
Heublumenwickel	Mit Heublumen gefüllte Säcke werden im Wasserdampf erhitzt, in ein Tuch gewickelt und umgelegt. Gut mit einem warmen, trockenen Tuch zudecken. Hilft hervorragend bei Schmerzen, Krämpfen, Unterleibsentzündungen, schmerzhafter Periode oder Rheuma.

Spezielle Wickel (Fortsetzung)	
Kartoffelwickel	*Kalt:* Geraffelte, rohe Kartoffeln mit Milch zu einem Brei vermischen und auflegen, abdecken und warm einpacken. Wirksam bei Quetschungen oder schlecht heilenden Wunden. *Warm:* Gekochte, zerdrückte Kartoffeln in ein Tuch geben, heiß auflegen, mit einem Wolltuch abdecken. Hilft bei Gelenkrheumatismus.
Kräuterwickel	Folgende Kräuter können für diese Wickel benützt werden: – Birkenblätter oder Zinnkraut (Nieren) – Sauerampferblätter oder Rhabarberblätter (Stauungen, Schwellungen) – Eukalyptusblätter, Wachholdernadeln oder Thymian (Rheuma) – Melisse (Nervenentzündungen)
Kohlwickel	Äußere, grüne Kohlblätter mit einem Wallholz weich mangeln, dann erwärmen und auflegen, mit einem Tuch abdecken und in ein warmes Wolltuch einpacken. Gut bei Kopfschmerzen (Wickel im Nacken auflegen), Entzündungen oder chronischen Leiden. Kohl ist übrigens innerlich und äußerlich angewandt sehr gesund!
Lehmwickel	Lehm anrühren und dick auf die erkrankte Stelle auftragen, mit Folie zudecken und einem trockenen Tuch einpacken. Wenn der Wickel trocken ist, abnehmen und abwaschen, anschließend die Körperstelle mit Öl einreiben. Diese Wickel bringen bei Entzündungen, Verstauchungen oder Blutergüssen Linderung und entgiften.
Leinsamenwickel	Gemahlene Samen werden zu einem dicken Brei gekocht, in ein Tuch gegeben und aufgelegt. Wirkt bei Furunkel und eitrigen Umläufen.
Quarkwickel	Frischen Quark dick auf ein Tuch streichen und auf die Haut legen, warm zudecken. Liegen lassen, bis der Quark trocken geworden ist. Hilft bei Schürfungen und Quetschungen.

Senfkornwickel	Wirkt stark, manchmal reizend! Bei zu starker Wirkung mit Leinsamen mischen. Empfiehlt sich bei Rheuma, Bronchien und Lungenleiden.
Zwiebelwickel	Rohe, zerkleinerte Zwiebeln direkt auflegen, mit einem Tuch warm einpacken. Dient zur Linderung bei Kopfschmerzen, Krämpfen oder Erkältungen.

Wickel nach Beschwerden geordnet	
Blasenentzündung	Eukalyptus-, Kartoffel-, Leinsamen-, Meerrettichwickel
Erschöpfung	Schlehdornöl-Wickel
Gelenkschmerzen	Eis-, Heublumen-, Kohl-, Quark-, Salzwasser-, Zwiebelwickel
Herz	Arnika-Wickel
Infekt	Brustwickel aus Zwiebelscheiben
Konzentration	Eukalyptusöl-Wickel
Kopfschmerzen	Eis-, Kartoffel-, Leinsamen-, Meerrettich-, Quark-, Senf-, Zwiebelwickel
Müdigkeit	Schlehdornöl-Wickel
Muskelverspannung	Fango-, Johanniskrautöl-, Leinsamen-, Kartoffelwickel
Nervosität	Melissenöl-Wickel
Rheuma	Fango-, Heublumen-, Kartoffel-, Quark-, Zwiebelwickel
Schlafstörungen	Kamille-, Lavendel-, Melissenwickel

Heilkraft der Bäder

Bäder können reizen, beleben, erfrischen oder beruhigen, sie haben seit langem eine heilende Wirkung bei vielen Beschwerden. Die Seele und der Geist werden gestärkt, gekräftigt und vitalisiert.

Es wird zwischen Ganzbädern (Halb-, Dreiviertel- oder Vollbädern) und Teilbädern (Hand-, Arm-, Fuß- und Sitzbad) unterschieden. Je nach Temperatur sind es kalte, warme und wechselwarme Bäder.

Natürliche Heilbäder beinhalten Mineralien, Jod, Schwefel, Kohlensäure, radioaktive Elemente, oder es gibt sie in Form von Moor-, Schlamm- und

Schlickbädern, die meistens am Fundort der Rohstoffe aufbereitet werden.

Medizinische Bäder werden mit Mineralien, Kohlensäure, Sauerstoff oder pflanzlichen Auszügen angereichert. Die häufigsten Zusatzstoffe sind Sole, Schwefel und ätherische Öle.

Durch die Aufhebung der Schwerkraft im Wasser kommt es zur Entlastung des Stütz- und Bewegungsapparates. Ein Bad fördert die Durchblutung, und es findet eine Wärmeaufnahme oder -abgabe statt. Die Wirkungen der Bäder hängen von verschiedenen Faktoren ab, wie Dauer, Temperatur und zugeführten mechanischen Reizen (Bürstenbad, Güsse, Wellenbad, Sprudel oder Wirbelbad). Zudem verändern noch verschiedene Zusätze die Auswirkung der Bäder.

Der Körper sollte vor dem Bad warm sein, danach ist eine Ruhepause von mindestens 30 Minuten notwendig.

Bäder führen durch die chemischen, mechanischen und thermischen Einflüsse zu einer Umstimmung des gesamten Organismus. Badekuren sind sowohl vorbeugend wie auch als Rehabilitation gedacht und werden zusätzlich durch das Klima, ausgewogene Ernährung und stressfreie Zeit in ihrer Wirkung unterstützt. Begleitende Bewegungstherapien und Spaziergänge steigern die Aktivierung der Körperselbstheilkräfte noch mehr.

Nach allen Vollbädern ist eine anschließende halbstündige Ruhezeit das Beste für den Organismus.

Regeln für Wasseranwendungen aller Art
– Immer mit warmem Wasser beginnen, mit kaltem aufhören – Warmes Wasser ein paar Minuten auf den Körper einwirken lassen, um die Poren zu öffnen und Schlacken auszuschwemmen – Kaltes Wasser nur kurz, aber überraschend und kräftig anwenden. Vorsicht: Kalte Wasseranwendungen nie bei kalten Körperteilen, diese erst erwärmen! – Ein kaltes Bad am Morgen (Muntermacher), ein warmes am Abend (Entspannung) nehmen – Im kalten Wasser darf man nie frieren – Der Raum soll angenehm warm sein – Mit kaltem Wasser beginnt man immer beim herzentferntesten Körperteil (rechter Fuß, Bein nach oben, dann linker Fuß, rechter Arm, linker Arm, Bauch, Rücken, Brust). Die Abkühlung folgt immer zum Herzen hin. – Vorsicht bei Herz- und Kreislaufproblemen ist geboten. Nur Teilbäder nehmen, eventuell ganz darauf verzichten. Bitte vorher abklären!

Folgende Bäderarten möchte ich Ihnen ein wenig näher vorstellen:

Vollbäder	
Kaltbad	Maximale Temperatur von 18° C, Dauer nur ein paar Sekunden. Es hilft bei Übergewicht, niedrigem Blutdruck, Rheuma oder dient zur Anregung.
Warmbad	Wärme bis 37° C, Dauer ca. 20 Minuten. Fördert die Entspannung, Beruhigung und Erwärmung. Soll mit einer kalten Dusche beendet werden. Gut geeignet bei Schlafstörungen.
Heiße Bäder	Temperatur bis 40° C, Dauer bis 20 Minuten. Sie dienen zur momentanen Überwärmung des Körpers und zur Erzeugung von künstlichem Fieber. Dies beschleunigt den Heilprozeß bei Erkältungen und Grippe. Für Herzkranke und bei Kreislaufschwäche sind sie verboten. Nach dem Bad kalt duschen.
Ansteigende Bäder	Sie beginnen als Warmbad (37° C), dazu läßt man langsam heißes Wasser zufließen, bis eine Temperatur von 40° C erreicht ist. Die Dauer des

	Bades sollte 20 Minuten nicht überschreiten. Wie beim Heißbad nachher kalt duschen. Vorsicht auch hier!
Teilbäder	
Armbad	Es kann je nach Notwendigkeit kalt, warm, heiß oder als Wechselbad angewendet werden. Kalt bewährt es sich zur Kreislaufstabilisierung, warm bei Herzbeklemmung und Asthma, heiße und ansteigende Bäder haben eine entkrampfende Wirkung, ein Wechselbad ist gut bei Durchblutungsstörungen.
Fußbad	Das kalte Bad nimmt man am besten am Abend. Darin werden die Füße und Waden ca. 2 Minuten lang gebadet. Es beseitigt Kopfschmerzen, sorgt für rasches Einschlafen und die Darmtätigkeit wird angekurbelt. Die Füße müssen vorher warm sein, eventuell durch ein warmes Fußbad. Ein warmes Fußbad ist zum Anwärmen nötig oder hilft bei Durchblutungsstörungen sehr wirksam. Die Dauer beträgt etwa 10 Minuten und die Wärme 38° C. Am Schluß immer einen kalten Guß beifügen. Heiße oder ansteigende Fußbäder sind bei Halsschmerzen, Grippe oder anderen Erkältungen zu empfehlen. 45° C und 20 Minuten Dauer sind das Maximum. Bei Krampfadern und Venenleiden sind sie verboten! Ein Wechselfußbad dient zur Temperaturregulierung und als Vorbeugung gegen Erkältungen. Warme und kalte Fußbäder abwechselnd nehmen, wobei das warme Fußbad die Dauer von etwa 5 Minuten, das kalte von 10 Sekunden haben sollte. Eine Ruhezeit hinterher ist angesagt.
Sitzbäder	Gebadet wird dabei der Unterleib, etwa bis Nierenhöhe, Oberkörper und Beine sind nicht im Wasser. Die Wirkung kann durch eine Kräuterzugabe opti-

	miert werden. Diese Bäder fördern die Unterleibs- und Bauchraumdurchblutung, helfen bei Unterleibskrämpfen, Periodenschmerzen und Koliken. Kalte Bäder (max. 20 Sekunden) wirken bei Unterleibsbeschwerden, Regelstörungen, Verstopfung oder Hämorrhoiden. Warme Sitzbäder (15 Minuten, ca. 38° C) dienen zur Entkrampfung und rascher Durchblutung des Darms und der Unterleibsorgane. Nach warmen Bädern folgt immer ein kalter Guß, anschließende Bettruhe ist zu empfehlen. Das heiße Sitzbad ist den Verkrampfungen und Schmerzen vorbehalten. Die Temperatur liegt bei 40° C, die Zeit ist auf 10 Minuten beschränkt.
Dampfbäder	Der Dampf wird als Heilsubstanzenträger benutzt. Das bekannteste ist das Kopfdampfbad bei Erkältungen. Dessen Dauer beträgt ca. 20 Minuten, das erhitzte Gesicht muß danach kräftig abgekühlt werden. Das Sitzdampfbad ist speziell für Frauen wohltuend. Mit Beigabe von Kräutern werden Unterleibsleiden, Darmbeschwerden oder Blasenleiden positiv beeinflußt. Am Schluß kräftig, aber kurz abkühlen. Ein Volldampfbad nimmt man in der Sauna oder im türkischen Dampfbad (Hamam). Zum Programm gehören rasche Abkühlung und Ruhepausen nach jedem Durchgang. Die Volldampfbäder härten den Körper hervorragend ab und sorgen für eine gute Entgiftung. Sie wirken erfrischend auf Körper und Geist, bewährt haben sie sich unter anderem bei Kreuzschmerzen. Diese Bäder empfehlen sich nicht bei Herz- und Kreislaufstörungen, Schilddrüsen- oder Leberleiden. Auch fieberhafte Erkrankungen gehören nicht in die Sauna.

Praktische Tips zur Eigenanwendung

Ätherische Öle vermischen sich nicht mit Wasser. Sie brauchen einen Emulgator, den Sie in Form von Honig, Meersalz, Sahne oder Milch (3-4 Eßlöffel) dem Wasser beimischen sollten.

10-15 Tropfen der Öle pro Bad sind ausreichend. Dazu ergibt eine neutrale Seifengrundlage ein herrliches Schaumbad.

Tips zur Eigenanwendung	
Bad zum Verwöhnen	Neroli, Jasmin, Rose, Mandarine, Sandelholz oder Honigessenz
Entschlackendes Bad	Wachholder, Geranie und Zitrone mischen
Entspannungsbad	Lavendel, Geranie, Orange, Melisse und Zimt mischen, Rosenholz oder Zeder benützen
Erfrischendes Bad	Sandelholz und Orange, Lemongras, Eisenkraut, Bergamotte, Rosmarin, Zitrone, Wachholder oder Myrthe
Fußbad	Meersalz, Pfefferminze
Hautpflegendes Bad	Sandelholz und Ylang Ylang mischen
Meersalzbad	Meersalz, Rosenholz, Lavendel, Geranie und Neroli mischen
Sinnliches Bad	Ylang Ylang, Sandelholz, Neroli
Sitzbad	Lavendel, Honig

Wirksame Bäderzusätze bei Wechseljahrbeschwerden	
Angst	Zitronenmelisse, Weißdorn, wilde Malve, Nuß- oder Quittenbaumblätter
Blasenbeschwerden	Sitzbäder mit Malven, Zinnkraut, Frauenmantel oder Heidekraut
Bluthochdruck	Kaltwassertreten, Bäder mit Fichtennadeln
Depression	Sitz- oder Fußbad mit Zinnkraut, Johanniskraut oder Geranie
Geschwollene Beine	Winde, Geranie, Storchenschnabel oder Hauswurz
Haarausfall	Baumnuß- oder Brennesselwurzelsud (zum Waschen der Haare)

Herzbeschwerden	Weißdorn und Hirtentäschelsud als kaltes Armbad (stärkend)
Hitzewallungen	Salbeibad
Kopfschmerzen	Thymian, Lavendel oder Kamille (Fußbad), warme Duschbäder direkt auf Nacken und Wirbelsäule
Krämpfe bei Menstruation	warme, aufsteigende Fußbäder
Kreislaufschwäche	Weißdorn, Johanniskraut oder Schafgarbe, heißes Handbad
Nervosität	Heublumenbad
Niedriger Blutdruck	Sauna, Wechselfußbad, kalte Armbäder
Rückenschmerzen	Zinnkraut-Sitzbad
Scheidenbeschwerden	Sanikel, Ringelblume oder Wundkleesitzbad (bei Erkältungen,Infektionen)
Schlaflosigkeit	Melissebad, Lavendel, Majoran
Schwindel	Heiße Handbäder
Starke Regelblutung	Reizsitzbäder, Kaltwaschungen
Trockene Haut	Ölbad (Mandelöl)
Übergewicht	Kalte Bäder, Pestwurz, Zinnkraut, Ringelblume, Malven- oder Birkenblätterfußbäder

Aus Großmutters Apotheke

Beschwerden sollten wir als Lernprozesse betrachten, durch die wir die richtigen Funktionen wieder einüben müssen. Die folgenden Ratschläge sind als solche Übungen zu verstehen, sie unterstützen und regen die körpereigenen Funktionen wieder an.

Ursachen vieler Krankheiten sind verschiedene Formen der Überforderung oder Überlastung, körperlicher wie auch seelischer Natur. Auch falsche Ernährung, ungesunde Lebensweise, Umweltgifte und mangelnde Bewegung sind mitverantwortlich.

Wir haben es selbst in der Hand, gesundheitliche Störungen zu vermeiden, indem wir lernen, auf unseren Körper zu hören. Durch die Überprüfung und entsprechende Änderung der Lebenssituation und Lebensweise lösen sich manche Probleme von selbst. Folgende Tips sollen Ihnen helfen, das Gleichgewicht zu finden, indem Sie es wieder herstellen.

Alte Hausrezepte stellen auch heute noch eine gute Alternative zur schulmedizinischen Behandlung dar.

Blasenbeschwerden

- Viel trinken, mindestens 2 Liter täglich.
- Spezielle Blasentees (Sie können sie selbst herstellen): Bärentraube, Pfefferminze, Schachtelhalm, Thymian und Zinnkraut zu gleichen Teilen mischen. 1 Eßlöffel pro Tasse, kurz aufkochen, warm trinken.
- Füße warm halten, sich warm anziehen, nicht auf kalten Unterlagen sitzen oder barfuß auf kalten Böden stehen.
- Mehrmals ein aufsteigendes Bad nehmen (von ca. 35° C auf 45° C steigern). Anschließende Ruhepause. Bei Patienten mit Herzbeschwerden nicht zu empfehlen.
- Warmer Heublumensack auflegen, auch Heusack wird empfohlen.

Blutdruck (hoch)

- Anstelle von Süßigkeiten viel Steinobst (Aprikosen, Kirschen, Pfirsiche, Pflaumen, Zwetschgen) essen. Sie beinhalten viel Kalzium und Kalium.
- Gehen Sie mit Salz sparsam um. Gebrauchen Sie Ersatzgewürze.
- Verzichten Sie auf Kaffee, Nikotin und Alkohol.
- Trinken Sie Olivenblätter-Tee
- Essen Sie viel Knoblauch.
- Vorsicht mit Fetten, verwenden Sie pflanzliche Öle.
- Reduzieren Sie Übergewicht.
- Bauen Sie den Stress ab.
- Machen Sie ausgedehnte Spaziergänge, und schlafen Sie genug.
- Sorgen Sie für ausreichende körperliche Betätigungen.
- Öfteres Baden mit Fichtennadelessenzen.

Blutdruck (niedrig)

- Treiben Sie morgendliche Gymnastik bei offenem Fenster. Atmen Sie dabei tief ein und aus.
- Gehen Sie täglich spazieren.
- Eine Trockenbürsten-Massage fördert die Durchblutung.
- Wenn Sie liegen und plötzlich aufstehen müssen, tun Sie es langsam (auch nachts). Ihr Kreislauf braucht Zeit, um sich einzustellen.
- Weißdorn-Tinktur trinken.

Geschwollene Füße

- Mehr laufen oder liegen (Beine hochlagern), als sitzen oder stehen.
- Fußgymnastik ausprobieren: Füße kreisen lassen, Fußspitzen anziehen und lockerlassen.
- Füße mit Kampfer einreiben, immer bei den Fußspitzen anfangen, weiter bis zu den Knien massieren.
- Wickel aus Holunder- und Lindenblüten kalt 1/2 Stunde einwirken lassen. Dann Füße massieren.
- Salzkonsum vermeiden.
- Einen Molke- oder Apfeltag einlegen, Brennesseltee trinken.

Durchblutungsstörungen

- In kaltem Wasser regelmäßig treten (Kneipp).
- Versuchen Sie eine Trockenbürsten-Massage.
- Schwimmen oder fahren Sie Rad, so oft Sie können.
- Atmen Sie richtig (Kurse).
- Achten Sie auf eine naturbelassene Ernährung.

Haarausfall

Haarausfall wird häufig durch psychische Belastungen verursacht, die Sie klären sollten. Außerdem helfen:

- Regelmäßige Haarwaschungen mit starkem Kamillentee.
- Tägliche Kopfmassage mit kaltem Wasser.
- Bürsten Sie die Haare täglich mit einer sauberen Bürste kräftig in alle Richtungen durch.
- Einreibungen mit Birken-, Brennessel- oder Rosmarinwasser.
- Eidotter mit ein bißchen Spiritus vermischen, auf befeuchtete Haare auftragen und einreiben. Nach einiger Zeit mit lauwarmem Wasser ausspülen. Haarboden mit Klettenwurzöl einreiben.
- Auf gute Verdauung achten.
- Möglichst keine Kopfbedeckung tragen.
- Haare nicht der prallen Sonne aussetzen.
- 3 x täglich Zinnkrauttee trinken, das hat sich gut bewährt.
- Bereiten Sie sich öfter eine Mahlzeit mit Hirse zu, um den Mangel an Silicium auszugleichen.

Hautprobleme (alternde Haut)

- Genügend trinken (mindestens 2 Liter täglich!).
- Hautdurchblutung anregen mit Kräuterpackungen, Dämpfen, durchblutende Masken, Wechselwaschungen warm/kalt, Sauna, Gesichtsmuskel-Übungen, Gesichtsmassagen.
- Nicht vergessen: Das Gesicht ist der Spiegel der Seele. Eine positive Einstellung zum Leben und ein heiteres Gemüt zeigt sich auf Ihrer Haut!

Hitzewallungen und Schweißausbrüche

- Öfter Salbeitee trinken.
- Waschungen mit einer Mischung aus Eichenrinde, Thymian, Walnußblätter und Wasser (Achselhöhlen).
- Trinken Sie nicht zu Heißes.
- Vermeiden Sie scharfes Essen, Kaffee und Alkohol.
- Schalten Sie ab und zu einen Rohkosttag ein.

Kopfschmerzen

- Barfußlaufen in nassem Gras.
- Ein warmes Fußbad, anschließend kalter Guß.
- Heiße Kompressen direkt auf den Nacken auflegen.
- Hände und Unterarme mehrmals am Tag in kaltes Wasser eintauchen
- Kopfstand machen.
- Matratze kontrollieren (sie darf nicht zu weich sein), Spezialkissen besorgen.
- Reiben Sie das Kopfschmerzzentrum mit Majoranöl ein.
- Befeuchten Sie Schläfen, Stirn und Nacken mit Pfefferminzöl.
- Kalte Wadenwickel, ca. 1/2 Stunde einwirken lassen.
- Trinken Sie Tee aus Baldrianwurzeln, Pfefferminze, Melisse und Lavendelblüten.
- Bei plötzlich auftretenden Kopfschmerzen: Espresso mit 2 Teelöffeln Zitronensaft trinken.
- 1 Tag fasten, dann auf Rohkost umstellen und ein paar Tage beibehalten.
- Alkohol, Zigaretten und Koffein meiden.
- Würzen Sie mit viel Petersilie oder Borretsch.
- Sparen Sie beim Salzgebrauch.

Kreuzschmerzen

- Rücken warmhalten.
- Viel spazieren, rückenstärkende Gymnastik erlernen.
- Matratze kontrollieren. Federkernmatratzen ggf. aussondieren, denn Betten sollten kein Metall enthalten.
- Kreuz mit Brennessel- oder Arnikatinktur einreiben.
- Heiße Heublumen-, Schlamm- oder Moorpackung auflegen.
- Wechsel-Sitzbad mit anschließendem Hüftwickel. Bettruhe!
- Waschen Sie die schmerzhafte Stelle mit Essigwasser.
- Achten Sie auf eine gute Körperhaltung.
- Heiße Heilerde auflegen, mit Plastikfolie und Wolltuch abdecken, über Nacht wirken lassen.
- Trinken Sie Tee aus Weidenrinde und Birkenblättern, Johannisbeerblättern und Holunderblüten (2 TL pro Tasse).

Kreislaufstörungen

- Machen sie morgendliche kalte Ganzwaschungen.
- Essen Sie oft Zitrusfrüchte, Vitamin C ist für den Kreislauf wichtig.
- Regelmäßig Knoblauch und Zwiebeln dem Essen beifügen.

Migräne

- Sich in dunklem Raum hinlegen, Kompressen wie bei Kopfschmerzen anwenden.
- Stirn und Schläfen sanft massieren.
- Wermuthtee, Fenchel- oder Kümmeltee schluckweise trinken.

- Am Morgen auf nüchternen Magen ein kleines Gläschen Petersiliensaft trinken.
- Antimigräne-Bad: Lavendelblüten und Melisse mit kochendem Wasser übergießen, ca. 15 Minuten ziehen lassen, dann ins Bad absieben. Badetemperatur auf 37° C halten, 20 Minuten im Wasser entspannen.

Müdigkeit und Erschöpfung

- Unternehmen Sie täglich einen einstündigen Spaziergang.
- Ruhen Sie nach dem Mittagessen etwas.
- Gehen Sie abends nicht zu spät schlafen, stehen Sie lieber am Morgen früher auf.
- Nehmen Sie ein kurzes heißes Bad mit anschließender kühlen Dusche.
- Trinken Sie Weißdorn- und Johanniskrautsaft.

Nackenverspannungen

- Verspüren Sie einen steifen Hals am Morgen, benützen Sie Akupressur: Drücken Sie sanft, aber ununterbrochen die schmerzhafte Seite (oder beide) mindestens 30 Sekunden lang, danach langsam den Hals bewegen. Wenn Sie immer noch Schmerzen haben, fangen Sie nach einer Pause nochmals an.
- Weitere Druckpunkte sind an der vorderen Schulterseite am Knochen, in der Ellbogenfalte und auf der äußeren Seite des Ellbogens. Drükken Sie dort, wo Sie am meisten Druckschmerz spüren.
- Anderes Akupressur-Programm: Drücken Sie die Innenseite des kleinen Fingers, ein paar Millimeter vom Nagelrand entfernt. Die Stelle ist leicht zu finden, da sie schmerzempfindlich ist. Dann massieren Sie den Nacken bis zu den Schultern.
- Warme Bettflasche auflegen oder mit wärmender Salbe einreiben.
- Wenn Ihnen Wärme nicht zusagt, versuchen Sie es mit Kälte, aber nur kurz auflegen.

Nervosität

- Trinken Sie Baldrian-, Lavendelblüten- oder Melissentee.
- Machen Sie eine Honig-Kur: Baldrian, Johanniskraut, Kamille, Lindenblüten, Melisse, Pfefferminze und Schafgarbe zu gleichen Teilen mischen, 1 EL pro Tasse nehmen, 3x täglich trinken. Gesüßt wird die erste Woche mit 1/2 TL Honig, die zweite mit 1 TL, in der dritten bis achten Woche mit 1 1/2TL, die letzten zwei Wochen wieder nur mit 1/2 TL. Die Kur sollten Sie 10 Wochen durchhalten.

Schlaflosigkeit

- Baldrianwurzel den ganzen Tag ins Wasser legen, am Abend aufwär-

men, Melisse und Hopfentee beimischen. Mit Honig gesüßt 1/2 Stunde vor dem Schlafengehen trinken.
- Trinken Sie schluckweise Baldriantee. Nach dem Nachtessen damit beginnen, letzte Tasse direkt vor dem Schlafengehen.
- Nehmen Sie ein warmes Fußbad (am Schluß kalt abwaschen).
- Nehmen Sie ein Vollbad (ca. 37° C) mit Zusatz von Baldrian und Lavendelabsud. Genießen Sie es 20 Minuten lang. Gut atmen!
- Tragen Sie nur Nachtwäsche aus Baumwolle, auch die Bettwäsche sollte aus diesem Material sein.
- Massieren Sie sich vor dem Schlafengehen Lenden- und Nackengegend warm. Dann direkt hinlegen, ruhig atmen.
- Meditieren oder autogenes Training zum Entspannen nutzen.

Schulterbeschwerden

- Massieren Sie Nacken und Schultern mit knetendem Griff.
- Warm duschen, Wasser dabei auf die schmerzende Stelle laufen lassen, mit dem Becken kreisen, Kopf nach vorne fallen lassen.
- Legen Sie Kompressen aus Arnika, Thymian, Rosmarin und heißem Wasser auf. Das heiße, nasse Tuch gut und warmhaltend zudecken. (Plastikfolie und warmes trockenes Tuch), einwirken lassen.
- Warme Umschläge oder Bettflasche benützen oder eventuell Wickel mit Eiswürfeln (nur kurz auflegen) versuchen.

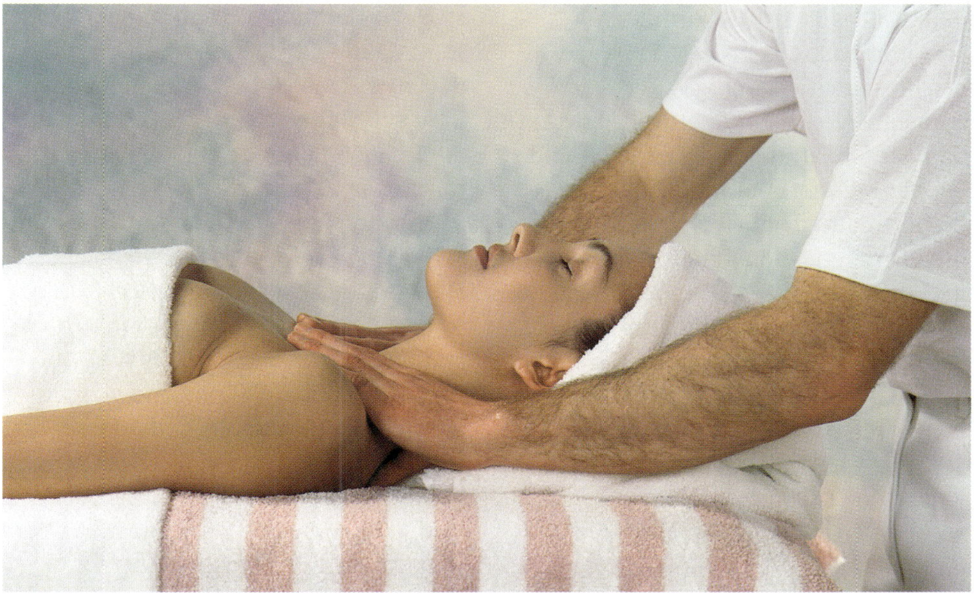

Hormontherapie – ja oder nein?

Der Östrogenboom fing im Jahre 1965 in der USA an, gleichzeitig mit der Entwicklung der künstlichen Hormone. Die große Werbetrommel des Buches «Ewig weiblich» von R. + T. Wilson brachte viele Frauen dazu, Östrogene von den Frauenärzten zu verlangen, da die ewige Weiblichkeit, Jugendlichkeit und ein wunderbares Sexualleben versprochen wurden. Es wurde also nicht der Linderung der Beschwerden, sondern dem Traum von ewiger Jugend und Schönheit nachgejagt. Mit dem Run auf die Östrogene stiegen die Umsätze der Pharmaindustrie gewaltig.

Ende der 60er Jahre verschob sich die Östrogen-Hysterie nach Europa. Zehn Jahre danach stellte sich heraus, daß das Risiko zu Gebärmutterschleimhautkrebs bis zu 15 x angestiegen war, da die ständige Östrogeneinnahme zu einem übertriebenen Aufbau der Gebärmutterschleimhaut und zu häufigerem Entarten der Zellen geführt hatte. Daneben waren Frauen, die Östrogene einnahmen, ca. 8 x mehr von schweren Blutungen und 6 x häufigeren Gebärmutterentfernungen betroffen. Auskratzungen waren bis zu 5 x öfter nötig als bei Frauen ohne Hormontherapie.

Durch die vielen Nebenwirkungen wuchs das Mißtrauen der Frauen, was zu einem Rückgang der Hormontherapien führte. Die Pharmaindustrie reagierte prompt. Sie entwickelte die kombinierte Therapie, die sowohl Östrogene wie auch Gestagene (die ein regelmäßiges Abbluten der Gebärmutterschleimhaut bewirken) beinhaltet. Dadurch wurde die Indikation der Osteoporose eingeführt, die nicht mehr nur den Wunsch nach Schönheit und ewiger Jugend einiger Frauen ansprach. Das Beinhalten der Osteoporose-Therapie führte zur Ausweitung der Hormontherapie auf alle Frauen, auch auf gesunde und beschwerdefreie. Da die Hormone jahre- bis lebenslang eingenommen werden müssen, wurde der Markt der Pharmaindustrie ausgeklügelt für lange Zeit gesichert.

Erwiesenermaßen können, müssen sich die Beschwerden aber nicht bessern, da die individuelle körperliche wie auch seelische Verfassung jeder Frau sehr unterschiedlich ist und dadurch auch zu unterschiedlichen Reaktionen führt.

Hormonbehandlungen in den Wechseljahren gibt es mit verschiedenen Wirkstoffen, Dosierungen und Verabreichungsmöglichkeiten. Von Östrogenen und Gestagenen gibt es diverse Arten. Natürliche Östrogene werden aus dem Harn trächtiger Stuten gewonnen. Sie sollen für die Frau besser verträglich sein als die synthetischen. Wie jedoch die pferdeeigenen Substanzen auf den menschlichen Organismus wirken, ist bis heute nicht untersucht und abgeklärt worden.

Synthetische Östrogene haben unterschiedliche Wirkungen. Das Athinylöstradiol, das in der Antibabypille enthalten ist, soll in den Wechseljahren nicht genommen werden. Andere, wie Östradiol und Östradiol-Valerate, sind in den Wechseljahren gängig.

Von den Gestagenen gibt es zwei Hauptgruppen.

Nortestosteronderivate wirken sich dabei negativ auf Blutwerte und Herz-Kreislauf aus. Die zweite Gruppe, die sogenannten Progesteronderivate, ist vorzuziehen, da bei dieser der negative Einfluß auf die Blutgefäße nicht restlos geklärt ist.

Gestagene sollen sehr niedrig dosiert werden, da sie insgesamt eher eine negative Wirkung auf Herz und Kreislauf haben.

Androgene, die auch mit Östrogenen kombiniert werden können, sollten gar nicht eingenommen werden, da durch sie eine Vermännlichung zustande kommen kann.

Hormone und noch mehr Hormone

Viele Frauen haben seit ihrer Jugend sehr oft Hormone eingenommen. Sei es in Form der Antibabypille, um Fehlgeburten zu vermeiden, gegen Akne, zur Zyklusregulation, zum Abstillen, gegen Blutungen, Zysten, Myome u.a. Dadurch wird die Frau zur Dauerpatientin. Ungefähr die Hälfte der Frauen, die Hormone einnehmen, leiden jedoch unter Nebenwirkungen wie Gewichtszunahme, Kopfschmerzen, Übelkeit und anderem.

Doch wie entscheidet man sich richtig? Da die Hormontherapie sehr widersprüchlich ist, sollte man sich umfassend informieren. Nicht nur die Informationen Ihres Arztes, sondern auch Gespräche mit betroffenen Frauen können Ihnen weiterhelfen.

Sie müssen sich unbedingt die Frage stellen, was will ich durch die Hormontherapie vermeiden, denn es ist fragwürdig, ob man die Lebensqualität dadurch steigern kann, daß man jahrebis lebenslang Hormone einnehmen muß.

Wogegen werden die Hormone verordnet?

Angstzustände
Depressionen
Falten
Haarausfall
Hauttrockenheit
Hitzewallungen
Juckreiz
Konzentrationsschwäche
Kopfschmerzen
Libidoverlust
Reizbarkeit
Reizblase
Schlaflosigkeit
Schweißausbrüche
Schwindel
Trockenheit der Vagina
Vergeßlichkeit
Vorbeugung der Osteoporose oder Herzkreislauferkrankungen

Und wenn Sie Hormone nehmen, kann es bereits eine Abhängigkeit sein, denn auch das Absetzen kann sich zu einer schwierigen Phase entwickeln.

Welche Gründe sprechen dafür, eine Hormontherapie nicht anzufangen oder allenfalls zu beenden?

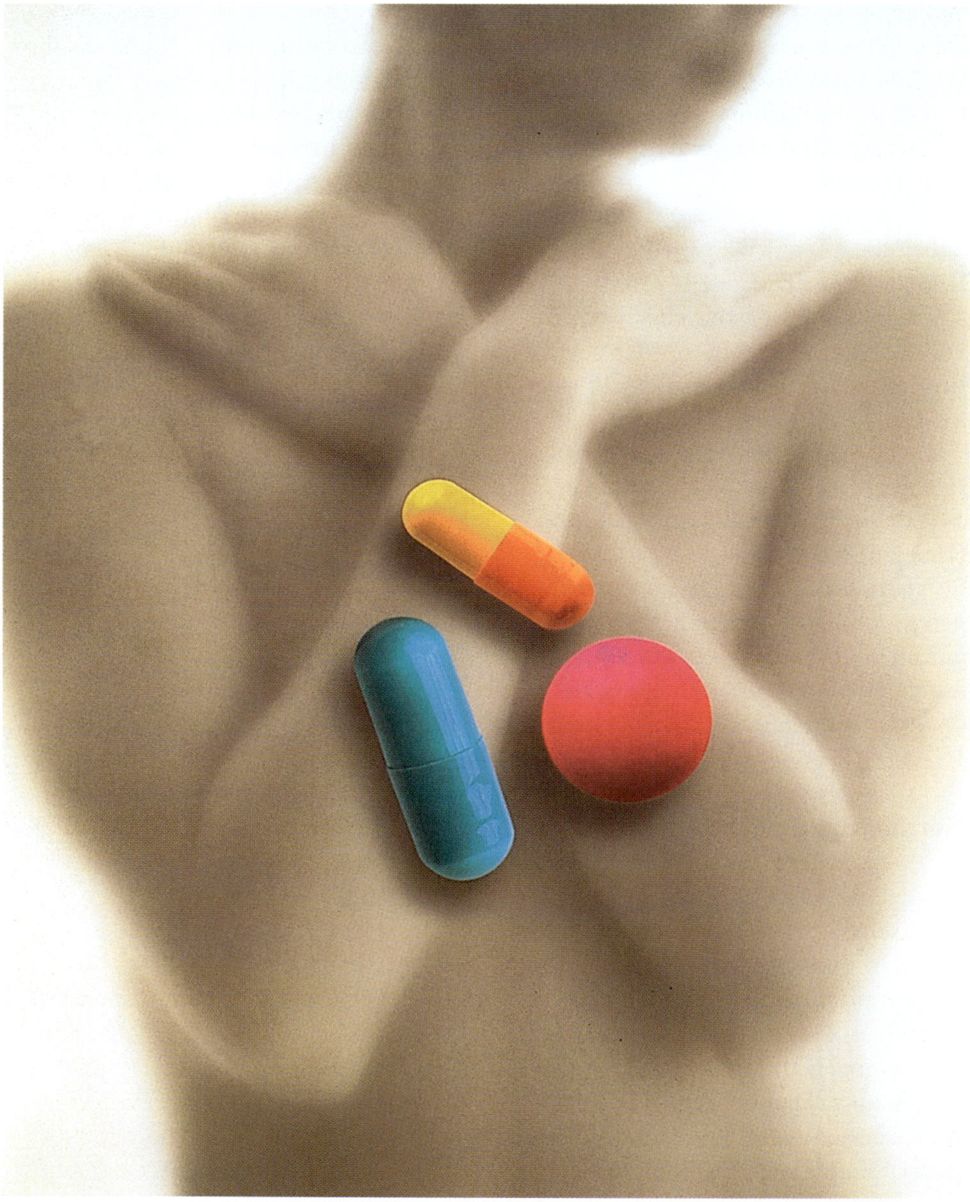

- Frühere Probleme mit Erkrankungen der Herzkranzgefäße, Schlaganfälle, Thromboembolien
- Venenentzündungen
- Myome
- Ungeklärte vaginale Blutungen
- Östrogenabhängiger Brust- oder Gebärmutterkrebs
- Lebererkrankungen
- Gallenblasenerkrankungen
- Bluthochdruck
- Migräne

Welche Nebenwirkungen kann die Hormontherapie bewirken?

- Gewichtszunahme
- Veränderungen des Fettstoffwechsels im Blut
- Übelkeit
- Kopfschmerzen, Migräne
- Sehstörungen
- Ungeklärte Blutungen, die vermehrt operative Eingriffe mit sich bringen
- Depressionen, Niedergeschlagenheit
- Wassereinlagerungen
- Myomenbildung
- Vaginale Pilzinfektionen
- Vergrößerung und Empfindlichkeit der Brüste
- Fremdgefühl des eigenen Körpers

Versprechungen, die die Hormontherapie nicht halten kann:

- Alterungsprozeß aufhalten
- Seelische Probleme lösen
- Knochenmasse neu aufbauen
- Sexuelle Bedürfnisse und Erregbarkeit steigern
- Harninkontinenz (unfreiwilliges Wasserlassen) beheben

Bevor Sie sich für eine Hormonbehandlung entscheiden, sollten Sie Ihre Situation sorgfältig abklären und sich folgende Fragen stellen:

- Aus welchen Gründen greife ich zu einer solch massiven, nebenwirkungsreichen Maßnahme?
- Welche Beschwerden habe ich, und wie sehr stören diese mich?
- Habe ich schon alle natürlichen Möglichkeiten ausgeschöpft?
- Welche Alternativen stehen mir zur Verfügung?
- Wie lautet meine persönliche Krankheitsgeschichte und die meiner Familie, eventuelle Anzeigen gegen eine Hormontherapie?
- Bin ich bereit, jahrelang von chemischen Substanzen abhängig zu sein?
- Bin ich bereit, meine natürliche Steuerung des Hormonsystems durch meinen Körper bewußt zu stören und aus dem Gleichgewicht zu bringen?
- Bin ich bereit, mit sämtlichen Nebenwirkungen zu leben?

Jede Frau soll sich bewußt werden, daß wir nicht durch die Einnahme der Hormone zu ewiger Jugend und perfektem, funktionellem Dasein gelangen, sondern daß die einzige Vorsorge im vernünftigen Leben, das wir gegenüber unserem Körper verantworten können, besteht.

Denn nur sachkundige Informationen, ein stabiles Selbstwertgefühl und das gelassene Hinnehmen des natürlichen Prozesses der Wechseljahre, das Betrachten des Älterwerdens als Teil des Lebens, der auch neue Vorteile und Chancen mit sich bringt, führen uns zu einem zufriedenen Dasein.

Natürliche Hormontherapie

Bei klimakterischen Beschwerden lassen sich sehr gut pflanzliche oder homöopathische Mittel einsetzen. Diese natürlichen Mittel helfen sanft und wirkungsvoll, nicht aber schlagartig, sondern milde und schonend.

- Hormonell anregend wirken Nachtkerzenöl und Frauenmanteltee, der mit Ringelblumenblüten oder Salbeiblättern kombiniert werden kann.
- Hormonell ausgleichend wirkt natürliches Vitamin E oder Weizenkeimöl.
- Ausgleichend helfen auch Mönchspfeffer, Silberkerze, Brennesselsamen oder Granatapfelsamen.
- Bei der Umstellung nach Abbruch einer Hormontherapie helfen Herzgespanntropfen oder -tee.

– Bei Hitzewallungen (Homöopathisch)	Salbeitee, Nachtkerzenöl kanadische Blutwurzel (Sanguinaria), Tintenfisch (Sepia), Buschmeister (Lachesis)
– Bei Reizbarkeit	Baldrian oder Hopfen
– Bei Gemütsschwankungen	Johanniskrauttee, Melisse
– Bei trockener Scheide	Weizenkeimöl (direkt auftragen)
– Bei Schlaflosigkeit	Hopfen, Baldrian, Melisse, Kamille, Passionsblume

Alternativen zur Hormontherapie

Die Alternativen zur Hormonbehandlung wollen vor allem die Selbstheilungskräfte wecken und fördern. Der Mensch wird als ganzheitliches Wesen verstanden, und die Heilweisen sollen dem Menschen ganzheitlich helfen und nicht schaden.

Sanfte Methoden sind aber nicht wirkungslos. Im Gegenteil! Sie gehen die Ursachen der Probleme an, wirken langsamer, jedoch nachhaltiger und ohne schädliche Nebenwirkungen.

Die meisten Therapien sind nicht neu. Viele kommen aus anderen, alten Kulturen, wo sie sich seit vielen Jahren tausendfach bewährt haben. Die chinesische, japanische oder indische Kultur haben hochentwickelte naturmedizinische Systeme wie Akupunktur, Shiatsu oder Ayurveda hervorgebracht. Sie alle helfen dem Menschen ganzheitlich und fallen durch ihre Wirksamkeit ohne Nebenwirkungen auf. Das körperliche und seelische Gleichgewicht wird wiederhergestellt.

Für ungeduldige Menschen, notorische Zweifler oder für Menschen, die an ihren falschen Lebensgewohnheiten festhalten, eignen sich diese Therapien nicht. Die sanften Heilmethoden taugen auch nichts bei chirurgischen Eingriffen, wohl aber bei deren Vorbereitung und der Genesungszeit nach einer Operation.

Bei Diagnosen werden oft ganzheitliche Diagnoseverfahren benützt, die Auskunft über den Ursprung der Störung geben. Zu ihnen gehört die Irisdiagnose, die davon ausgeht, daß jeder Teil der Regenbogenhaut des Auges einem Organ oder einer Funktion entspricht. Veränderungen der Iris, Flekken, Verfärbungen, Schatten oder Verdichtungen geben Hinweise auf körperliche und seelische Störungen.

Elektronisch-biologische Diagnosen erfassen die Energieströme im Körper. Sie geben Auskunft über Organschwächen oder Störfelder und werden auch zur Therapiekontrolle eingesetzt. Dazu gehören Akupunkturmessen nach Dr. Voll, Vega-Test oder Kirlian-Photographie.

Die Haarmineralanalyse zeigt den Mineralhaushalt, eventuelle Belastungen mit Giftstoffen, Mangel an Mineralien und Spurenelementen an und weist so auf Funktionsstörungen hin.

Die Thermoregulation gibt Auskunft über Temperaturunterschiede und schließt daraus auf Entzündungen, Störfelder oder degenerative Prozesse.

Durch eine Hand- und Nageldiagnostik lassen sich die Symptome einer Krankheit oder Krankheitsdispositionen aus den Zeichen in der Hand und den Nägeln erkennen. Bei dieser Diagnose wird auch auf den Handdruck, die Farbe der Hand, deren Form, Biegungen und Wölbungen, die Handlinien, die Nagelformen, Unterschiede, Merkmale und die Mentalität geachtet.

Bei der Zungendiagnostik schließt man aus dem Zustand der Zunge, den Symptomen und Zeichen der Zunge und den pathologischen Veränderungen wie Färbung oder Belag auf einige Unstimmigkeiten im Körper.

In folgendem Leitfaden finden Sie eine nähere Beschreibung der Therapien, die sich besonders bei Beschwerden in den Wechseljahren bewährt haben.

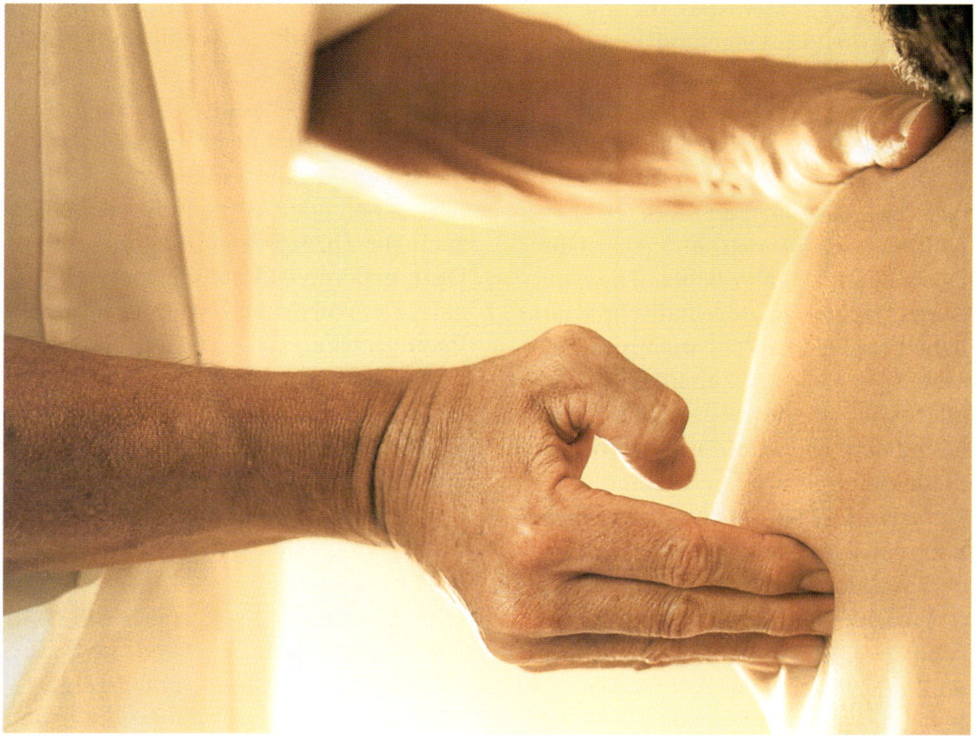

Leitfaden durch die Therapien

Akupressur *

Die Akupressur hat ihren Ursprung in der chinesischen Medizin. Die Grundlagen dafür sind Yin und Yang, Harmonie und der geschlossene Lebensenergiekreis, Chi genannt, die von einem ganzheitlichen Ansatz ausgehen.

Der Akupressur liegt eine örtliche Massage der betreffenden Punkte zugrunde, die den Energiezufluß durch den Druck der Hände wieder freilegt. Sie hilft bei Kopfschmerzen, Rückenproblemen, Müdigkeit und Antriebsschwäche. Auch bei Schlafstörungen, Übergewicht, Angstzuständen, Kreislaufschwäche und Menstruationsbeschwerden kann sie angewendet werden. Diese Beschwerden werden durch den Druck auf bestimmte Schmerzpunkte gelindert.

Diese Methode erfordert, wie bei der Akupunktur auch, zur erfolgreichen Behandlung exakte Anatomiekenntnisse, Geduld und Fingerspitzengefühl. Es können körperliche sowie seelische Störungen behandelt werden, da die chinesische Medizin keine Trennung zwischen Körper und Seele macht.

** Die mit einem Sternchen versehenen Therapien sind in den einzelnen Kapiteln noch ausführlicher beschrieben.*

Akupunktur

Mit Hilfe von sterilen Nadeln werden die Energiebahnen stimuliert und gehemmte Lebensenergie zum Fließen gebracht.

Mit der Kombination von Heilkräutern, die zum Glühen gebracht werden (Moxa), kann man durch zusätzliche Wärmeeinwirkung das Stimulieren verstärken.

Akupunktur dient vor allem der Schmerzbehandlung bei Kopfschmerzen, Rückenproblemen, Rheuma, Asthma bronchiale, der Raucherentwöhnung oder Gewichtsreduktion. Die Anwendung ist durch speziell ausgebildete Personen notwendig, da bei einer unsachgemäßen Behandlung schwere Komplikationen entstehen können.

Alexander-Technik

Sie lehrt den richtigen Gebrauch des Körpers, korrigiert falsche Haltungen und führt dadurch zu seelischem wie auch körperlichem Wohlbefinden. Ziel ist eine unverkrampfte Kopf-, Hals- und Rückenhaltung. Man lernt in langsamen Übungen aus den eigenen Haltungsfehlern auszubrechen, indem man sie erkennt und korrigiert.

Im bewährten Einzelunterricht leitet der Lehrer zu richtigen Bewegungen, die zur Linderung der Probleme führen. Schritt für Schritt wird der persönliche Bewegungsablauf gelernt und eine individuelle Körperhaltung erarbeitet. Denn wer ständigen Zwängen untergeordnet ist, kann ebenso Depressionen wie körperliche Schmerzen bekommen. Eine gute, in sich ruhende Haltung wirkt sich auch auf die Psyche aus. Man wird freier, beschwingter und selbstbewußter.

Gründer: Frederick Alexander

Anthroposophische Medizin

Es ist eine umfassende Heilslehre, die die Wesensglieder und die Sinnesganzheit des Menschen erfaßt. Gesundheit beruht auf der Harmonie der vier Wesensglieder (physischer Leib, Äther- und Astralleib und das Ich).

Je nachdem, welches Glied dominiert, lassen sich die Krankheiten in vier Typen einordnen. Anthroposophische Heilmittel wirken auf die vier Wesensglieder und werden nach strengen Vorschriften aus pflanzlichen, tierischen, mineralischen und metallischen Substanzen gewonnen. Alle Krankheiten werden therapiert.

Gründer: Rudolf Steiner

Aromatherapie *

Zu den ältesten Behandlungen der Zivilisation gehört das Wirken der Heilkräfte von aromatischen Essenzen auf Körper und Psyche. Ätherische Öle aus Blättern, Blumen, Früchten und Wurzeln werden eingeatmet, eingerieben, eingenommen oder als Badezusatz verwendet. Sie sind Heilmittel in konzentrierter Form. Man kann sie für Kompressen, Wickel, Massagen, bei Shiatsu oder einer Lymphdrainage einsetzen. Durch diese Therapie wird das Energiepotential von Pflanzen auf Menschen übertragen, und Störungen werden ausbalanciert.

Die Aromatherapie harmonisiert und belebt den Körper, Geist und die Seele. Freude, sexuelle Lust, Antriebsschwäche, Traurigkeit, emotionaler Stress oder Hormonschwankungen werden unmittelbar beeinflußt. Diese Methode läßt sich gut mit anderen Therapien kombinieren.

Atemtherapie *

Das Atmen ist unser Lebensrhythmus. Wie zentral das Atmen ist, merkt man erst, wenn es nicht mehr richtig funktioniert.

Stress, psychische Probleme oder Atemwegserkrankungen können zur Fehlatmung führen. Ruhiges und tiefes Atmen durchlüftet den Körper, sorgt für eine optimale Sauerstoffversorgung, beseitigt den Stress, erhöht die Energie und bringt gute Laune.

Die Atemtherapie ist eine sanfte Art, zum richtigen Atmen zurückzufinden. Dies ist ein Weg, seinen eigenen, individuellen Lebensrhythmus zu spüren, aber auch die Gefühle und Blockaden zu erleben. Sie fördert und entwickelt den natürlichen Rhythmus des Atmens durch Atemübungen und Atemarbeit.

Diese Therapie besteht aus gezieltem Aus- und Einatmen, Stimmübungen, Zwerchfellspüren, wechselnder Brust- und Bauchatmung, Atemgymnastik.

Das allgemeine Wohlbefinden wird gesteigert, Körper und Seele erreichen einen wachen, entspannten und energiegeladenen Zustand, Ängste und psychosomatische Beschwerden werden abgebaut. Die Wirkung besteht aus großer Entspannung, Konzentration und Klarheit. Es ist eine positive Erfahrung des eigenen Körpers.

Eine besondere Form der Atemtherapie ist die Atemmassage, sie öffnet neue Räume, die vorher blockiert waren.

Die Atemtherapie wird vor allem bei Erschöpfungszuständen, Haltungsschäden, Ängsten und Spannungen eingesetzt.

Es sind Einzelbehandlungen oder Gruppenkurse möglich.

Augentraining

Brillen weg und Augen auf! Durch gezieltes Augentraining ist es möglich, die Sehkraft zu verbessern.

Da körperliche und seelische Blokkaden auch den Bereich der Augen betreffen können, beeinträchtigt ständige Spannung der Augenmuskulatur das Sehen. Durch seelischen Stress kommt es zur Verkrampfung der Augen.

Hier setzt das Augentraining ein. Durch spezielle Übungen wie Klopfmassage, Blinzeln, meditative Entspannung und Schwungübungen erzielt man gute Erfolge.

Das erweiterte Augentraining beinhaltet außer den Augenübungen auch Übungen des ganzen Körpers, die zur Entspannung von Nacken und Schultern führen. Diese Übungen sind sehr wirksam für Menschen, die viel am Bildschirm arbeiten.

Gründer: William Bates, Augenarzt, New York

Aurikulo-Therapie

Es handelt sich um eine spezielle Form der Reflexzonenlehre. Dr. Nogier entdeckte, daß Schmerzzustände an bestimmten Körperteilen druckhafte Stellen am Ohr bewirken. Durch Massage, Nadelung, Elektroakupunktur, Farbpunktur oder Laser der Ohrpunkte (über 100 Punkte) konnten die Schmerzen an den betroffenen Körperteilen gelindert oder zum Verschwinden gebracht werden.

Die Anordnung der Punkte ergibt das Bild eines umgekehrten Fötus.

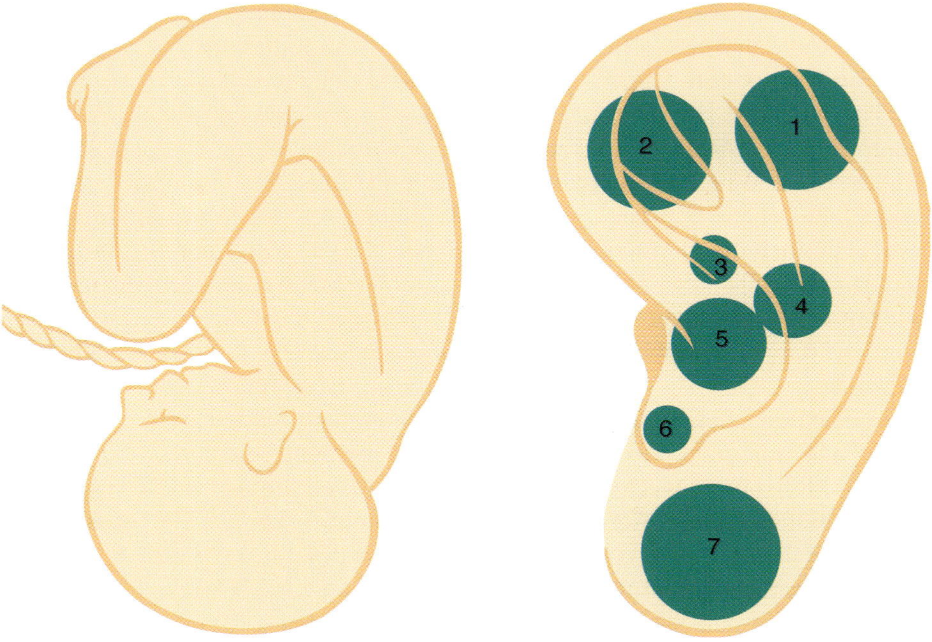

Fötus im Ohr nach Paul F.M. Nogier

1. Untere Extremitäten (Beine)
2. Obere Extremitäten (Arme)
3. Eingeweide
4. Wirbelsäule
5. Rumpf
6. Drüsen
7. Kopf

Diese Therapie wird vor allem bei Suchtentwöhnung (Rauchen, Eßsucht u.a.), Allergien oder Schmerzen eingesetzt.

Gründer: Paul F.M. Nogier, Arzt, Frankreich

Autogenes Training

Autogenes Training ist die wirksamste und am weitesten verbreitete Entspannungsmethode durch Autosuggestion. Die Muskulatur wird gelockert, der Atem beruhigt, das Wohlbefinden und die Konzentration gesteigert, eine Umstimmung des neurovegetativen Nervensystems, der Atmung, der Herztätigkeit, der Verdauung und des Schlafes erzielt. Dadurch wird ein entspannter, erholsamer Zustand erreicht. Es beruhigt und wirkt gegen den Stress, der das Immunsystem schwächt und die Anfälligkeit für Krankheiten begünstigt.

Durch Selbsthypnose ruft man einen Schwerezustand, Wärme und Entspannung hervor, die wiederum die Harmonie von Körper, Seele und Geist herzustellen vermögen. Die größte Wirkung erzielt man durch regelmäßiges Üben.

Autogenes Training ist leicht erlernbar und braucht wenig Zeit. Regelmäßiges Üben führt zur Verbesserung der Selbstwahrnehmung des körperlichen und seelischen Zustandes. Es ist ein innerer Spaziergang, eine Reise zur persönlichen Innenwelt.

Für Frauen ist das Autogene Training besonders gut, da die meisten wenig Möglichkeiten zur Entspannung im Alltag finden.

Geeignet bei Schlafstörungen, Stress, Nervosität oder Menstruationsbeschwerden. Auch das Selbstwertgefühl wird durch regelmäßiges Üben deutlich angehoben.

Gründer: Johannes H. Schultz, Psychiater, Berlin

Ayurveda

Die altindische Heilkunst ist eine ganzheitliche, natürliche Medizin, die an indischen Universitäten gelehrt wird. Im Mittelpunkt steht die Vorsorge, damit es gar nicht zur Krankheit kommen kann.

Harmonie der drei Elemente, Wind, Feuer und Wasser, garantiert die Gesundheit. Disharmonie ist mit Krankheit gleichzusetzen. Das Gleichgewicht wird durch Körperreinigung, Behandlung der Körperblockaden, Massagetechniken, Ernährungspflege, Yoga, Meditation, Entschlackung, Dampfbädern und Immunabwehrstärkung durch ayurvedische Nahrungszusätze erhalten.

Die Behandlungen haben sich vor allem bei chronischen Erkrankungen wie Rheuma, Stoffwechselstörungen, Darmproblemen, Allergien, Übergewicht oder psychosomatischen Krankheiten bewährt.

Bachblüten-Therapie *

Diese Heilmethode kann bei psychosomatischen Leiden, in Lebenskrisen, Erschöpfung oder zur Regeneration eingenommen werden.

Bachblüten sind eine sanfte Art der Umstimmung von unerwünschtem Verhalten und negativen Seelenzuständen.

Unter der Oberfläche eines Problems sitzt eine tiefere Ursache, die innere Konflikte beschert. Durch die richtige Wahl der Blüten, die mittels eines therapeutischen Fragebogens ermittelt werden, erreicht man den therapeutischen Weg der Heilung. Blockaden von Ängsten, Intoleranz, Skepsis, Ich-Bezogenheit, Eifersucht, Jähzorn, Haß, Neid, Ungeduld, Minderwertigkeitskomplexen, Schuldgefühle, Schüchternheit, Panik, Strenge, Mutlosigkeit, Überempfindlichkeit u.v.m. werden gelöst und somit positive Zustände erreicht.

Die 38 Blütenessenzen wirken entspannend, die blockierte Lebensenergie wird wieder freigesetzt und eine optimale Entfaltung der Persönlichkeit erreicht. Die Therapie wirkt ausgleichend ohne schädliche Nebenwirkungen und zeigt auch Erfolg bei Tieren und Pflanzen.

Gründer: Dr. Edward Bach, England

Badekuren

Von Badekuren profitieren Körper und Seele gleichzeitig, die Kraft des Wassers stellt den freien Fluß der Lebensenergie wieder her.

Ob Moorbäder, für eine Anregung des Kreislaufes und der weiblichen Organe, oder Sole, bei Unterleibsstörungen und zur Befreiung vom Alltagsstress, eine Badekur ist immer eine willkommene Gelegenheit zur Entspannung. Bäder helfen, neue Lebensfreude zu tanken oder die Tätigkeit des Körpers zu aktivieren.

Bioresonanz-Therapie *

Körpereigene Schwingungen geben Hinweise auf Krankheiten und Gemütszustände des Patienten. Das Bioresonanzgerät erfaßt die kranken Wellen, verändert sie und leitet sie über Elektroden wieder zurück zum Körper. Dadurch werden Entgiftungsprozesse in die Wege geleitet, Selbstheilungskräfte gestärkt und die Eigenregulation des Organismus aktiviert. Chronische Beschwerden werden in einen akuten Zustand geleitet, was eine Signalisation zur Auseinandersetzung des Körpers mit langjährigen Beschwerden einleitet.

Dabei werden kranke Energien abgeschwächt oder gelöscht und die Beschwerden geheilt oder am Ausbruch gehindert.

Es können sämtliche Krankheiten behandelt werden. Ganz besonders hat sich die Bioresonanz bei Allergien und Schmerzen, zur Behandlung von geopathischen Störungen und zur Beseitigung von Schlacken und Schadstoffen bewährt. Auch bei der Testung von Allergien, Nahrungsmittelunverträglichkeiten, Amalgamstörungen oder krankmachenden Herden hat sich diese Methode als erfolgreich erwiesen.

Die Behandlungen sind ungefährlich.

Chinesische Medizin

Die Akupunktur ist nur ein kleiner Teil der Behandlungsmethoden der traditionellen chinesischen Medizin. Den großen Teil bilden die Therapien mit pflanzlichen, mineralischen und tierischen Heilmitteln.

Die Chinesen kennen über fünftausend Heilpflanzen. Fließt die Lebensenergie «Qi» (Tschi) ohne Störung, ist man gesund. Bringen die Blockaden den Fluß ins Stocken, erzeugen sie einen Mangel oder Überfluß an Energie, d.h. der Mensch ist krank.

Ein vielfältiges Diagnosesystem wird angewandt: Pulsdiagnose (über 30 Pulsqualitäten), Zungendiagnose u.v.a.

Ernährungstherapie

Grundlage ist eine vielfältige und ausgewogene Ernährung, die durch Umstellung der Lebens- und Ernährungsgewohnheiten den Körper entschlackt und den Stoffwechsel aktiviert. Entgiftung und rege Verdauung entsäuern den ganzen Körper.

Diese Therapie sorgt für ein allgemeines Wohlbefinden, beugt Krankheiten vor und hat sich vor allem bei sogenannten Zivilisationskrankheiten wie Herzbeschwerden, Übergewicht, Blutdruckproblemen, Diabetes, Krebs oder Rheuma bewährt.

Einige Grundregeln, die als gesundheitsfördernd gelten:
- weniger Essen
- weniger Fett
- weniger raffinierte Nahrungsmittel (z.B. Zucker)
- mehr Balaststoffe (Früchte, Gemüse, Vollkorn)
- weniger tierisches Eiweiß
- mehr trinken

Die Ernährung beeinflußt den Stoffwechsel, den Kreislauf und das Immunsystem.

Die Ernährungstherapie hat zum Ziel, körperliche Funktionen zu stabilisieren und wiederherzustellen. Das gelingt nach einer Ernährungsumstellung, z.B. Rohkost nach Bircher-Benner, Kuren nach F.X. Mayr, nach Buchinger oder Vollwerternährung nach W. Kollath.

Farbtherapie *

Die Farben beeinflussen die Gesundheit und die Seele. Jeder Farbton besitzt eigene Wellenfrequenzen und spezielle chemische und physikalische Eigenschaften.

Farben wirken nicht nur durchs Auge, sondern auch über die Haut. Sie können Blutgefäße verengen oder erweitern, den Blutdruck senken oder erhöhen. Sie wirken bakterientötend, können das Immunsystem stärken oder den Muskeltonus verbessern. Seelische

Zustände können durch Farben beruhigt oder angeregt werden.

Durch bewußten Umgang mit Farben wird das ganze Leben bunter. Körpermeridiane können durch Farben energetisch reguliert und Stimmungen beeinflußt werden.

Die Therapie arbeitet mit farbigem Licht, das Körper und Lebensmittel anstrahlt oder das Badewasser einfärbt. Sie ermöglicht auch die Auswertung der farbigen Aura eines Menschen. Für Behandlungen werden auch Farbbrillen benutzt.

Die Therapie ist völlig ungefährlich, sie steigert das allgemeine Wohlbefinden jedes Menschen.

Vertreter sind: J.W. Goethe, Rudolf Steiner, Prof. Max Lüscher

Fasten

Für den gesundheitsbewußten Menschen gehört das Fasten zu einem jährlichen Ritual. Schon seit der Antike wird gefastet.

Das Fasten ist jedoch nicht mit einer Diät zu verwechseln, es handelt sich dabei um die Entschlackung des Körpers und Geistes.

Besonders wirksam ist das Heilfasten von 2-3 Wochen. Verschiedene Richtungen sind möglich: Bircher-Benners Gemüsesäfte-Fasten, Mayrs Milch- und Semmeln-Fasten, Molkekur, Reis, Kartoffel und Sellerie nach Waerland u.a.

Sehr wirkungsvoll ist Fasten gegen Rheuma, Gicht oder Migräne, dies jedoch unter therapeutischer Aufsicht.

Zu Hause sollten Sie das Fasten nicht länger als eine Woche durchführen. Wichtig sind während des Fastens kein körperlicher oder psychischer Stress, viel trinken (mindestens 3 Liter täglich).

Nach dem Fasten soll sich der Körper sanft und ganz langsam wieder an feste Nahrung gewöhnen.

Feldenkrais-Methode

Mit dieser Methode können seelische und körperliche Fähigkeiten wiederhergestellt oder neu geweckt werden, das Ich-Bild soll erweitert werden. Durch Erforschung der Zusammenhänge zwischen Bewegung, Gehirn und Nervensystem ist festgestellt worden, daß unser Denken, Spüren und Fühlen mit unseren Bewegungen eine Einheit bildet. Eine Verdrängung der Beweglichkeit wirkt sich auf unsere Gefühle und unseren Intellekt aus. Unbeweglichkeit heißt dann geistige Starre.

In der Therapie wird die Beweglichkeit des Kopfes und der Beine geprüft und eventuelle Verkrampfungen aufgespürt. Dann wird durch präzise Manipulationen das Bewegungsmuster verändert. Die Veränderungen geschehen unbewußt.

Gute Resultate werden bei seelischen Problemen und Nervosität erzielt. Auch bei anderen Beschwerden wie Bandscheibenschäden, Schulterversteifungen, Multiple Sklerose oder bei behinderten Menschen sind überaus eindrucksvolle Erfolge zu verbuchen.

Diese Methode kann auch Kreativität und Energie, die tief verborgen in einem Menschen schlummert, ans Tageslicht bringen und entfalten.

Gründer: Moshé Feldenkrais, Kernphysiker

Fußreflexzonen-Massage

Diese Methode ist so alt wie die chinesische Akupressur.

Das gesamte Energiesystem des Körpers steht mit den Fußschlen in Verbindung. Jeder Organbereich entspricht einer Zone an den Füßen. Über bestimmte Punkte an den Füßen lassen sich verschiedene Organe anregen oder beruhigen.

Die Massage stimuliert den Stoffwechsel und beeinflußt aus der Ferne über die als Meridiane bezeichneten Energieleitbahnen die entsprechenden Organe. Wenn ein Körperteil nicht wunschgemäß funktioniert, signalisieren die entsprechenden Zonen bei Berührung einen Schmerz.

Bei der Massage werden verdächtige Stellen intensiv bearbeitet. Diese Therapie wird vor allem bei ganzheitlichen Behandlungen, aber auch bei Rückenschmerzen oder Störungen der inneren Organe angewendet. Auch bei Migräne, Menstruationsproblemen oder Kreislaufstörungen sind gute Resultate zu verzeichnen. Sie lindert Schmerzen, fördert allgemeines Wohlbefinden und sorgt für bessere Durchblutung sowie vermehrten Harn- und Stuhlgang.

Die Behandlung kann, wie die Homöopathie auch, eine Erstverschlimmerung auslösen.

Die Massage dient der Krankheitsvorbeugung und der körperlich-seelischen Ausgeglichenheit. Geschwächte Punkte werden stimuliert und der Gesamtorganismus in Balance gebracht.

Gründerin: Eunice D. Ingham, amerikanische Masseurin

Gesprächstherapie

In einer entspannten Atmosphäre eines Zwiegesprächs kann man Vertrauen zum Gesprächspartner schaffen und dadurch offen über seine Probleme reden.

Das Gespräch wird durch den Therapeuten gelenkt, die Hintergründe der Probleme untersucht und freigelegt, aufgetauchte Gefühle und Gedanken begleitet und bewußt gemacht.

Oft hilft schon das Gefühl, endlich über alles reden zu können, sehr wirksam und nachhaltig, um die gestauten Probleme in den Griff kriegen zu können.

Eine besonders erfolgreiche Therapieform wurde von Carl R. Rogers, einem amerikanischen Psychologen, entwickelt.

Gruppentherapie

Die Absicht dieser Therapieform ist vor allem die Begegnung mit Menschen zu finden, die mit ähnlichen Problemen behaftet sind.

Die als schwere Einzelprobleme empfundenen Schwierigkeiten werden in der Gruppe relativiert, man fühlt sich nicht mehr allein. Die Sorgen können mit anderen besprochen, mit der Gruppe durchgespielt und eine Verhaltensänderung erzielt werden.

Heilfasten

Durch Heilfasten, d.h. zeitlich begrenzten Nahrungsentzug, werden alle inneren Organe entlastet und zahlreiche Krankheiten geheilt oder gelindert.

Fast in allen Religionen kommt eine zeitweilige Beschränkung oder Unterbrechung der Nahrungsaufnahme als religiöse Übung vor: Bei Katholiken das Osterfasten, bei Mohammedanern der Fastenmonat Ramadan und beim jüdischen Jom Kippur wird ebenfalls gefastet.

Das Fasten hat nicht nur auf die Entschlackung und Reinigung des Verdauungstraktes Einfluß, sondern ist auch eine wohltuende seelische Umstimmung, eine innere Reinigung.

Fasten soll man erst nach Rücksprache mit einem Spezialisten, eine erfahrene Begleitung ist zu empfehlen. Eine gründliche Darmreinigung zu Beginn ist Voraussetzung für Erfolg und gleichzeitig gut gegen Hungergefühle. Eine sanfte Entgiftung sowie sanfter Aufbau nach der Kur garantieren den Erfolg. Heilfasten ist sowohl zur Vorbeugung als auch zur Unterstützung von Heilprozessen wirksam. Bei Übergewicht und Stoffwechselkrankheiten ist diese Therapie ebenfalls zu empfehlen.

Hildegard-Medizin

Gesundheit ist die Balance von Körper und Seele, die durch die Beachtung einer gewissen Lebensführung und Hygiene erhalten bleiben kann. Das enorme Wissen von Hildegard über Pflanzen und Mineralien, aber auch über die Ernährung und Heilung führte zur Regel, daß auch unseren Sinnen eine Nahrung zugeführt werden muß. Dies können Düfte, die heilen, sein, der Anblick von Blumen und Edelsteinen, Musik oder harmonische Bewegungen.

Dinkel war die Grundnahrung in Hildegards Ernährungslehre, bis heute hat sich das sehr bewährt.

Gründerin: Hildegard von Bingen, Benediktinerin, Deutschland

Homöopathie *

Diese Heilmethode beruht auf der Anregung der Selbstheilungskräfte des Körpers. Ähnliches durch Ähnliches heilen, das ist das Prinzip der Homöopathie, und bereits kleinste Dosen eines Medikamentes zeigen eine enorme

Wirkung. Es ist eine ganzheitliche Methode der Behandlung, das heißt, der Mensch wird als Ganzes behandelt und nicht nur die Symptome, das jeweils kranke Organ oder eine gestörte Funktion.

Schmerz wird nicht mit Schmerzmitteln gedämpft, Hormonmangel nicht durch Hormongabe behoben. Angestrebt wird eine Harmonisierung aller Funktionen und die Behebung der Ursache einer Beschwerde oder Erkrankung.

Bei Beginn einer Behandlung tritt oft eine Erstverschlimmerung auf, die als gesunde Abwehrreaktion des Körpers gewertet wird. Homöopathen müssen zuerst alle körperlichen und seelischen Merkmale erfassen, um individuelle Medikamente verordnen zu können.

Die Medikamente werden aus pflanzlichen, mineralischen und tierischen Stoffen hergestellt. Die Wirkstoffe werden verdünnt (potenziert), verrieben oder verschüttelt. Wichtig ist die Beachtung der Persönlichkeit und nicht der Symptome, damit das Heilmittel optimal wirken kann.

Homöopathie ist zur Behandlung von psychosomatischen Störungen, chronischen Erkrankungen, Befindlichkeitsstörungen, zur Anregung der Abwehrkräfte oder in Begleitung anderer Erkrankungen gedacht. Jedes Krankheitsbild wird auch auf eine seelische Verbindung untersucht, da nach ganzheitlichem Betrachten die Seele und der Körper nicht getrennt werden können.

Die homöopathischen Mittel sind jedoch nicht nebenwirkungsfrei, deshalb ist eine Beratung durch einen erfahrenen Therapeuten unbedingt notwendig.

Gründer: Samuel Hahnemann, deutscher Arzt

Hypnose-Therapie

Diese kann man als Tiefenentspannung mit heilsamer Wirkung auf die Psyche bezeichnen.

Während der Hypnose können tiefe Schichten der Seele erreicht werden, verschüttete, «vergessene» Erlebnisse ans Licht geholt und wachgerufen werden.

Hypnosetherapie gehört unbedingt in die Hände von Fachleuten. Heute wird in der Zahnmedizin, Kinderheilkunde oder bei psychosomatischen Beschwerden diese Therapie angewandt.

Auch zur Behandlung von Asthma, Allergien, Schmerzen, Sucht, Schlafstörungen, Ängsten, Übergewicht u.a. findet sie ihre Berechtigung.

Sie ist jedoch nicht fähig, Menschen gegen ihren Willen zu manipulieren, wie oft fälschlicherweise geglaubt wird.

Die Hypnosetherapie kann mit verwandten Methoden wie NLP, Suggestopadie, AT u.a. Therapien kombiniert werden.

Klimatherapie

Drei, vier Wochen am Meer oder in den Bergen sind nicht nur schön, sondern auch ausgesprochen gesund, da an beiden Orten ein sogenanntes Reizklima herrscht, das der Körper erst einmal verarbeiten muß. Die Anpassung an andere Umstände dauert einige Zeit, dann aber tritt ein Erholungseffekt ein, der noch lange nachhalten kann.

Freiluft- und Sonnenbäder, Liegekuren oder Schlafen im Freien sind wahre Gesundbrunnen für Körper und Seele. Sie führen zu Wohlbefinden und Leistungssteigerung und eignen sich zur Vorsorge oder Wiederherstellung der Gesundheit.

Auch zur Rehabilitation nach Operationen, Unfällen oder Krankheiten wird die Klimatherapie verordnet. Die Anpassung des Körpers an ein Reizklima wird gezielt trainiert. Es wird zwischen folgenden Klimas unterschieden:

– Seeklima	Jod- und Salzgehalt, hohe Strahlung, bei Haut- und Atemwegserkrankungen
– Luftbäder	Wirken gegen Stress, niedrigen Blutdruck und psychische Belastungen
– Thermalbäder	Gut für Gelenke, Haut, Durchblutung und Gefäße (Kräuterölbäder, Sole, Kohlensäurebäder) und für Frauen Moorbäder bei Hormonstörungen.

Jedes Heilbad hat eigene Therapiemethoden und Spezialitäten. Eine Kur soll 3-4 Wochen dauern.

Kneipp-Therapie

Die heilsame Wirkung des kalten wie warmen Wassers ist seit langem bekannt. Die beliebteste Therapie ist die Kneipp-Kur, die sich aus Kräuterbädern, Kräuterinhalationen, Kräutertees oder Wickel sowie Bewegungstherapie, Vollwerternährung, gesunder Lebensführung und individuellem Biorhythmus zusammensetzt. Die kneippschen Wasseranwendungen sind durch Waschungen, Güsse, Bäder, Dämpfen, Wassertreten oder Barfußlaufen in Tau oder Schnee bekannt. Durch Kälte oder auch durch Kälte mit Wärme im Wechsel werden die Abwehrkräfte stimuliert. Dies dient der Abhärtung und dem intensiven Gefäßtraining.

Bewährt hat sich diese Therapie bei Beschwerden in den Wechseljahren, Durchblutungsstörungen, Rheuma, Migräne u.v.m. Bei der Kneipp-Therapie kümmert man sich intensiv um die eigene Gesundheit, man fördert aktiv die Fitness und den Lebensmut.

Gründer: Sebastian Kneipp, Pfarrer, Bad Wörishofen

Lichttherapie

Diese Therapie lindert Verstimmungen und Depressionen, hilft andererseits auch den Jet-Lag schnell zu bewältigen.

Über das Auge und die Sehnerven wirkt das Licht auf die Epiphyse, ein kleines Organ im Gehirn, auch das «Dritte Auge» oder «Sitz der Seele» genannt. Die Epiphyse beeinflußt den Hypothalamus, wo sich das Hormonregulationszentrum befindet. Von hier aus werden alle Organe, die wir nicht mit unserem Willen beeinflussen können, gesteuert.

Unsere Lebensweise, daß wir uns vor allem im Winter weitgehend in Räumen aufhalten, gibt dem Hypothalamus oftmals zu wenig Lichtreize. Dies führt zu einem Ungleichgewicht des Hormonspiegels und bei manchen zu Winterdepressionen – was sich in Stimmungsschwankungen, Heißhunger, erhöhtem Schlafbedürfnis und Gewichtszunahme äußern kann. Mit einer Speziallampe wirkt man dem entgegen.

Auf diesem Weg wirkt das Licht dem Schlafhormon Melatonin entgegen, so daß Müdigkeit und Winterdepression reguliert werden können. Die Betroffenen fühlen sich nach kurzer Zeit wieder frisch und entspannt, so daß manche Medikamente überflüssig werden.

Auch beim prämenstruellen Syndrom, beim Jet-lag und bei Schlafstörungen wirkt sich die Lichttherapie positiv aus.

Lymphdrainage

Wenn sich ein Lymphstau durch geschwollene Füße, Beine, Hände oder Arme abzeichnet, sollte er rechtzeitig behandelt werden.

Lymphe ist eine klare Blutflüssigkeit, die in den Lymphgefäßen zirkuliert, in den Lymphknoten gereinigt wird und mit Lymphozyten, den weißen Blutkörperchen, angereichert ist.

Wenn es zu einer Lymphkreislaufstörung und einem Stau kommt, führt das zu Ödemen, die nicht nur Schönheitsfehler sind.

Durch die Lymphdrainage, die eine spezielle Massagetechnik darstellt, werden die Abflußwege frei gemacht, und die Lymphe kann wieder fließen, was somit auch zu einem Abbau der Ödeme führt. Lymphdrainage ist auch bei Cellulite wirksam. Ursachen von Lymphödemen können durch Bewegungsmangel, Bindegewebeschwäche, Nierenprobleme oder Krebserkrankungen und Operationen entstehen. Die Lymphdrainage muß durch eine ausgebildete Person durchgeführt werden.

Schmerzhafte Schwellungen in den Beinen gehören untersucht, da unter Umständen das Risiko einer Thrombose besteht.

Als Vorbeugung von Ödemen wird häufiges Hochlagern der Beine und Tragen von Stützstrümpfen empfohlen. Die Lymphdrainage beeinflußt die Staus positiv, der Körper fühlt sich wieder leichter an und wird leistungsfähiger.

Gründer: Emil Vodder

Maltherapie

Gehört zu den Kunsttherapien wie die Tanz- oder Musiktherapie, die vor allem in den USA in der Psychotherapie integriert sind. Aber auch bei uns finden sie in der letzten Zeit immer mehr Beachtung.

Mutlosigkeit, Angst, Wut oder angestaute Aggression können oft besser mit Farben als mit Worten ausgedrückt werden.

Beim Malen und Gestalten wird die rechte Gehirnhälfte, der Sitz der Gefühle, der Phantasie und der Vorstellungskraft direkt angeregt. Bildhaftes Denken wird aktiviert, Kreativität gefördert. Das Malen, das vor allem mit der Kindheit verbunden ist, ruft im Erwachsenenleben Erinnerungen und Stimmungen aus der Kindheit wach.

Aber auch das Erleben von Erfahrungen mit sich selbst wirkt therapeutisch.

Die linke Gehirnhälfte, die für logisches, abstraktes Denken, Leistung und Anpassung verantwortlich ist, verliert dadurch die Dominanz.

Durch das Lösen von Blockaden beginnt der Heilungsprozeß, der ein unverkrampftes und schöpferisches Leben einleitet.

Die Maltherapie wird bei Kindern, aber auch bei Suchtkranken oder in der Krebstherapie eingesetzt. Seelische und körperliche Prozesse werden freigesetzt und eine Harmonie erreicht.

Massage

Sie ist eine Therapieform, die seit Jahrtausenden bekannt und beliebt ist. Durch die Hände des Masseurs erfährt man Zuwendung, Wohlbefinden, Interesse und Entspannung. Massage ist eine ganzheitliche Methode, die gleichermaßen dem Körper wie auch der Seele guttut.

Der Kreislauf wird in Schwung gebracht, Muskelverspannungen werden gelockert, Verhärtungen und Verkrampfungen gelöst. Die Massage optimiert die Durchblutung der Haut sowie aller Organe und bringt unerwünschte Fettpölsterchen zum Verschwinden.

Durch Kneten, Streicheln, Reiben, Dehnen, Klopfen oder Fibrieren werden einerseits körperliche Verspannungen, andererseits seelische Blockaden gelöst.

Wichtig ist eine vertrauensvolle Beziehung zwischen Masseur und Klientin. Konzentration und die richtige Atmosphäre während der Behandlung tragen zu einem optimalen Massageergebnis bei

Die Kunst der Behandlung besteht darin, die richtigen Griffe zur richtigen Zeit an der richtigen Stelle einzusetzen. Es entsteht eine heilsame Wirkung, die durch eine angenehme Atmosphäre abgerundet wird.

Eine tiefe Massageform ist die Bindegewebsmassage, die mit ihren speziellen Griffen das Gewebe spannt und entspannt, dadurch wird der Stoffwechsel intensiv angeregt. Der Transport von Schlacken, Sauerstoff und Nährstoffen wird optimiert, das Bindegewebe kann sich regenerieren und neu bilden.

Gründerin: Elisabeth Dicke, Krankengymnastin und Hede Teirich-Leube, Ärztin

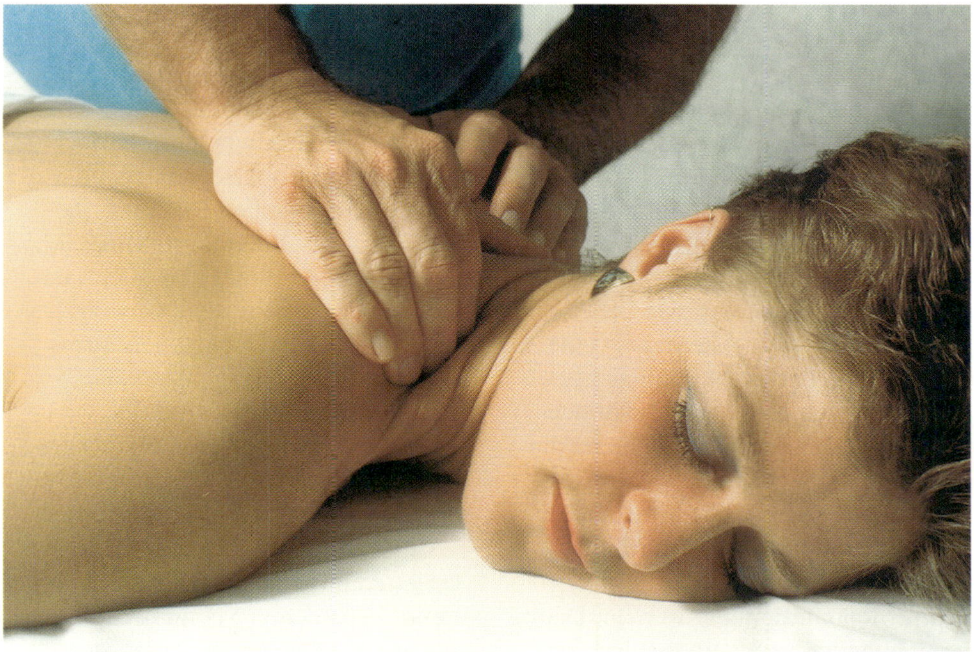

Meditation *

Meditation bedeutet eine Versenkung in einen Zustand tiefster Entspannung, in der man ein harmonisches Ganzes erfahren kann.

Bestimmte physische, psychische und metaphysische Vorgänge führen von emotionalen Irritationen, Ruhelosigkeit und anderen Störungen der Harmonie zu neuen Empfindungen, Gefühlen der Sicherheit und Entfaltung der Selbstheilung. Somit erreicht man eine starke Einheit zwischen Körper und Geist sowie eine Innenschau und Standortbestimmung.

Seelische Prozesse werden besser verstanden, die Entschlüsselung mancher Probleme wird sichtbar und Lösungen zur persönlichen Weiterentwicklung werden möglich.

Die Freisetzung blockierter Energien fördert die körperliche wie geistige Vitalität.

Meditation gilt bei vielen Therapien, z.B. Musiktherapie, Tai-Chi, Tandra, Hakomi u.a., als unterstützende Maßnahme.

Mentaltraining

Es ist eine Geistesübung, die sowohl Meditation, Autosuggestion und Imagination oder Visualisierung beinhaltet. Es ist ein Weg zur inneren Mitte, durch den man lernt, sich zu zentrieren. Durch Konzentration und Disziplin gelingt es, in tiefere Bewußtseinsschichten einzudringen.

Mentaltraining lehrt, das Leben zu gestalten und zu meistern, also eine erfolgreiche Lebensführung zu betreiben, die durch eine neue Persönlichkeitsentfaltung möglich ist. Es ist die Kraft der Gedanken, die das Geschehen verändern oder beeinflussen. Konzentrierte Gedanken auf ein Ziel führen zum Erfolg.

Im Mentaltraining lernt man, Denkgewohnheiten und Verhaltensweisen zu überprüfen und diese zu verändern. Denn eine bewußte Lebensgestaltung ist die Garantie für Erfolg. Durch spezielle Techniken lernt man, gesetzte Ziele zu erreichen.

Mineraltherapie

Um gesund zu bleiben, benötigen alle Zellen Vitamine, Enzyme, Spurenelemente und Mineralstoffe. Bei Störungen des Mineralhaushaltes können Müdigkeit, Kopfschmerzen, Antriebsschwäche, Hautprobleme, schwache Konzentration oder Infektionsanfälligkeit auftreten.

Eine Haarmineralanalyse zeigt, welche Mineralstoffe dem Körper fehlen oder im Überfluß vorhanden sind und welche Schwermetalle den Körper belasten.

Falsche Ernährung behindert die Aufnahme von Mineralstoffen, dagegen ist eine naturbelassene, einfache Nahrung wie Rohkost, bestehend aus Salaten, Gemüse und Früchten, die wirkungsvollste und beste Mineraltherapie. Oft genügt dies aber nicht, da der Körper durch falsche Gewohnheiten ausgelaugt ist, denn auch Stress und Bewegungsmangel sind starke Mineralräuber.

Um in einem solchen Fall das gesunde Gleichgewicht wiederherstellen zu können, ist eine Zufuhr der Mineralstoffe in Form von Tropfen oder Tabletten unvermeidbar. Damit können die angestandenen Mängel oder Überschüsse in bestimmten Situationen auch kurzfristig wieder ausgeglichen werden.

Musiktherapie *

Musik gehört zu den ältesten Therapien der Welt. Ob in der türkischen Kultur, in der ein musikalisches Heilsystem in osmanischen Spitälern angewendet und bis nach Europa verbreitet wurde, ob die Musik der Schamanen, Konzert oder Tanz, Musik wirkt entspannend, macht wach, fröhlich, und sie kann heilen.

Schon beim Embryo im Mutterleib wird der Gehörnerv durch die Geräusche und Bewegungen stimuliert. Abgespannte, müde Menschen erleben durch die Musiktherapie Wiedererwachen und Aufschwung ihrer Lebensenergie. Sogar bei Sprachfehlern oder autistischen Kindern wird ein Erfolg durch diese Therapie verzeichnet.

In der Musiktherapie werden oft Orff-Instrumente benutzt, die auch Musiklaien spielen können. Außer Instrumenten wird das Singen in Gruppen angewandt, wodurch tiefere Gefühlsschichten angesprochen werden. Häufig werden auch Klangschalen, Gongs oder Instrumente und Techniken der asiatischen Kultur in die Therapie integriert.

Die tiefgreifende Wirkung der Musik ist Heilung für Körper und Seele.

Neuraltherapie

Die Neuraltherapie behandelt vor allem Schmerzen des Bewegungsapparates, Kopfweh, Nervenentzündungen, Rheuma, Verspannungen und Neuralgien. Es ist sogar möglich, durch diese Therapie Ausschaltungen der Störfelder wie Zähne, Narben oder chronischer Infekte zu erreichen.

Die Neuraltherapeuten gehen davon aus, daß innere Organe über Nerven mit bestimmten Hautzonen verbunden sind. Mit Hilfe eines lokalen Betäubungsmittels (Lokalanästhetika) können Schmerzen schnell ausgeschaltet werden, in manchen Fällen für immer.

Durch die Einspritzung an der schmerzhaften Stelle wird der Kreis «Schmerz-Verkrampfung-Fehlhaltung» unterbrochen, eine Aktivierung der Selbstheilungskräfte erreicht und der Schmerz blockiert. Diese Therapie muß von einer in dieser Technik erfahrenen Person ausgeführt werden.

Ordnungstherapie

Das heißt, sein Leben ordnen. Wichtig ist die Erkenntnis, daß es auf der Welt und im Leben eine Ordnung gibt. Das bedeutet, Ordnung der Atmung, Ernährung, Bewegung, Haltung, des Tagesablaufes, Seelenlebens, sozialen und politischen Umfeldes.

Die Ordnungstherapie ist die Basis für alle anderen Therapien.

Ozontherapie

Sie besteht aus Aktivierung von körpereigenen Blutbestandteilen durch ein Ozon-Sauerstoff-Gemisch. Das Edelgas Ozon entfaltet eine desinfizierende, viren- und bakterientötende Wirkung im ganzen Körper.

Es kommt zu einer langanhaltenden Verbesserung der Gefäßdurchblutung und des Immunsystems, zur beschleunigten Wundheilung sowie zu einer Erhöhung der Leistungsfähigkeit und des Wohlbefindens. In den Wechseljahren wirkt die Ozontherapie gegen Leistungsknick, Abwehrschwäche oder depressive Verstimmungen.

Verschiedene Formen der Ozontherapie wie Sauerstoff-Mehrschritt-Therapie oder Hämatogene Oxidations-Therapie zeigen ähnliche Erfolge. Selbstverständlich gehören auch diese Behandlungen in die Hand eines Geübten.

Phytotherapie *

Unter Phytotherapie versteht man die Anwendung pflanzlicher Heilmittel. Sie gehört zu dem Erfahrungsschatz aller Kulturen und ist aus der Kräuterheilkunde entstanden. Die ersten Werke stammen schon aus der Zeit 350 v. Chr. Im Mittelalter haben Klöster eigene Kräutergärten mit der darauf beruhenden Medizin angelegt.

Pflanzliche Medikamente wirken sanfter, sind aber nicht ohne schädliche Nebenwirkungen, wenn sie falsch eingesetzt werden oder die Dosierung unbekannt ist. Vorsicht ist auch bei Langzeitgebrauch geboten.

Es gibt unterschiedliche Methoden der Anwendung wie Tees, Extrakte, Essenzen, Kompressen, Wickel, Badezusätze, Inhalationen, Tinkturen, Umschläge oder Gurgelmittel. Eingesetzt werden sie bei vorübergehenden Gesundheitsstörungen, Schlafproblemen, Magen-Darm-Verstimmungen, Entzündungen oder als vorbeugende Maßnahmen.

Vor allem in den Wechseljahren bietet die Phytotherapie den Frauen einen hervorragenden Dienst. Bei Linderung der Hormonausfallerscheinungen werden durch bestimmte Extrakte die körpereigenen Hormonreserven stimuliert. Bei Unruhezuständen, depressiven Verstimmungen oder Schlaflosigkeit wirken sie zuverlässig, und es besteht keine körperliche Abhängigkeit wie z.B. bei manchen Psychopharmaka.

Gute Beratung garantiert eine richtige Behandlung und Dosierung der Heilpflanzen.

Positives Denken *

Positive Gedanken sind eine unermeßliche Energiequelle, und man sollte lernen, sie im täglichen Leben anzuwenden. Zuversicht und Optimismus helfen oft viel weiter als jede medikamentöse Behandlung.

Aus eigener Erfahrung weiß ich, daß das nicht immer so einfach ist. Versuchen Sie deshalb, ein «Positiv-Tagebuch» zu schreiben. Notieren Sie sich an jedem Tag, was Ihnen Freudiges passiert ist und welche positiven Erlebnisse Sie wahrgenommen haben. Aber nur die positiven Ereignisse festhalten!

Bald schon werden sie merken, mit welch magischer Wirkung die täglichen schönen Dinge Ihr Leben beeinflussen. Denken Sie mit Dankbarkeit jeden Abend an die schönen Momente, die Sie erlebt haben, und freuen Sie sich auf den nächsten positiven Tag.

Beginnen Sie den Morgen mit Freude und guten Vorsätzen, genießen Sie das Frühstück, verwöhnen Sie sich mit einem duftenden Bad und gönnen Sie sich Ihre Lieblingsmusik.

Nehmen Sie sich Zeit für sich, und planen Sie mit Lust und Spaß den angehenden Tag.

Qi Gong

Qi Gong wird seit Jahrtausenden in China praktiziert. Sie ist eine kraftspendende Gesundheitsgymnastik, die eine Reihe sehr langsamer Bewegungen, die auf Atem- und Dehnübungen beruhen, beinhaltet.

Qi Gong ist sehr entspannend, fördert die Konzentration und trägt zur inneren Ruhe bei. Es harmonisiert das Qi.

Die Bewegungen wirken sich positiv auf die Meridiane, Gelenke und Organe aus. Sie harmonisieren den gesamten Organismus, bekämpfen Stress, Müdigkeit, aber auch Depressionen, Ängste, Schlafstörungen, psychosomatische Probleme oder Schüchternheit.

Qi Gong eignet sich für alle Bevölkerungsgruppen, Alter und Körperkondition spielen keine Rolle.

Rebirthing

Durch gezielte Atemarbeit wird die Reinigung des Körpers, der Seele und des Geistes bewirkt.

Das gleichmäßige, vertiefte Atmen über einen längeren Zeitraum löst die inneren Blockaden, die durch verdrängte, ungelöste Probleme entstanden sind. Eine liebevolle Beziehung zu sich selbst wird aufgebaut und Vertrauen in die eigenen Kräfte geweckt.

Das Denken für das Hier und Jetzt wird aktiviert, negatives Denken wird in heilsame, konstruktive Bahnen gelenkt.

Gründer: Leonard Orr

Reiki

Reiki ist eine uralte, japanische Heilmethode, die darauf spezialisiert ist, dem Körper Energie von außen zuzuführen.

Durch die Hände des Reiki-Lehrers fließt eine universale Lebensenergie in kraftvoller und konzentrierter Form zum Reiki-Empfänger. Dies geschieht ganz spontan und weckt die Selbstheilungskräfte, die jeder Mensch in sich trägt.

Reiki bringt Körper und Gemüt ins Gleichgewicht und wirkt auf allen Ebenen, der körperlichen, geistigen, emotionalen und seelischen. Es kräftigt den Körper und Geist, löst Blockaden auf, reinigt von Giften, stellt das Gleichgewicht der Kraftzentren (Chakren) wieder her und harmonisiert den ganzen Menschen.

Es funktioniert auch auf größere räumliche Distanzen.

Gründer: Dr. Mikao Usui, Japan

Sauerstoff-Mehrschritt-Therapie

Sauerstofftherapien sind als Jungbrunnen beliebt. Es gibt mehrere Formen neben der risikoarmen Sauerstoff-Mehrschritt-Therapie wie z.B. die Ozon-Sauerstoff-Therapie, die hämatogene Oxidations-Therapie oder die Oxygenierungs-Therapie. Wir widmen uns jedoch der Sauerstoff-Mehrschritt-Therapie.

Diese Methode hat sich bei Leistungsabfall, Müdigkeit, Stress, Operationen, Genesung, ungenügender Lungenleistung, Herzschwäche, Kreislaufstörungen oder Durchblutungsstörungen von Hirn, Armen und Beinen bewährt.

Zuerst wird ein Vitamin-Sauerstoff-Cocktail eingenommen, anschließend atmet man Sauerstoff ein. Die Blutzirkulation wird bis in die Peripherien verbessert, der Körper wird belebt. Dazu wird ein tägliches, strenges Bewegungstraining absolviert.

Diese Methode gehört in die Hände eines erfahrenen Therapeuten, Heimtherapien sind nicht zu empfehlen.

Gründer: Manfred von Ardenne, Physiker

Schröpfen

Das Schröpfen ist eine Therapie, die bereits vor 4000 Jahren in Ägypten angewendet wurde. In Mesopotamien, Indien, Griechenland oder Italien wurde dieser Methode ebenfalls eine große Bedeutung beigemessen. Auch arabische, englische und deutsche Ärzte haben die Wirkung des Schröpfens in ihren Behandlungen genutzt.

Das Schröpfen wird mit der Hilfe von Schröpfköpfen erwirkt, wobei man zwischen dem trockenen und blutigen Schröpfen unterscheiden muß. Bei der trockenen Variante wird die Haut des Rückens angesaugt, dadurch wird eine äußerst intensive Durchblutung erzeugt, die Entzündungsstoffe und Körperschlacken werden durch den beschleunigten Blutstrom abtransportiert. Beim blutigen Schröpfen wird die Haut leicht angeritzt und über diese Stelle ein Schröpfkopf aufgesetzt.

Beide Varianten eignen sich zur Behandlung von Stoffwechselkrankheiten wie Rheuma, Gicht, chronischen Muskelverhärtungen, Durchblutungsstörungen oder Verspannungen, Migräneanfälle, Asthma, Beschwerden in den Wechseljahren, Rückenschmerzen und vielen anderen Störungen. Diese Therapie zeigt oft schnelle und überraschende Erfolge.

Shiatsu

Shiatsu kommt aus Japan und bedeutet «mit den Fingern massieren». Es ist eine Massage-Drucktechnik, die ähnlich wie die chinesische Akupressur und Tainu-Heilmassage funktioniert. Sie beruht auf den Gesetzmäßigkeiten der fließenden Lebensenergie und dem Lösen der Blockierungen, die den Energiefluß stören. Meridiane, die

Energiebahnen, sind über sensible Punkte (Tsubos) an der Körperoberfläche erreichbar.

Mit Fingern, Daumen oder Handballen werden die Akupunkturpunkte massiert. Energie-Blockaden, zuviel Energie (Jitsu) oder zuwenig Energie (Kyo), werden durch eine spezielle Massageform behandelt. Diese Massage steht in einer engen Verbindung mit der Gesundheits- und Ernährungslehre, die die Nahrungsmittel klar im Gleichgewicht Säure-Base hält und dadurch eine energetische Balance garantiert.

Sie wirkt hervorragend bei Schlaflosigkeit, Kreuz- oder Nackenschmerzen, Kopfschmerzen, Menstruationsbeschwerden, Rückenschmerzen und vielen anderen Beschwerden.

Shiatsu aktiviert den Kreislauf, reguliert den Lymphfluß und normalisiert den Puls. Diese Methode führt zu einer Tiefenentspannung der Muskulatur, Gelöstheit und inneren Spannkraft.

Tai Chi

Tai Chi ist das A und O der chinesischen Freizeitgymnastik. Es ist eine zweitausend Jahre alte chinesische Bewegungsmeditation, die aus dem Tempelboxen entstanden ist.

Diese chinesische Form der heilenden Atem- und Bewegungstherapie besteht aus konzentrierten, entspannenden Bewegungen des ganzen Körpers, die fließend ineinander übergehen. Der Atem wird tiefer und ruhiger. Den Gegensatz von Yin und Yang in Balance zu bringen, Einklang mit sich selbst und der Umwelt zu finden, das sind die Ziele von Tai Chi. Durch Üben erreicht man ein umfassendes, tiefes Wohlbefinden und eine neue Vitalität.

Tai Chi ist die Harmonie von Körper, Seele und Geist und steht immer in Einklang mit der Natur. Sie fördert die Konzentration und Meditation durch rhythmische Bewegungen, die den ganzen Menschen in Übereinstimmung bringen. Die Harmonie bringt das Chi, die universelle Energie zum Fließen, und dies führt zum harmonischen Bewußtsein. Es wirkt gesundheitskräftigend.

Tai Chi, das chinesische Schattenboxen, regelmäßig angewendet, bewirkt einen optimalen Kreislauf, gesunden Schlaf, eine tiefe Atmung, Beweglichkeit, stabile Nerven, geregelte Verdauung und unterstützt das Selbstvertrauen.

Die korrekte Technik ist für eine optimale Wirksamkeit der Übungen wichtig.

Tanz *

Körperliche Bewegung und Gefühlsausdruck ermöglichen dem Körper, seine Grenze zu überschreiten, indem man entdeckt, daß man beweglicher und ausdrucksvoller sein kann, als man denkt.

Der ganze Körper wird beschäftigt, man erlebt seine Möglichkeiten und Grenzen, Blockaden werden intensiv wahrgenommen und erlebt. Der Bauchtanz, von den Frauen wieder neu entdeckt, erlaubt uns, mit dem ganzen Körper eine wunderbare Sinnlichkeit und weibliche Erotik auszudrücken und zu empfinden.

Touch for Health

Touch for Health bedeutet «Gesund durch Berühren». Es ist eine Ganzheitstherapie, die aufgrund der Akupressur, Kinesiologie, Chiropraktik und Ernährungslehre entwickelt wurde.

Gestärkt wird das ganze System durch Massage, Akupressur und Nahrungsumstellung, die nach vorgehenden Muskeltests, die den Körper direkt befragen, was ihm guttut, eingesetzt werden.

Urin-Therapie

Auf den ersten Blick ist dies eine ungewöhnliche Therapie, die jedoch schon vor 5000 Jahren in Indien praktiziert wurde. Auch bei den Indianern und Eskimos, aber auch in Europa wurde diese als Heilmittel verwendet.

Ob im Römischen Reich, bei den Kelten, in Frankreich, Deutschland, England oder in der USA, Urin wurde und wird für verschiedene Anwendungen eingesetzt.

Körperliche und geistige Reinigung dank des Eigenurins, zur Wundheilung, als Mundwasser, zum Trinken oder Haare waschen, es gibt viele Anwendungsmöglichkeiten. Bei nahezu allen Beschwerden ist die Urin-Therapie anwendbar.

Da Urin viele Hormone, Enzyme, Vitamine, Salze u.v.a. enthält, kann man diese Nährstoffe durch verschiedene Anwendungsformen wiederverwenden. So z.B. durch eine innere Anwendung in Form von Trinken, zum Gurgeln, als Einläufe oder vaginale Spülungen, als Augen- und Ohrentropfen, für Nase und Nebenhöhlen, in homöopathischer Verdünnung oder als Injektion. Auch eine äußerliche Anwendung durch Einmassieren, Kompressen, Sitz- und Fußbäder oder aber bei Kopfhaut- und Haarbehandlungen hat gute Ergebnisse erbracht.

Die Urin-Therapie zeigt immer wieder positive Wirkungen, und viele Menschen haben gute Erfahrungen mit den Behandlungen gemacht. Diese Therapie zählt damals wie heute zu einer der wirksamsten Heilmethoden, denn das Heilmittel ist in einer genauen Kombination zusammengestellt, die zum Heilen nötig ist. Sie stimuliert und stärkt das Abwehrsystem und gibt damit dem Körper die Chance, eine Störung oder Krankheit zu beseitigen.

Visualisieren

Visualisieren ist die heilende Kraft unserer Gedanken, Vorstellungen und inneren Bilder. Diese schamanische Technik war schon vor zwanzigtausend Jahren bekannt. Grundlage ist der Glaube, daß Heilen ein geistiger Prozeß ist, der die Kräfte des Kranken stärkt und die Selbstheilungskräfte anregt. Durch eine Bewußtseinsveränderung kommt es zur heilenden Wirkung.

Durch das Visualisieren kann man körperliche Zustände verändern. Dies wird in der Krebstherapie erfolgreich praktiziert (S. + C. Simonton). Durch das Visualisieren lassen sich nicht nur Krankheiten beeinflussen, auch der Alltag läßt sich besser bewältigen. Dabei ist es möglich, sich durch spezielle Techniken z.B. auf Sieg, Erfolg zu «programmieren».

Vivation

Dieser ganzheitliche Prozeß holt die unterdrückten Gefühle an die Oberfläche und setzt diese in Kreativität um. Dank der Atem- und Entspannungstechnik sowie der Meditation lernt man, mit verdrängten Emotionen umzugehen.

Ziel des Prozesses ist es, das Gefühl der Freude am Leben wiederzuerlangen und Probleme in Beziehungen, der Arbeit oder im täglichen Leben meistern zu können.

Gründer: Jim Leonard und Phil Laut.

Wassertherapie

Für die sanften Therapien ist Wasser das Elixier, ob als Getränk oder zum Baden. Die heilende Kraft des Wassers beruht auf der Reizwirkung, die es auf den gesamten Organismus ausübt. Die körpereigenen Abwehrkräfte werden aktiviert, der Kreislauf gestärkt, die Durchblutung verbessert.

Die Wassertherapie hilft bei Erschöpfung, Stress, Stoffwechselproblemen, rheumatischen Leiden, Frauenkrankheiten oder beim Entschlacken. Sie harmonisiert den Wasserhaushalt, regt die Organfunktionen an und bringt den Kreislauf in Schwung.

Ob Badekuren, Moorbäder, Wannenbäder, Wickel, Packungen, Inhalationen oder Trinkkuren, Körper und Seele profitieren gleichermaßen von

der Wasserheilkraft. Man fühlt sich fit, die umfassende Heilung von Körper und Seele setzt ein.

Gründer: Vincent Pulssnitz, weiterentwickelt von Sebastian Kneipp

Wickel *

Diese altbewährten Hausmethoden kennen wir alle, ob Essigsocken gegen Fieber, Zwiebelwickel gegen Halsweh oder ein Leinsamenwickel gegen eitrige Umläufe.

Sie stammen aus alter Zeit und sind eine Anwendungsform der Wasserheilkunde. Sie werden heiß, warm oder kalt angelegt.

Die Wickel sind sehr sanfte Helfer und lassen sich vielseitig anwenden. Wichtig ist, daß man die richtige Technik des Wickelns erlernt und die vielseitigen Anwendungen beherrscht, um sich von einigen Beschwerden selbst befreien zu können.

Ein klassischer Wickel besteht aus drei Lagen. Die erste wird getränkt oder mit dem Zusatz bestrichen, der betroffene Körperteil damit zirkulär eingehüllt. Zweite und dritte Lage bestehen aus einem größeren Baumwoll- und Wolltuch und decken die erste Lage zu.

Die Wickel werden entweder nach einem Körperteil (Hals-, Waden-, Fußwickel) oder nach dem Zusatz (Zwiebel-, Senf-, Heilerde-, Quarkwickel) benannt. Umschläge oder Kompressen werden nicht herumgewickelt, sondern nur lose aufgelegt.

Alle diese Methoden wirken auf die Durchblutung, beruhigen, erleichtern und steigern damit das Wohlbefinden. Sie eignen sich zur Selbstbehandlung, dennoch ist die intensive Zuwendung der behandelnden Person gegenüber dem Patienten nicht ohne Bedeutung.

Wickel können die Schmerzen lindern und den Heilprozeß unterstützen.

Yoga *

Yoga und hat die Aufgabe, das Körperbewußtsein zu wecken. Diese Methode beinhaltet drei Säulen, die Körperstellung, Atmung und Meditation, und acht Stufen zur göttlichen Glückseligkeit (Samadhi).

Wenn man diese befolgt, erreicht man die Einheit mit der Natur und dem Kosmos. Lernen, einfach da zu sein, HIER und JETZT, erweitert das Bewußtsein und hat eine tiefe, entspannende und wohltuende Wirkung.

Yoga lehrt uns, die Kontrolle der körperlichen und geistigen Kräfte zu beherrschen. Es befreit von Ängsten, weckt das Vertrauen und die Gelassenheit, entspannt und führt dem Körper frische Energie zu. Die neue Lebensenergie wird sehr tief empfunden.

Bei uns wird hauptsächlich Hatha-Yoga gelehrt, es bedeutet die Verbindung von Sonne und Mond, oder das Männliche und Weibliche. Langsame, fließende Bewegungen steigern das Körpergefühl, den Gleichgewichtssinn und die Beweglichkeit. Die eigene

Weiblichkeit wird voll gespürt und bewußt erlebt, wenn z.B. Yoga mit Tanz verbunden wird.

Tips für Ihr Wohlbefinden

Attraktivität ist nicht die Frage des Alters. Messen Sie Ihren Körper nicht mit den Models in Illustrierten, gestatten Sie sich ein natürliches Altern.

Sprechen Sie oft mit Ihrem Partner. Haben Sie keine Angst, Ihre Wünsche mitzuteilen, geben Sie aber Ihren Mitmenschen dieselbe Möglichkeit.

Denken Sie mehr als früher an sich selbst, und verwöhnen Sie sich. Gönnen Sie sich einen Besuch bei der Kosmetikerin oder eine wohltuende Massage, beschäftigen Sie sich mit Ihrem Lieblingshobby, treffen Sie sich mit einer Freundin oder genießen Sie ein romantisches Nachtessen mit dem Partner. Wichtig ist es, daß Ihre Unternehmungen richtig Spaß machen.

Beginnen Sie etwas Neues. Ob Beruf, Weiterbildung oder soziale Hilfe, das spielt keine Rolle.

Trainieren Sie Ihr Gedächtnis. Konzentration ist nur eine Übungssache, lernen Sie eine neue Sprache, spielen Sie ein Musikinstrument oder besuchen Sie einen Kurs Ihrer Wahl.

Treiben Sie Sport, denn Ihr Geist arbeitet besser, wenn Sie körperlich aktiv sind. Das Gehirn wird durch die Bewegung besser durchblutet und erhält dadurch die Fähigkeit, viel mehr Informationen zu verarbeiten.

Die richtige Mischung aus Anregung und Entspannung verhindert ein Einrosten, erlaubt aber auch ein Abschalten, um neue Kräfte zu sammeln. Inaktivität, Monotonie und Einsamkeit sind die schlimmsten Feinde geistiger Erregbarkeit. Bleiben Sie also neugierig und interessiert, pflegen Sie Kontakte zu anderen Menschen und machen Sie ein Gehirn-Jogging (siehe Gedächtnis- und Konzentrationstraining).

Achten Sie auf Ihr Gewicht. Pölsterchen an Gesäß, Hüften und Bauch müssen nicht sein.

Ernähren Sie sich vernünftig. Sorgen Sie für eine geregelte Verdauung. Verzichten Sie auf Genußgifte, übermäßiges Rauchen und Trinken.

Gestalten Sie Ihr Leben aktiv, bewegen Sie sich viel. Gymnastik, Radfahren oder Schwimmen sind ausgezeichnete Sportarten.

Aber übertreiben Sie nicht, messen Sie sich nicht mit den 20jährigen.

Schlafen Sie genug. Ein ausgeruhter Körper wird besser mit den Alltagsproblemen fertig.

Durch Östrogenmangel kann die Scheide trockener werden und Schmerzen beim Geschlechtsverkehr verursachen. Wenden Sie ein Gleitmittel an.

Gehen Sie regelmäßig zur Krebs-Vorsorge-Untersuchung. Vorbeugen ist besser als heilen. Ist alles in Ordnung, fühlen Sie sich beruhigt und sicher.

Betreiben Sie Früherkennung, denn Vorsorge ist wichtig. Zur Vorsorge gehört die jährliche gynäkologische Untersuchung, eine regelmäßige Brustuntersuchung durch Abtasten, die Sie einmal im Monat selbst durchführen sollten.

Kontrollieren Sie auch Ihre Haut, denn Hautveränderungen können Alarmzeichen bedeuten. Die Selbstuntersuchung kann lebensrettend sein.

Behalten Sie Ihre Augen im Blick. Gute Sicht gibt Sicherheit – und das nicht nur beim Autofahren. Lassen Sie Ihre Augen regelmäßig kontrollieren, vor allem bei schlechter werdender Sicht während der Dämmerung. Es gibt Krankheiten, die sich unbemerkt einschleichen. Wenn Sie nicht rechtzeitig behandelt werden, kann es zu bleibenden Schäden führen.

Schenken Sie Ihren Ohren Gehör. Wie steht es mit Ihrer Hörfähigkeit? Verstehen Sie nicht alles, was in Ihrer Umgebung passiert? Das kann an Ihrem Gehör liegen, suchen Sie deshalb einen Spezialisten auf.

Achten Sie auf Alarmzeichen. Kleine Beschwerden und Störungen können erste Anzeichen dafür sein, daß im Körper etwas nicht stimmt. Schlagen Sie die Warnung nicht in den Wind, sondern gehen Sie rechtzeitig zum Arzt.

Abweichungen, auf die Sie achten sollten

- Unregelmäßige Periode
- Ungewöhnlicher Ausfluß
- Juckreiz im Genitalbereich
- Haut- und Schleimhautreizungen, Rötungen, genitale Warzen
- Unkontrollierter Harnabgang
- Veränderung einer Brust in Form und Größe
- Knoten, Verhärtungen, Vorwölbungen oder Eindellungen, Schwellungen, Rötungen oder geschrumpfte Haut
- Veränderung der Brustwarzen oder des Warzenhofs
- Sekretabsonderung aus der Brustwarze
- Vergrößerung der Lymphdrüsen in den Achselhöhlen
- Abmagerung ohne Grund (Stoffwechselkrankheit, Krebs)
- Bauchschmerzen, die unklar sind (Übelkeit, Schüttelfrost, Fieber sind oft Anzeichen bei Blinddarmentzündung)
- Hautverfärbungen (gelbe Verfärbung der Haut und des Weißen in den Augen zeigt eine Erkrankung der Leber oder Galle; Blaurotfärbung der Haut und Lippen kann ein Hinweis auf ein Herz- oder Lungenleiden sein)
- Ödeme (die Ursachen für die Flüssigkeitsansammlungen im Körpergewebe, in den Knöcheln oder im Bauchraum sind meistens in Herz-, Kreislauf-, Leber- oder Nierenerkrankungen zu suchen)
- Sodbrennen (brennende Schmerzen in der Speiseröhre oder Mundhöhle nach dem Essen deuten auf Verdauungsprobleme hin)
- Mundgeruch (schlechte Mund- und Zahnhygiene führen zu vermehrtem Mundgeruch, aber er kann auch ein Anzeichen eines Magenleidens oder einer Stoffwechselstörung sein)
- Wadenkrämpfe (eine mangelnde Magnesiumversorgung läßt diese Krämpfe vor allem nachts oder bei Ruhe auftreten; Wadenkrämpfe bei Bewegung können von Durchblutungsstörungen ausgelöst werden)

- Nagelveränderungen (brüchige Nägel weisen oft auf einen Eiweiß- oder Eisenmangel in der Ernährung hin; für weiße Flecken ist ein Zinkmangel verantwortlich, aussplitternde oder verdickte Nägel können auf einen Pilzbefall zurückzuführen sein)
- Eingerissene Mundwinkel (Abgeschlagenheit, trockene, blasse Haut deuten auf einen Eisenmangel hin)
- Zahnfleischbluten (häufiges Auftreten dieser Blutung kündigt Paradontose an; Entzündungen des Zahnfleisches weisen oft auf einen Vitaminmangel hin)
- Lidzucken (unwillkürliches Zwinkern oder Zucken des Augenlides ist häufig ein Anzeichen für Magnesiummangel)
- Blitze vor den Augen (sofort untersuchen lassen, Gefahr der Netzhautablösung)
- Kurzatmigkeit (gelingt es Ihnen nicht, eine Kerze aus einem Meter Distanz auszublasen, sollten Sie etwas für Ihre Lungenfunktion tun)
- Ohrensausen (bei häufigem Auftreten mit gleichzeitigem Schwindelgefühl könnte es auf Bluthochdruck hinweisen)
- Hörsturz (plötzliche Taubheit, Schwindel und Ohrengeräusche können darauf hinweisen; schnelle Behandlung ist unbedingt notwendig)
- Haarausfall kann auf psychische Ursachen oder einen Mangel an Silicium (Silicea) zurückzuführen sein, oft besteht auch ein Mangel an Kalium. (Verlieren Sie mehr als 100 Haare pro Tag, lassen Sie die Ursache abklären)

Ein Wort zum Schluß

Wechseljahre sind keine Krankheit. Man muß sich als Frau nicht minderwertig fühlen, nur weil man die Fortpflanzungsperiode abgegeben und beendet hat.

Die Zeit der Wechseljahre ist ein neuer, bewegter Aufbruch zu neuen Ufern, eine Loslösung aus alten Abhängigkeiten und eine wunderbare Reise in ein Land ungeahnter Möglichkeiten und Freiheiten. Unbelastet von tagtäglichen Pflichten anderen gegenüber, öffnet sich plötzlich ein Tor zu neuen Horizonten.

Jetzt können Sie die geistigen und kreativen Interessen weiterentwickeln, sich dem Neuen widmen und persönliche Bedürfnisse besser befriedigen. Die Veränderungen des Körpers akzeptieren lernen und zu sich selbst finden, dafür sollten wir diese Zeit nützen.

Reife, Erfahrung, Selbständigkeit und Selbstbewußtsein sind ein Goldschatz, über den man frei verfügen kann.

Unangenehme Nebenerscheinungen der Wechseljahre sind nicht nur hormonell bedingt. Wie eingangs schon erwähnt, sind Beschwerden in den Wechseljahren eine Zivilisationserscheinung und treten vor allem dann besonders auf, wenn wir unser gesundheitliches Konto durch Fehlernährung, Genußmittel, zu wenig Bewegung an frischer Luft und zu schwache Ausscheidung von Stoffwechselschlacken überzogen haben. Über eine spontane Änderung unserer Lebensweise können wir jederzeit selbst entscheiden!

Lassen wir uns nicht durch die Geringschätzung unserer Gesellschaft gegenüber der Frau in mittleren Jahren verblüffen.

Lassen wir uns nicht verunsichern, und setzen wir gegen negative Einstellungen eine positive Geisteshaltung. Verinnerlichen wir uns den Leitspruch, der uns durch die Wechseljahre begleiten soll:

«Ich fühle mich wohl in meinem Körper, und ich finde mich so, wie ich bin, in Ordnung!»

Bibliographie

(Publikationen, auf die dieses Buch Bezug nimmt)

Blumenthal A.; Stransky M.
Ernährung und Lebensmittel

Dahlke, R.
Krankheit als Sprache der Seele

Diamond, H. & M.
Fit for Life

Flück, H.; Jaspersen-Schib, R.
Unsere Heilpflanzen

Froemer, F.
Lexikon der Alternativmedizin

Hin, Kuan
Chinesische Massage und Akupressur

Issoerner-Haldane, E.
Die medizinische Hand- und Nageldiagnostik

Lanson, L.
Von Frau zu Frau

Leibold, G.
Homöopathie

Lodes, H.
Atme richtig

Pschyrembel
Klinisches Wörterbuch

Saathen, M.; Dreher, E.
Alternative Therapien

Scheffer, M.
Original Bach-Blütentherapie

Vogel, A.
Gesundheits-Ratgeber

Wagner, Franz
Akupressur

Weiterführende Literatur

Akupressur

Bernau, Lutz; Meyer, Adolf-Ernst
Das große Akupressur-Buch
Ebner, Wolf C.
Akupressur wirkt sofort!

Aromatherapie

Davis, Patricia
Aromatherapie von A – Z
Jackson, Judith
Aromatherapie
Maury, Marguerite
Die Geheimnisse der Aromatherapie

Atemtherapie

Doepner, Lilly
Der Weg zum richtigen Atmen
Geba, Bruno
Das Atembuch
Middendorf, Ilse
Der erfahrbare Atem
Nakamura, Takashi
Das große Buch vom richtigen Atmen

Aura-Soma

Dalichow, Irene; Booth, Mike
Aura-Soma
Wall, Vicky
Das Wunder der Farbheilung

Bachblüten-Therapie

Bach, Edward
Heile dich selbst
Von Rohr, Wulfing; Kraaz, Ingrid S.
Die richtige Schwingung heilt
Schefer, Mechthild
Bach-Blütentherapie
Schefer, Mechthild
Erfahrungen mit Bach-Blütentherapie

Bewegungs-Therapie

Feldenkrais, Moshe
Bewußtsein durch Bewegung
Thomas, Hanna
Beweglich sein – ein Leben lang
Time Life 1991
Der elastische Körper

Bioenergetik

Lowen, Alexander
Bioenergetik für jeden
Lowen, Alexander
Körperausdruck und Persönlichkeit

Entspannungs-Therapie

Lindemann, H.
Einfach entspannen
Schultz, J.H.
Das Autogene Training

Sing, H. Rosmarie; Darpan, G.
Autogenes Training in der Partnerschaft

Ernährung

Bircher-Benner, M.
Essen Sie sich gesund
Dahlke, Rüdiger
Bewußt fasten
Diamond, Marilyn und Harvey
Fit for Life
Flaws, Bob; Wolfe, Lee
Das Yin und Yang der Ernährung
Rauch, E.
Die Darmreinigung nach F.X. Mayr
Temelie, Barbara
Ernährung nach den fünf Elementen
Walb, L.
Die Haysche Trenn–Kost

Farbentherapie

Eberhard, L.
Heilkräfte der Farben
Goethe, J.W.
Die Farbenlehre
Kraaz, Ingrid; Von Rohr, Wulfing
Die Farben Deiner Seele
Lüscher, Max
Der 4-Farben-Mensch. Der Weg zum Gleichgewicht

Fußreflexzonen-Massage

Ingham, Eunice
Geschichten, die die Füße erzählen können
Marquardt, Hanne
Reflexzonenarbeit am Fuß
Wagner, Franz
Reflexzonenmassage

Gedächtnistherapie

Brothers, Joyce; Eagan, Edward
In 10 Tagen zum vollkommenen Gedächtnis
Kirckhoff, Mogens
Mind Mapping

Homöopathie

Hahnemann, Samuel
Organon der Heilkunst
Hendrich, Barbara
Homöopathische Erste Hilfe
Ravi, Roy und Carola
Selbstheilung durch Homöopathie
Withalm, Berthold
Naturgemäßes Volksheilbuch

Lichttherapie

Liebermann, Jacob
Die heilende Kraft des Lichts

Massage

Lidell, L.; Thomas, S.; Cooke, C.B.; Porter, A.
Massage
Maxwell-Hudson, Claire
Das große Handbuch der Massage
Stadtlaender, Chris
Selbstmassage

Meditation

Goldstein, Joseph; Kornfeld, Jack
Einsicht durch Meditation
Von Rohr, Wulfing
Meditation
Sivananda, Sarasvati Swami
Übungen zu Konzentration und Meditation

Musiktherapie

Benenzon, Rolando O.
Einführung in die Musiktherapie
Deest van, Hinrich
Heilen mit Musik
Pontvik, Alecs
Heilen durch Musik
Von Rohr, Wulfing
Einklang – Heilen mit Musik
Rudhyar, Dane
Die Magie der Töne
Timmermann, Tonius
Die Musik des Menschen

Pflanzentherapie (Phytotherapie)

Weiss, Rudolf Fritz
Lehrbuch der Phytotherapie
Stary, F.; Jirasek, Gondrom V.
Heilpflanzen erkennen und anwenden
Flück, Hans
Unsere Heilpflanzen
Ulmann, Marcela
Große Heilapotheke – Heilpflanzen
Vogel, A.
Gesundheits-Ratgeber

Positives Denken

Freitag, Erhard F.; Zacharias, Carna
Die Macht Ihrer Gedanken
Mischell, Patricia L.
Denk positiv
Murphy, Joseph
Finde Dein höheres Selbst
Tepperwein, Kurt
Die geistigen Gesetze

Psychohygiene

Hay, Luise L.
Heile Deinen Körper
Hay, Luise L.
Wahre Kraft kommt von innen
Hay, Luise L.
Liebe Deinen Körper

Urin-Therapie

Abele, Johann
Die Eigenharnbehandlung
Kroon van der, Gren
Die goldene Fontäne

Yoga

Hariharananda, Kriya
Yoga
Hoare, Sophy
Yoga
Petersen, Erling
Das Yoga-Übungsbuch
Thomsen, Ulla
Yoga für Ihre Gesundheit

Über die Autorin

Frau *Eva Stucki Gürsoy* ist 1947 in Prag geboren. Sie ist verheiratet und Mutter von 3 Kindern.

Nach jahrelangem Studium in Kunstgewerbe, Psychologie und Naturheilkunde hat sie sich als Naturärztin auf die Bioresonanz-Therapie und die Wechseljahre spezialisiert. Zusätzliche Ausbildungen in Elektroakupunktur, Allergie-, Aroma-, Licht- und Farbtherapie sowie Bachblüten-Therapie, Reiki, mentalem Training und positivem Denken folgten.

Frau Eva Stucki Gürsoy lebt seit 30 Jahren in der Schweiz und arbeitet in der gemeinsamen ganzheitlichen Gesundheitspraxis mit ihrem Mann zusammen, der als Körpertherapeut und dipl. Masseur tätig ist. Sie arbeitet auch als fachliche Direktorin einer Gesundheitsschule in Zürich, an der sie und ihr Mann auch als Dozenten unterrichten. Ihre Erfahrungen stützen sich auf eine langjährige Arbeit mit Kindern und Erwachsenen.

Frau Eva Stucki Gürsoy führt die Frauen sanft an die Wechseljahre heran und zeigt ihnen, wie man diese, dank positivem Denken und dem Schöpfen neuer Lebenskraft aus der Natur, bewußt und natürlich erleben kann. Sie hilft den Frauen, deren verborgene Kräfte zu wecken und die Beschwerden dadurch erfolgreich zu bewältigen.

Sie ist mit vollem Einsatz für ihre Mitmenschen da. Dank ihrer Sensibilität und ihrem ganzheitlichen Denken gelingt es ihr, auf ihre Umwelt mit Fingerspitzengefühl einzugehen.

Liebe Leserinnen, liebe Leser

Wir würden uns freuen, wenn auch Sie uns Ihre Erfahrungen mit den Wechseljahren schildern würden.

Auskünfte über Seminare, Beratungen und Behandlungen erhalten Sie bei folgenden Adressen:

Ganzheitliche Gesundheitspraxis
NATURA
Eva Stucki Gürsoy
Naturärztin
Zugerstrasse 25E
CH-8805 Richterswil
und
Seestrasse 63
CH-8806 Bäch
Tel: 01/784 60 70

Gesundheitsschule
NATURA MEDICA
Kornhausstrasse 42
CH-8037 Zürich
Tel: 01/364 44 44
Fax: 01/784 65 32

Bitte ein frankiertes und adressiertes Antwortcouvert beilegen.